网络环境下信息质量评价与管理

常金玲 莫祖英 著

WANGLUO HUANJINGXIA
XINXI ZHILIANG PINGJIA YU GUANLI

知识产权出版社
全国百佳图书出版单位

图书在版编目（CIP）数据

网络环境下信息质量评价与管理／常金玲，莫祖英著．—北京：知识产权出版社，2016.6

ISBN 978－7－5130－4319－9

Ⅰ.①网… Ⅱ.①常… ②莫… Ⅲ.①网络环境—信息资源—信息管理—质量评价 Ⅳ.①G203

中国版本图书馆 CIP 数据核字（2016）第 163498 号

内容提要

本书的研究注重网络安全下基于用户体验与感知的信息质量的评价与管理。本书共分为十部分。前九部分包括：基本概念，对信息质量概念的阐述、信息质量的内涵与外延；现代综合评价理论；信息质量评价与管理研究综述；基于用户感知的信息系统质量框架；ERP 数据质量管理动态模型研究；基于用户感知的信息系统可用性评价；学术期刊数据库信息质量用户满意度分析；微博信息内容质量评价研究；信息内容质量对微博利用的影响分析。本书的最后一部分，结合郑州航空港经济综合实验区发展实际，探讨了郑州航空港经济综合实验区的电子商务发展策略及其评价、航空港机场信息服务质量评价及管理等实践问题。

本书的读者对象包括：信息管理与信息系统专业的研究生、本科生，研究信息管理、信息质量的学者，信息管理实践的从业者，以及其他对信息管理、信息质量感兴趣的读者。

责任编辑：孙　昕　　**责任校对：**谷　洋

文字编辑：王丽莉　王巍巍　　**责任出版：**刘译文

网络环境下信息质量评价与管理

常金玲　莫祖英　著

出版发行：知识产权出版社有限责任公司	**网　　址：**http://www.ipph.cn
社　　址：北京市海淀区西外太平庄 55 号	**邮　　编：**100081
责编电话：010－82000860 转 8111	**责编邮箱：**sunxinmlxq@126.com
发行电话：010－82000860 转 8101/8102	**发行传真：**010－82000893/82005070/82000270
印　　刷：北京嘉恒彩色印刷有限责任公司	**经　　销：**各大网上书店、新华书店及相关专业书店
开　　本：720mm×1000mm　1/16	**印　　张：**21.75
版　　次：2016 年 6 月第 1 版	**印　　次：**2016 年 6 月第 1 次印刷
字　　数：300 千字	**定　　价：**49.00 元

ISBN 978－7－5130－4319－9

前　言

随着全球信息化进程的深入，信息无处不在，信息量呈现爆炸式增长，信息资源日益成为重要乃至主要的生产要素、无形资产和社会财富。然而，信息用户却在信息随处可取的信息时代一边感叹“信息贫乏”，一边承受着“信息过量”的苦恼。信息不能完全满足用户的要求，从而使用户认为信息质量不佳是导致这种现象的原因之一。信息质量通过将合适的信息在合适的时间、合适的地点提供给合适的人来实现组织的竞争优势。若信息有缺陷、不完整等，人们就无法作出有效的决策。优质的信息是推动社会发展的重要因素，对相应的经济活动及决策具有重要意义。因此，如何提高信息质量已经成为社会广泛关注的重要问题。

信息质量问题的重要性以及体验经济的迅速发展促使信息管理学科的研究人员必须改变角度，从用户体验与感知角度来重新认识信息质量。信息质量不仅取决于客观的信息内容，还取决于用户在信息交互过程中的体验与感知对它的影响。因此，本书的研究视角是网络安全环境下基于用户体验与感知的信息质量的评价与管理，包括：基本概念，对信息质量概念的阐述、信息质量的内涵与外延；现代综合评价理论；信息质量评价与管理研究综述；基于用户感知的信息系统质量框架；ERP 数据质量管理动态模型研究；基于用户感知的信息系统可用性评价；学术期刊数据库信息质量用户满意度分析；微博信息内容质量评价研究；信息内容质量对微博利用的影响分析。本书的最后一部分，结合郑州航空港综合经济实验区发展实际，探讨了郑州航空港综合经济实验区的电子商务发展策略及其评价、航空港机场信息服务质量评价及管理等实践问题。

理论结合实践，强调和重视用户对质量的感知和认知是本书的特色。

本书由常金玲组织、统筹和总纂定稿。第一章由常金玲、莫祖英撰写；第二章由莫祖英撰写；第三章由常金玲、莫祖英撰写；第四、五、六章由常金玲撰写；第七、八、九章由莫祖英撰写；第十章由常金玲撰写。胡艳芳参与了资料收集等工作以及第三章撰写；刘嘉琪参与了资料收集等工作以及第十章撰写；宋鹏杰参与了资料收集等工作以及第六章撰写。

在全书的撰写过程中，参阅了大量的文献资料，鉴于篇幅所限，列出的参考文献可能有所疏漏，在此谨向原著作者表示深深的感谢和歉意。

本书是河南省科技攻关计划项目“网络环境下制造企业信息化进程中数据质量的管理与评价研究”、郑州市科技发展计划项目“基于网络环境的郑州市制造企业信息化进程中数据质量的管理与评价研究”的研究成果之一。

本书的出版得到航空经济发展河南省协同创新中心与河南航空经济研究中心支持，在此表示感谢。

由于作者水平和经验有限，本书难免有错误、疏漏和不当之处，恳请读者批评、指正。

希望本书能为读者带来新的启示、知识和技术。

常金玲

2015 年 12 月于郑州

CONTENTS

网络环境下
信息质量评价与管理

目 录

第一章
基本概念

第二章 现代综合评价理论

第三章 信息质量评价与管理研究综述

第七章 学术期刊数据库信息质量用户满意度分析

第十章 郑州航空港经济综合实验区发展中的质量管理探索

第一章
基本概念

1.1 质　量

质量（quality），也称为品质，它与人们的生活息息相关。随着科学技术的发展和商品经济的变化，质量管理理论和实践不断发展，对质量概念的认识也在不断发生变化。

1.1.1　质量概念

质量概念的演变代表了人们对质量概念的认识的变化，也代表了质量管理思想的发展与变化。

最早使用的质量概念是通过设计规格来定义的，即“满足规格的产品为合格质量产品，否则为次品”。该定义通常被称为客观质量（objective quality），来源于工程技术。随着市场竞争的发展，用户已逐渐成为市场的主体，而客观质量不能联系经营中的市场因素，因此，美国著名质量专家戴明（W. Edwards Deming）于20世纪50年代初期根据市场竞争的需要，提出了主观质量（subjective quality）的概念，即“质量就是要满足用户的需求”。这种以用户为核心的质量观的改变，正是日本产品在20世纪80年代初期在国际市场上取得主导地位的主要原因。随着科学技术日新月异的发展、市场竞争的日趋激烈以及人类期望的不断提高，今天是用户满意的产品，明天或许就会被用户遗忘，于是产生了动态质量（dynamic quality）的概念，即要连续不断地满足用户需求。这个动态质量概念是近年来兴起的持续质量改进思想的源泉。

为了给质量一个明确而又可操作的定义，2000年国际标准化组织

(ISO) 把质量定义为：质量是一组固有特性满足要求的程度（ISO 9000:2000)。ISO 9000:2000 的这一定义准确完整地反映了质量的内涵，现已得到普遍的认同。其中：(1) 特性：特性可以是固有的或赋予的，包括物理特性、感官特性、时间特性、人体功效特性和功能特性。(2) 要求：指“明示的、通常隐含的或必须履行的需求或期望”(GB/T 19000)。“明示的”可以理解为是规定的要求。“通常隐含的”是指组织、用户和其他相关方的惯例或一般做法，所考虑的需求或期望是不言而喻的。“必须履行的”是指法律、法规的要求及强制性标准的要求。要求是由不同的相关方提出的，不同的相关方对同一产品可能有不同的要求，供方在确定产品要求时应兼顾各个相关方的要求，如产品要求、质量管理体系要求、用户要求等。

1.1.2 质量的内涵

内涵指反映在概念中的对象的本质属性。概念的内涵也就是概念的含义。从以上 ISO 9000:2000 对质量的定义中可以看出，“质量”概念具备如下内涵。

1. 广义性

质量不仅指产品质量，也可以指某项活动或过程的工作质量，还可以指涉及人的素质、设备的能力、管理水平的体系运行的质量。在质量管理体系所涉及的范畴内，组织的相关方对组织的产品、过程或体系都可能提出要求，而产品、过程和体系又都具有各自的固有特性，因此，质量不仅指产品质量，也可以是过程和体系的质量。

2. 时效性

组织的用户和其他相关方对组织和产品、过程和体系的需求和期望是不断变化的，例如，原先被用户认为质量好的产品会因为用户要求的提高而不再受到用户的欢迎。因此，组织应不断地调整对质量的要求。从 Kano 提出的用户需求模型图 1 - 1 中，可以清楚地看到这一点。

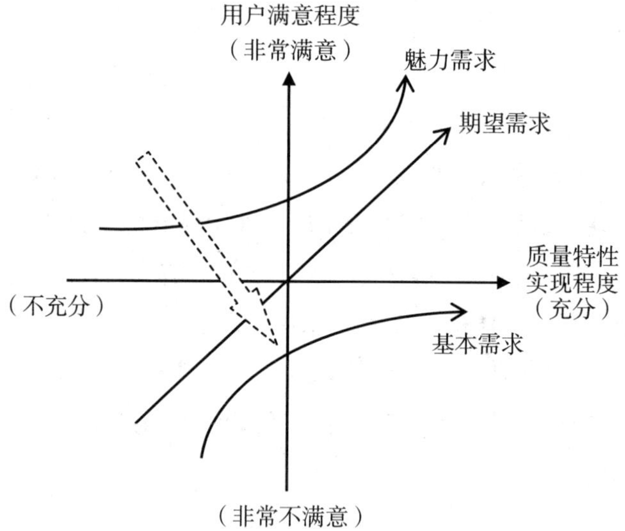

图 1－1 Kano 模型

日本质量专家、东京理科大学的狩野纪昭博士（Dr. Noritaki Kano）依照用户的感受及满足用户需求的程度把用户需求划分为三个层次：基本需求、期望需求和魅力需求（令人愉悦的需求）。①

基本需求是用户潜意识的期望，它是明显的、无须表述的需求，如果不能满足这些需求，必然导致用户的不满意。

期望需求是用户意识到的和希望的需求，满足用户的期望需求必将极大地提高用户的满意度。

魅力需求是指超越用户的期望，往往能够给用户带来意外的惊喜。

在 Kano 模型中，应当充分注意模型中三要素的动态时效特性：某产品的质量今天是令人愉悦的，明天也许就变成期望的质量，后天也许就成为最基本的质量要求。同时，也应该看到：任何一种产品在投放市场时不管多么令人惊喜，随着时间的推移、市场的变化，最终都

① Bradley C. Wheeler. NEBIC：A Dynamic Capabilities Theory for Assessing Net-Enablement [J]. Information System Research，2002，13（3）：125－146.

会成为一种基本需求。图 1 – 1 中的虚线箭头代表这种动态时效性。

3. 动态性

组织的用户和其他相关方可能对同一产品的功能提出不同的需求，也可能对同一产品的同一功能提出不同的需求；需求不同，质量要求也就不同，只要满足需求就应该认为质量好。

质量具有动态特性。随着技术的发展、生活水平的提高，人们对产品、过程或体系会提出新的质量要求。因此，应定期评价质量要求，修订规范。不同用户、不同相关方因环境条件的不同、技术水平的不同、消费水平的差异，会对产品提出不同的要求，产品应具有对不同要求的适应性，以满足用户"明示或隐含"的需求。

1.1.3　质量的一般特性

质量概念中所谓满足要求，就是满足反映产品需要的特性的总和。因此，有必要根据特定的准则将"要求"转化为质量特性。ISO 8402 定义了产品质量一般包括 7 个方面的特性，即可信性、可用性、可靠性、可维护性、安全性、兼容性和互换性。①

1. 可信性

可信性，是质量中与时间有关的特性指标，它一般适用于非量化项目的一般性描述。

ISO 8402/IEC 300 对可信性的定义是：用于描述可用性及其影响因素的集合性术语。这些影响因素包括可靠性、可维护性以及维护保障性。因此，可信性强调可用性，并包括了影响可用性的可靠性、可维护性和维护保障性。

2. 可用性

可用性是在规定条件下完成规定的功能的能力，也就是指产品在

① 国家技术监督局质量认证办公室. ISO 9000 [S]. 北京：中国计量出版社，1994.

任一时刻开始执行任务时，处于可工作、可使用状态的程度。产品的可用性就是产品能力的一种定量表现。

3. 可靠性

产品在规定条件下和规定时间内完成规定功能的能力，称为可靠性。它是一种综合性技术要求。

19 世纪 50 年代后，随着现代科学技术的发展和电子产品的广泛应用，可靠性理论蓬勃发展起来，可靠性指标已和产品的性能、费用、体积、重量等指标相提并论，成为产品质量的主要指标之一。

可靠性使用特征量来表示可靠性的高低。主要特征量包括可靠度、失效率、平均寿命（平均无故障工作时间 MTBF）、可靠寿命等。

可靠性是产品的内在特征，这种特征是在设计时奠定、在生产中保证、在试验时确认的，它与技术性能要求是互相补充的统一整体。

4. 可维护性

在规定条件下，使用的产品在规定的时间内按规定的程序和方法进行维护时，保持或恢复到能完成规定功能的能力，称为可维护性。

可维护性包括维护和修理两个方面。维护是为了防止产品性能退化或降低产品失效的概率，按预先规定的计划和要求进行的维护，实际上是预防性修理。修理是在产品已失效后进行的修复活动，目的是把产品修理后恢复到投入使用时所具有的质量水平。

可维护性特征量主要有维护度、平均修复时间、失效诊断时间、修理准备时间、修理实施时间、修复率等。

5. 安全性

安全性是质量特性之一。在某些行业，如民航、铁路、公路和水路运输中，更是视其为服务质量的第一特性。随着科学技术的发展，产品性能越来越多，结构越来越复杂，这更使安全性成为重要的质量特性。

ISO 8402 对安全性的定义是：受伤害（对人）或损坏的风险被限制在可接受水平的状态。

6. 兼容性

ISO 8402 对兼容性的定义是：在规定条件下，若干个实体共同使用，满足有关要求的能力。

兼容性是质量特性，也是标准化的目的之一。

这里的“实体”也包括“产品过程或服务”。

7. 互换性

ISO 8402 对互换性的定义是：一个实体，不加改变即可代替另一实体，满足同样要求的能力。

互换性是质量特性，同样也是标准化的目的之一。根据实际情况，互换性可分为“功能互换性”和“尺寸互换性”等。

其中的“实体”也包括“产品过程或服务”。

1.2　信息质量

1.2.1　信息质量定义

早期对信息质量定义的研究主要集中于数据的精确性维度，将其分为正确的和错误的两种。随后，Ballou 等[①]提出信息质量是一个全面的概念，并采用了质量管理专家朱兰（Juran）[②] 对质量的定义——“适合于使用”（fitness for use），这一定义抓住了质量的本质特性。它基于信息使用者角度，说明了信息在使用中的相关性是信息质量的主要方面，突破了传统上认为信息质量即为信息准确性这一理解的局限

① Ballou D P, Pazer H L. Modelling data and process quality in multi-input, multi-output information systems [J]. Management Science, 1985, 31 (2): 150 - 162.

② Juran J M. Juran on Planning for Quality [M]. New York, 1988.

性。然而，由于相关性取决于用户的主观判断，且信息具有多种使用方式，这一定义难以量化和评价。之后，许多学者试图进一步定义信息质量，并描述其维度，但由于用户对信息质量要求的不一致，其定义难以统一；而且，在提高信息质量的某一维度时可能会导致另一维度质量的下降，如提高数据的及时性是以降低其准确度为代价的。国内外学者从不同角度提出了信息质量的定义。

Strong D. M. 等人①分别基于信息生产与信息使用提出了两种信息质量的定义：（1）信息质量表示信息要“符合规范”（conforming to specifications）。这一定义得到了信息生产者和信息管理者的认同，因为它可以实现对质量的评估。在信息生产与管理中，建立成熟的规范体系可以确保信息质量，避免错误，“适合于使用”也可以通过满足具体的规范要求实现可操作化。（2）满足用户期望或超出用户期望（meeting or exceeding consumer expectations）。这一定义是对上一定义的补充，表示信息必须能够满足用户期望或超出用户期望。也就是说，信息对于某一任务中的信息用户来说，必须是有用的、增值性的。信息用户和信息产品的设计者、销售者更倾向于认可这一定义，它抓住了“适合于使用”的本质，但用户期望的动态变化性使该定义难以测量。从两个角度、两个方面对信息质量进行定义较为全面，并抓住了其本质特征，该定义在信息生产与评价中可实现操作化，具有一定的实践意义。

根据 ISO 9000 标准，“质量”的定义是“产品、过程或体系中与要求有关的固有特性”②。如果把信息看作一种产品，则信息质量特性包括以下几种类型：（1）技术性质量特性，包括信息组织程度、信息深加工程度、信息检索的有效性等；（2）时间方面的质量特性，强调信息产品的及时性、新颖性；（3）安全方面的质量特性，强调信息产

① Strong D M, Lee Y W, Wang R Y. Data quality in context [J]. Communications of the ACM, 1997, 40 (5): 103 -110.

② 罗国勋. 质量管理与可靠性 [M]. 北京：高等教育出版社，2005：1 -6.

品获取与使用的安全性、可靠性；（4）信息质量的经济特性，即某一信息带来的经济效益与投入的生产成本之比；（5）心理方面的质量特性，反映了用户的主观心理感知。信息产品的个性化可针对每一个用户的“适用性”要求，提高用户对信息产品质量的感知，而信息产品的易用性可提高用户的信息产品体验。信息产品质量是一个从产生、形成到实现的过程，其中的每一个环节都直接或间接地影响信息产品质量，信息产品质量最终由过程来保证。美国质量管理专家朱兰提出了“质量螺旋模型”，在这一过程中，信息产品质量的形成和发展是循序渐进的螺旋式上升运动过程。

国内学者张辑哲①提出信息质量包括“信息的质与量”。信息质由第一质（即信息内容的真实性、准确性、正确性和深刻性）和第二质（即信息内容和形式，物质载体的确定性、恒定性和可靠性）两个层面构成；而信息量分为信息总量和信息分量，信息总量由各信息分量构成，信息分量由异指量、同指量、相对重复量和绝对重复量四个层面构成。信息质与信息量相互影响，共同构成信息质量。这一定义从定性与定量两个方面较为全面地界定了信息质量的内涵。曹瑞昌等②则从信息的三元结构出发，提出信息质量包括信息内容质量、信息符号质量、信息表达质量和信息效用质量四个方面。高智勇等③提出信息质量应包括质和量两方面内容，即结构性信息和实得信息量，且将信息产品结构要素定义为事物 + 时间 + 空间 + 状态 + 来源 + 载体 + 表达方式，并分别从语法、语义和语用层次分析了信息质量的内涵。总之，不同学者基于不同角度给出了信息质量的定义，这些定义在特定环境下均具有一定的适用性。

---

① 张辑哲. 论信息形态与信息质量（下）[J]. 档案学通讯，2006（3）：20 – 22.

② 曹瑞昌，吴建明. 信息质量及其评价指标体系 [J]. 情报探索，2002（12）：6 – 9.

③ 高智勇，等. 基于信息结构要素的信息质量定义与内涵分析 [J]. 计算机集成制造系统，2006（10）：1724 – 1728.

1.2.2 信息质量维度

国外学者对信息质量维度的研究要早于国内研究。Ballou 等人最早提出信息质量是一个全面的概念，他们基于信息的多种属性将信息质量划分为四个维度——准确性（accuracy）（与事实完全相符）、完整性（completeness）（包含所有相关数据）、一致性（consistency）（数据形式上的一致）和及时性（timeliness）（数据在使用有效期内），并在 Laudon① 进行的“刑事司法系统中的数据问题”的实证研究中证明了这些维度的重要作用。这一划分突出了信息质量的内容特征，抓住了本质特性，但不够全面，缺乏普遍性，在某些特定情境中应用时需要进一步完善。Wang R. Y. 等人②认为信息质量是一个多维的、层次结构的概念，他们从用户使用信息的过程将信息质量维度划分为：可存取性（accessible）（适于用户的途径和适当的访问权）、可理解性（interpretable）（包括语法和语义两个层次）、有用性（useful）（可用于支持用户决策）、可信性（believable）（用户愿意使用来支持决策）。在这四个维度下，又有进一步细分，如图 1 -2 所示。这一划分首先是根据用户使用信息的纵向过程，从用户获取信息、理解信息、识别信息价值，最后根据信息可靠性来决定是否采纳信息以支持其决策，得出了信息质量的第一个层次维度，随后又将各个维度细化，构建了两层的质量维度层次结构；将纵向与横向相结合，较为全面地描述了信息质量，并将信息的客观质量维度与用户的信息使用过程相结合，更好地表达了用户对信息质量的主观要求。

---

① Laudon K C. Data quality and due process in large inter-organizational records systems [J]. Communication. ACM, 1986, 29 (1): 4 -11.

② Richard Y W, Reddy M P, Henry B K. Toward quality data: An attribute-based approach [J]. Decision Support Systems, 1995 (13): 349 -372.

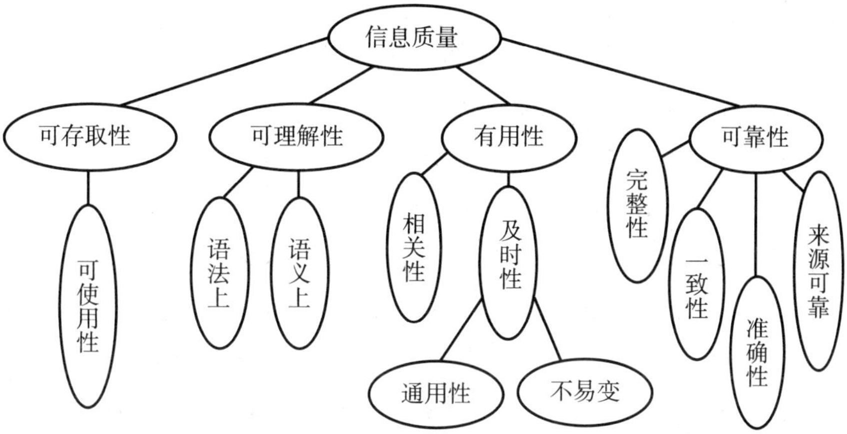

图 1-2　信息质量维度的层次结构

Wang R. Y. 和 Strong D. M. ①从用户的角度提出信息质量可分为四种类别：内在信息质量（intrinsic IQ）、情境信息质量（contextual IQ）、可存取性信息质量（accessibility IQ）和形式信息质量（representational IQ）。每一种信息质量类别又细分为多个维度，共包括 15 个，具体如下：（1）内在信息质量：强调信息本身具有的质量特性，更多地从信息内容角度来考察信息质量。它的维度包括信息的准确度、客观性、可信度、权威性 4 个。（2）情境信息质量：它强调面向某一任务或特定情境中的信息质量，从应用角度来考察其价值，包括相关性、增值性、及时性、完整性、数据量维度。（3）可存取性信息质量：它描述了信息在用户获取方面的质量，表示用户存取信息的难易程度，包括可存取性、安全性两个维度。（4）形式信息质量：它表示信息在外在形式上的质量，即信息的表达是否很好地反映了信息的内容，包括交互性、易于理解性（通俗性）、表达的精确性和一致性 4 个维度。对于后两种信息质量类型，其质量高低主要取决于所采用的信息系统，这说明了信息系统对信息质量的重要影响。这种划分方法较为全面地概

① Wang R. Y. , Strong D. M. Beyongd accuracy: What data quality means to data consumers? [J]. Journal of ManageInformation System, 1996, 12 (4): 5-34.

括了信息质量的内涵，表明了信息质量的多维性，为信息质量管理研究奠定了基础。这一划分得到了许多研究人员的认可，并广泛应用于信息质量评价研究。Beverly 等人①在前人研究的基础上，将信息具体化为信息产品和信息服务，并结合他们提出的信息质量定义，提出了PSP/IQ 模型，即信息产品与服务质量模型。该模型从信息质量角度将信息分为 4 种类型：健全性信息（sound information）、可信赖性信息（dependable information）、有用性信息（useful information）和可用性信息（usable information），并通过对 45 位专家的调研，得出了每种类型信息的质量维度。PSP/IQ 模型如表 1-1 所示，其将信息维度的划分与信息类型相结合，更具有针对性与实际价值。

表 1-1　标记信息质量维度的 PSP/IQ 模型

	符合规范	满足用户期望
信息产品质量	健全性信息：包括无错误、表达准确性、完整性、表达一致性 4 个维度	有用性信息：包括信息适量、相关性、可理解性 3 个维度
信息服务质量	可信赖性信息：包括及时性、安全性 2 个维度	可用性信息：包括可信任性、可存取性、易于操作性、权威性、增值性 5 个维度

Yang W. Lee 等人②对信息质量定义与维度的各种观点进行了归纳与总结，并将其分为学者观点与实践者观点。（1）学者观点。通过对比各学者对信息质量维度划分的不同，发现主要存在两大分歧：一是是否应考虑用户信息需求，二是信息质量维度的分类难以统一。（2）实践者观点。这些实践者多是大型企业管理者，他们是基于各自企业特定的情境提出观点的，体现了信息质量在不同企业应用中对各质量维度

① Beverly K K, Diane M S. Information quality benchmarks: Product and service performance [J]. Communications of the ACM, 2002 (4): 184-192.

② Yang W L, Elizabeth Pierce John Talburt, Richard Y W, et al. A curriculum for a master of science in information quality [J]. Journal of Information Systems Education, 2007, 18 (2): 233-240.

的侧重。如，IRI 公司更强调信息质量和传递质量，AT&T 公司较少考虑用户因素，而各个公司都较侧重于信息的可存取性质量，特别是其中的易于操作方面。这一分析说明了信息所处的情境影响信息质量维度的选择。Angelica Caro 等人①针对互联网中的门户网站定义其信息质量维度，并基于用户角度构建了门户网站信息质量模型（PDQM）。该模型有 3 个重要部分：Web 信息质量维度（基于文献调研获取）、用户期望的信息质量和门户网站提供给用户的功能。该模型将网站功能与用户期望的信息质量维度对应起来，确定每一功能模块所达到的用户期望目标。该研究先通过文献调研，全面地概括了广义上的信息质量维度，再通过问卷调研进行修改与补充，这一过程需要对用户进行分类；针对某一领域或某一类信息资源，最终确定信息质量维度框架，并实现定量化描述，最终形成门户网站信息质量模型。这一研究具有实际意义，为网络信息资源质量的评估与改进奠定了基础。

在国内信息质量维度研究中，周毅②提出信息质量可以从信息属性、信息含量和信息活性 3 个方面来衡量。信息属性指待选资源的信息性质和特征，信息含量指待选资源的学术水平和知识深浅程度，信息活性则是考虑待选资源的学术水平状态。查先进等③从质量评估的指标体系角度将信息资源质量划分为信息资源内容质量、信息资源表达形式质量、信息资源系统质量和信息资源效用质量 4 个方面，包括信息资源的正确性、完整性、相关性、新颖性等 16 个指标维度，这一划分较为具体全面。李莉等④在用户调研和专家访谈的基础上，将科技文献数据库网站的信息资源质量分为信息资源质量和信息系统质量两大

---

① Angelica Caro, et al. Defining a Data Quality Model for Web Portals ［M］. WISE 2006, LNCS 4255, 2006: 363 – 374.

② 周毅. 用户信息需要与信息质量控制［J］. 情报理论与实践，1999（4）：239 – 241，247.

③ 查先进，陈明红. 信息资源质量评估研究［J］. 中国图书馆学报，2010（3）：46 – 55.

④ 李莉，等. 基于感知质量的科技文献数据库网站信息用户满意模型研究［J］. 情报学报，2009（8）：565 – 581.

部分，其中信息资源质量包括可信赖性、文献种类跨度、时间跨度和新颖性 4 个维度，信息系统质量包括检索方式多样性、易理解识别性、易操作性、咨询服务等 11 个维度。

不同的信息质量维度之间存在相互影响关系、如信息的准确性与及时性之间此涨彼落的逆向关系，在信息检索领域常见的查全率与查准率之间的逆向关系等。研究信息质量维度之间的关系有助于平衡信息质量各维度，尤其是从经济价值角度，寻求信息质量改进的价值收益最大化。Ballou 等人[①]探讨了信息质量完整性（completeness）与一致性（consistency）之间的均衡问题，引入了表示完整性与一致性相对重要程度的变量“相对重要性”，并从经济学角度入手，在两种情况——特定预算和可变预算下分别讨论了提高信息质量的成本与收益比。

1.2.3 信息质量框架

信息质量的多维性意味着需要建立一个质量框架来描述信息质量的构成。信息质量框架（Frameworkfor Information Quality，FIQ）[②] 是将一些思想组织起来，以便有效地规划和实施信息质量提高行动。

信息质量框架为理解信息质量的组成提供了一个逻辑结构，可以帮助理解造成信息问题的复杂环境。更进一步的是，FIQ 将一些思想组织起来，以便有效地规划和获得高质量数据，并根据需要实施信息质量提高行动。

下文将探讨一个以信息的生命周期为基础的 FIQ。

参考通用资源的生命周期，信息作为一种资源，其生命周期包括以下高级阶段：

---

① Ballou D P，Harold L P. Modeling completeness versus consistency tradeoffs in information decision contexts [J]. IEEE transactions on Knowledge and Data Engineering，2003，15（1）：240 - 243.

② Danette McGilvray，Executing Data Quality Projects：Ten Steps to Quality Data and Trusted Information [M]. Berlington：Morgan Kaufmann Publishers，2010（10）：15 - 24.

◆ 规划（plan）——准备资源；

◆ 获取（obtain）——获得资源；

◆ 存储和共享（storage & share）——以电子形式或者硬拷贝占有资源，并通过某些分发方式共享信息；

◆ 维护（maintain）——确保信息能够持续地正常工作；

◆ 应用（apply）——使用信息以达到目标；

◆ 消亡（dispose）——丢弃不再使用的信息。

用 POSMAD 表示信息生命周期的 6 个阶段，各个阶段的信息的活动实例如表 1－2 所示。

表 1－2　信息生命周期阶段（POSMAD）各个阶段的信息活动

信息生命周期阶段（POSMAD）	定义	信息活动实例
规划（plan）	准备资源	确定目标，规划信息结构、标准和定义；发生在建模、设计、开发应用程序、数据库、流程等时的许多活动都被当作信息规划的一部分
获取（obtain）	获得资源	例如创建记录、购置数据、加载外部文件等
存储和共享（storage & share）	以电子形式或者硬拷贝占有资源，并通过某些分发方式共享信息	数据以电子形式存储在数据库或其他形式的文件中，或者以纸质应用形式存储在硬拷贝中
维护（maintain）	确保信息能够持续地正常工作	更新、核实、验证、标准化、操作数据；增强数据的质量；清洗、转换数据；消除冗余记录等
应用（apply）	使用信息以达到目标	检索数据、使用信息，例如运行流程、完成交易、撰写报告、利用信息做出决策等
消亡（dispose）	丢弃不再使用的信息	归档信息，删除数据

整个信息生命周期存在 4 个影响因素，这是所有阶段都必须要考虑的要素。影响因素如下：

（1）数据（是什么）——组织感兴趣的已知事实或其他事项。

（2）流程（怎么做）——与数据或信息相关的各种功能、活动、行动、任务或者过程（组织的业务流程、信息管理流程、组织外部流程等）。

（3）人员（谁来做）——使用数据或信息的人，例如管理数据者、使用数据者、支持数据者等；还包括组织内外使用到信息的知识工作者、信息客户以及信息消费者等。

（4）技术（怎么做）——用来存储、共享、操作数据的表格、数据库、应用软件、程序等。

这 4 个影响因素和信息生命周期的 6 个阶段形成交互矩阵，构成了信息质量的 FIQ，如图 1－3 所示。

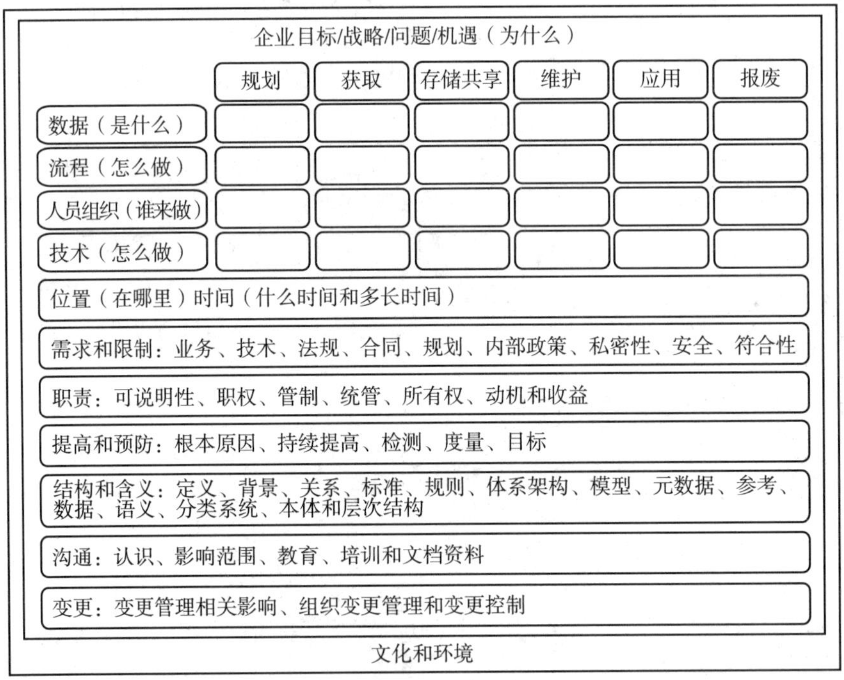

图 1－3　信息质量框架（FIQ）

基于信息生命周期（information life cycle，ILC）的信息质量框架可以在以下方面发挥其作用。

（1）规划（planning）：设计新流程，确保那些影响信息质量的因素得到控制，为资源（包括时间、投资及其他资源）明确方向。

（2）沟通（communication）：诠释信息质量的主要构成要素，以及影响信息质量的主要因素。

（3）诊断（diagnosis）：对信息质量进行评估，找到影响信息质量的原因，确定是否提供了信息质量需要的所有要素；识别以上要素，并将其作为初始主要原因分析的基础，以及提高信息质量的改进方向。

1.3　信息系统质量

1.3.1　信息系统的产品性

在不同的使用领域，“产品”这个术语有其不同的含义。ISO 8402中依据质量管理对象的特性和质量管理的特点将“产品”定义为：活动或过程的结果。

通用的产品类别有硬件产品、流程性材料、软件产品、服务产品四种。

服务是无形产品，供方和用户均可由人员或设备来提供与接收，并可与有形产品的制造和提供相联系。如饭店、宾馆的餐饮服务。这时，有形产品的制造、提供或使用已构成提供服务产品中的一个组成部分。

ISO 9004.2 质量管理和质量体系要素第二部分“服务：服务指南”

中，依据服务产品中有形产品含量高低分成三种类型①，如图 1－4 所示。

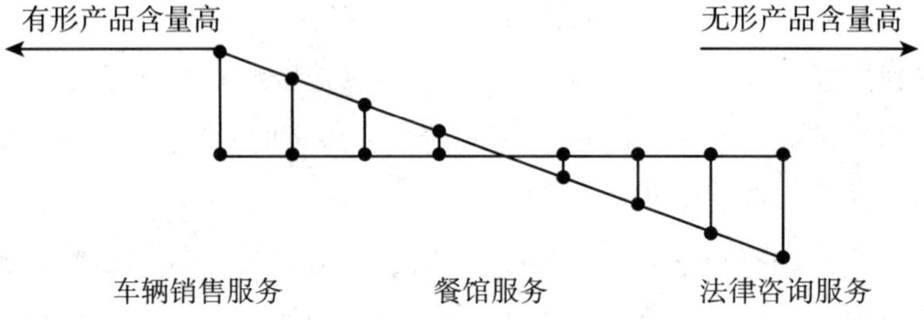

图 1－4　服务产品

从图 1－4 中可以看出，从汽车厂的销售服务（即直接依据有形产品提供服务）、饭店餐厅的餐饮服务（即把餐桌、餐椅、餐具作为提供服务的工具），一直到基本没有有形产品的法律咨询服务，是一个连续区间，并不能截然分成孤立的三类。实际上，产品往往是其中若干类的组合、有形产品与无形产品的组合、硬件与软件的组合，单纯一类产品还是较少的。

本书认为信息系统是有形产品与无形产品组合、硬件与软件组合的一种产品。

1.3.2　信息系统的质量

关于信息系统的质量，目前还没有一个统一的、唯一的定义。

从上节分析结论来看，信息系统是有形产品与无形产品组合、硬件与软件组合的一种产品。那么从产品的角度，信息系统的质量概念应该满足一般质量概念。因此，本书认为：信息系统的质量是以一组固有特性表示信息系统满足客户需求的程度。

从这个概念中，可以看到：

① Jonathan W. Palmer. Web site usability, design, and performance metrics [J]. Information System Research, 2002, 13 (3): 151－167.

（1）信息系统的质量既然是一种“程度”，是可以用“好”“坏”“优秀”等形容词来修饰的。满足要求的程度高，就是“好”；完全满足了要求，就是“优秀”。

（2）信息系统质量是在某事或某物中本来就有的，是“固有的”，而不是后来赋予的，但信息系统的质量可以改进。

信息系统的质量具有以下质量共性：

①信息系统质量的“好”与“坏”不是绝对的。不同的用户，不同的使用环境，对同一个产品有不同的质量需求。

②质量由诸多因素构成。这些构成因素之间往往是关联的，有些关联是正向的，而有些关联则是负向的。对于正向关联的因素，提高了其中一个的品质，另一个也得到了提高；而对于那些负向关联的因素，提高了其中的一个另一个则会受损，这时就需要进行折中考虑。

③质量需要资源。如果资源是充足的，就能最好地满足要求。然而通常情况下，资源是有限的。这就应该确认在质量中哪些因素是重要的，而哪些是次要的，应当把资源首先分配给主要的因素。

④产生质量问题的根源是产品在设计、生产过程中的缺陷和错误。对信息系统产品——信息系统本身来言，也是这样。

1.3.3　信息系统质量特性

信息系统在质量特性方面具有自己的特殊性。

1. 一定的无形性

与完全的实体产品不同，信息系统包含了一种非实物形态的使用价值，具有一定无形性的特征。它不能作为“物”而离开信息系统提供者单独存在。用户在信息系统购买的无论是有形产品还是无形产品，购买前都不能像在现实世界一样去直观感知。信息系统是基于网络的，在网络中人们只能使用视觉和听觉两种感知方式去体验。

2. 风险性

由于存在一定的无形性，用户在购买前无法确知本次他们购买的产品的完整信息。因此，用户在信息系统购买产品之前所面对的风险比他们在现实世界购买产品要大。

3. 参与交互性

信息系统活动的一个非常重要的特性就是用户和信息系统之间的互动关系，信息系统活动正是在这种双向互动中完成的。没有用户的亲自参与，信息系统过程是无法进行的。

4. 技术支撑下的信息服务与自助服务的整合

技术作为中介构成贯穿于信息系统的整个过程之中，用户得到的服务经历也都离不开技术支持。[①] 另外，信息系统自助服务作为信息系统的主要特点之一，对提高用户满意度具有很大的影响。优秀自助服务的应用除了可以增强用户满意度、减少用户流失、提升用户价值外，还能提高竞争对手的竞争门槛。

5. 集成性

信息系统在技术上都是作为集成系统运行的。这种集成是不同核心竞争力的企业间优势资源的整合，而且整合的不仅仅是不同的系统，更重要的是企业间的数字内容。[②]

6. 质量难于保证和控制

制造业生产的产品可以通过检验而发现次品并将其剔除。但信息系统具有一定的服务性质，对于许多服务性结果，人们无法纠正，这使得信息系统与制造业产品相比难以进行质量控制和提供质量标准始终如一的产品。

---

① Jennifer Rowley. Defining and conceptualizing the e-service experience: towards a research agenda [M]. EURAM, 2005.

② Ritu Agarwal, Viswanath Venkatesh. Assessing a Firm's Web Presence: A Heuristic Evaluation Procedure for the Measurementof Usability [J]. Information System Research 2002, 13 (3): 168 - 186.

7. 质量评价更加困难

完全的实体产品识别性质量（search quality）较高，如式样、颜色、价格、尺码、速度和气味。然而，信息系统除了具有这些识别质量（下载延时、信息系统、信息内容等）之外，还具有一定经验性品质（experience quality）特征，只能在购买后或使用过程中识别质量（例如可用性）。

8. 真正以客户为中心

此即把对信息系统质量的评价建立在以用户感知服务质量评价的基础之上，由用户决定服务效果。

信息系统的这些质量特性可以帮助识别信息系统质量的关键因素，并建立信息系统的质量框架。

第二章
现代综合评价理论

网络环境下影响信息质量的因素是众多而复杂的，往往需要将反映信息质量的多项指标加以汇集，得到一个综合指标，以此从整体上反映信息质量的整体情况，这就是多指标综合评价方法。现代综合评价是多因素决策过程中所遇到的一个带有普遍意义的问题。具体来说，现代综合评价是对评价对象的全体，根据所给的条件，采用一定的方法，给每个评价对象赋予一个评价值，再据此择优或排序。综合评价的目的在于对若干对象按照一定的意义进行排序，从中挑出最优或最劣对象。

2.1 基本理论

现代综合评价方法是从多个方面对所评价对象进行整体评价的一种方法，是对多指标进行综合的一系列有效方法的总称。现代综合评价方法具有以下特点：包含若干个指标，这些指标分别表示评价事物的不同方面；最终要对评价对象做出整体性评价，即采用一个总指标来评价。随着事物影响因素的日益复杂，对综合评价工作的要求也越来越高，现代综合评价方法要具有全面性、科学性和规范性，克服主观性和片面性。而且，针对信息质量的评价工作不但要考虑结构化、定量化的因素，还要考虑大量的非结构化、半结构化、模糊化、灰色性等方面的因素。

2.1.1 综合评价方法的构成要素

综合评价方法的构成要素主要包括以下几个方面。

（1）评价目的。在对事物进行评价时，首先要明确评价的目的，它是评价工作的根本方向。对某一事物进行综合评价，要明确为什么要进行综合评价、评价事物的哪些方面、评价的精确度要求如何等问题。

(2) 评价对象。评价对象通常是同类事物（横向）或同一事物在不同时期的表现（纵向）。同一类评价对象的个数要大于1，否则就没有评价的必要。这一要素的实质是明确对象系统和范围。评价对象系统的特点直接决定着评价的内容、方式及方法。

(3) 评价主体。评价主体是指执行评价工作的个人（如专家）或团体（专家小组）。评价主体要负责确定评价目的、选择合适的评价对象、建立评价指标体系、确定指标权重系数、选择评价模型等工作，在整个评价过程中的作用是不可轻视的。

(4) 评价指标。评价指标的确定是根据评价的目的和对象，选择能反映评价对象某一方面情况的特征依据。每个评价指标都是从不同方面反映评价对象的某种特征，具有一定的代表性。评价指标体系是由一系列相互联系的指标所构成的整体，来综合评价事物各个方面的整体情况。指标体系的建立不仅受到评价客体和评价目标的制约，而且受到评价主体价值观念的影响。

(5) 指标权重。指标权重是指评价指标相对于总体评价目标的重要程度，以及不同评价指标之间的相对重要性，可由权重系数值来表示。指标的权重系数值是指标对总目标的贡献程度。当评价对象和评价指标都确定时，综合评价的结果就依赖指标权重的系数值。权重系数的设置是否合理关系到综合评价结果的可信度，故权重系数的确定应特别谨慎。

(6) 综合评价模型。它是指通过一定的数学模型将多个评价指标值“合成”为一个整体性的综合评价值。用于“合成”的数学方法很多，关键在于如何根据评价目的和评价对象的特点选择合适的数学方法来执行“合成”过程。

(7) 评价结果。根据综合评价模型输出评价结果并解释其含义，依据评价结果进行决策。值得注意的是，应正确认识综合评价方法，公正地看待评价结果。综合评价结果主要反映评价对象之间的相对性，具有相对意义，用于对象之间的比较和排序。

任何一种综合评价方法都要依据一定的权重系数值对各单项指标判断结果进行综合，权重系数的改变会变更综合评价的结果。另外，非数量性评判因素的评判主要依赖投票者对评价对象的主观感受，故综合评价结果具有一定的主观性，这是不可回避的问题。① 由于综合评价方法的局限性，它的结论只能作为认识事物、分析事物的参考，而不能作为决策的唯一依据。

2.1.2 指标体系的构建

评价指标体系的构建是进行综合评价的基础。这一过程主要进行评价指标的选取，它对分析对象、评价事物具有举足轻重的作用。指标体系是由多个相互联系、相互作用的评价指标按照一定的层次结构组成的有机整体。只有建立科学合理的评价指标体系，才有可能得到科学公正的综合评价结果。

在建立评价指标体系时，应注意以下几个方面：（1）指标应具有独立性。每个指标都要内涵清晰、相对独立；同一层次的指标之间应尽量不重叠，相互间不存在因果关系。指标体系须层次分明、简明扼要，整个评价指标体系的构成须紧紧围绕综合评价的目标而层层展开，使得最后的评价结论能准确反映评价意图。（2）指标应具有代表性，能较好地反映研究对象的某一特性。指标间须具有明显的差异性，即具有可比性。评价指标和评价标准的制定要客观实际，便于比较。（3）指标设置应具有可行性，符合客观实际，有稳定的数据来源，易于操作，即具有可测度性。评价指标含义要明确，数据要规范，口径要一致，资料收集要简便易行。（4）指标设置方面宜少不宜多，宜简

---

① 郭亚军. 综合评价的合理性问题［J］. 东北大学学报（自然科学版），2002，23（9）：844－847.

不宜繁。评价指标并非多多益善，关键在于指标在评价过程中所起作用的大小。指标体系须涵盖为达到评价目的所必需的基本内容，能反映对象的全部信息。指标的精练可减少评价的时间和成本，使评价活动易于开展。

指标体系的确定具有很大的主观随意性。虽然指标体系的确定有经验确定法和数学方法两种，但多数研究中均采用经验确定法。在实际应用中，专家调研法是一种常用的确定指标体系的方法。专家调研法可分为德尔菲法和头脑风暴法。德尔菲法[①]是以专家作为索取信息的对象，依靠专家的知识和经验，由专家通过调查研究对问题做出判断、评估和预测的一种方法。它是在专家个人判断和专家会议方法的基础上发展起来的一种直观预测方法，特别适用于客观资料或数据缺乏情况下的长期预测，或其他方法难以进行的技术预测。专家调研法的工作程序包括：（1）确定主持人，组织专门小组。（2）拟定调查提纲。所提问题要明确具体、选择得当、数量不宜过多，并提供必要的背景材料。（3）选择调查对象。所选的专家要有广泛的代表性，他们要熟悉业务，具有特长、一定的声望、较强的判断和洞察能力。选定的专家人数不宜太少，也不宜太多，一般以 10 ~ 50 人为宜。（4）轮番征询意见。这通常要经过三轮：第一轮是提出问题，要求专家在规定的时间内把调查表格填完寄回；第二轮是修改问题，请专家根据整理的不同意见修改自己所提问题，即让调查对象了解其他见解后，再一次征求他本人的意见；第三轮是最后判定，把专家们最后重新考虑的意见收集上来，加以整理。有时，根据实际需要，还可进行更多几轮的征询活动。（5）整理调查结果，提出调查报告。对征询所得的意见进行统计处理，一般采用中位数法，把处于中位数的专家意见作为调查结论，并进行文字归纳，写成报告。由上述工作程序可以看出，专家调研法能否取得理想的结果，关键在于调查对象的人选及其对所调查问

① 秦寿康．综合评价原理与应用［M］．北京：电子工业出版社，2003.

题掌握的资料和熟悉的程度，调查主持人的水平和经验也是一个很重要的因素。该方法可适用于所有评价对象，其优点在于专家不受任何心理因素的影响，可以充分发挥自己的主观能动性，在广泛收集信息的基础上，集中专家们的集体智慧，最后可得到合理的评价指标体系。其不足之处在于花费的时间较长，耗费的人力、物力较多。

不同的综合评价方法对指标体系的要求存在一些差别。综合评价指标体系需要在实践中不断完善。在设置评价指标时，应注意指标类型的一致化处理。有的指标是正指标，有的是逆指标，有的是定量指标，有的是定性指标，因此在应用时要进行一致化处理，保证指标之间的可比性。为了客观、科学地实施评价，要努力排除由于各项指标的单位不同以及数值数量级间的悬殊差别所带来的影响，需要对评价指标进行无量纲化处理。

2.1.3 指标权重的确定

在综合评价方法中，为了体现各评价指标在评价体系中的重要性程度，在构建评价指标体系的基础上，须对各指标赋予不同的权重系数。在数学上，为了显示若干量数在总量中所具有的重要程度，分别给予不同的比例系数，这就是加权。加权的指派系数就是权数，又称权重或权值。权重系数是表示某一指标项在指标系统中的重要程度，它表示在其他指标项不变的情况下，这一指标项的变化对结果的影响。权重系数的大小与目标的重要程度有关。对于不同学科、不同年龄阶段，每个指标项的重要程度是不同的，所以，各指标项的权重系数必须根据实际情况做出合理的规定。指标的权重是指标评价过程中其相对重要程度的一种主客观度量的反映。

指标加权是表示对指标重要程度的定量分配。加权的方法可分为两种：一是经验加权，也称定性加权，其优点在于由专家直接估价，简便易行；二是数学加权，又称定量加权，主要以经验为基础、数学原理为背景，间接生成，具有较强的科学性。

基于专家咨询的经验判断法是目前确定权值较常用的方法。目前权值的确定主要以专家集体决策为主，如评委投票表决法方便易行，它是由每个评委通过定性分析，给予定量的回答，组织者对回答进行统计处理。在进行数据处理时，通常采用算术平均值代表评委们的集中意见，然后再进行归一化处理，最终结果代表集体意见。这一权值确定方法能正确反映各指标的重要程度，保证评价结果的准确性。为了提高科学性，也可采用其他方法来确定权值，如常用的层次分析法（AHP），它更具逻辑性，再加上数学处理，可信度较大，应用范围广。其以坚实的理论基础和完善的方法体系而深受人们欢迎。

2.1.4　评价方法的选择

当前，多目标、多层次综合评价已经涉及人类生活领域的各个方面，其应用的范围愈来愈广，所使用的方法也愈来愈多。20 世纪 60 年代，模糊数学在综合评价中得到了成功应用，产生了适合于对主观或定性指标进行评价的模糊综合评价方法。20 世纪七八十年代是现代科学评价蓬勃兴起的年代，在此期间产生了多种应用广泛的评价方法，诸如层次分析法、数据包络分析法等。20 世纪八九十年代是现代科学评价向纵深发展的年代，人们对评价理论、方法和应用开展了多方面的、卓有成效的研究，如将人工神经网络技术和灰色系统理论应用于综合评价等。这些评价方法的出发点不同、解决问题的思路不同、适用对象不同，又各有优缺点，因此在具体应用时，需要从纷繁复杂的评价方法中选择合适的方法来应用于实际评价工作。

根据杜栋等人①对现代综合评价法的分类，可将综合评价方法大致分为四大类：（1）专家评价方法，如专家打分综合法；（2）运筹学与其他

① 杜栋，庞庆华. 现代综合评价方法与案例精选［M］. 北京：清华大学出版社，2005：6－8.

数学方法，如层次分析法、数据包络分析法、模糊综合评价法；（3）新型评价方法，如人工神经网络评价法、灰色综合评价法；（4）混合方法，即将几种方法混合使用的情况，如 AHP 方法与模糊综合评判法的综合使用、模糊神经网络评价法。对于这些不同的综合评价方法，还存在一些问题。如针对同一个问题，采用不同的评价方法得到的结论不同，应如何解释？如何辨别不同方法的优劣？如何衡量评价结果的客观准确性？这些问题需要进一步探索与研究，以完善综合评价方法和理论。

另外，各具特色的综合评价方法为我们针对具体的评价工作选择评价方法提供了借鉴。在选择评价方法时，应适应综合评价对象和综合评价任务的要求，根据现有资料状况，做出科学的选择。综合评价方法的选择通常基于以下几个原则：（1）选择评价者最熟悉的方法；（2）所选方法须有坚实的理论基础，能为人们所信服；（3）所选方法须简洁明了，尽量降低算法的复杂性；（4）所选方法须能够正确地反映评价对象和评价目的。这些原则主要是定性的、指导性的原则。多数情况下，最优的评价方法是不存在的，选择不同的方法会产生不同的评价结论，故综合评价的结果不是唯一的。本章将介绍几种应用较为广泛的现代综合评价方法的理论、模型和应用，其中包括层次分析法、数据包络分析法、模糊综合评价法等，作为网络安全下信息质量评价与管理的方法论基础。

2.2 层次分析法

层次分析法（analytic hierarchy process，AHP），又称多层次权重分析决策方法，是将与决策总是有关的元素分解成目标、准则、方案等层次，在此基础之上进行定性和定量分析的决策方法。该方法是美国运筹学家匹茨堡大学教授 T. L. Satty 于 20 世纪 70 年代初，在为美国国防部研究“根据各个工业部门对国家福利的贡献大小而进行电力分配”课题时，应用网络系统理论和多目标综合评价方法提出的一种层次权重决策分析方法。

2.2.1 层次分析法的原理

层次分析法是将与决策有关的元素分解成目标、准则、方案等层次，在此基础之上进行定性和定量分析的决策方法。它把复杂问题中的各种元素通过相互联系的有序化层次使之条理化，根据对一定客观现实的判断，就每一层次的相对重要性给予定量表示，利用数学方法确定表达每一层次的全部元素的相对重要性次序的数值，并通过排序分析和解决问题。该方法将决策问题按总目标、各层子目标、评价准则直至具体的指标变量这一顺序分解为不同的层次结构，然后用求解判断矩阵特征向量的办法，求得每一层次的各元素对上一层次元素的优先权重，最后再用加权和的方法递阶归并各指标变量对总目标的最终权重。① 它是用于确定评价指标权重的重要方法。

人们在进行社会的、经济的以及科学管理领域问题的体系分析中，面临的经常是一个相互关联、相互制约的众多因素构成的复杂系统。层次分析法就为分析此类复杂的社会、经济以及科学管理领域的问题提供了一种新的、简洁的、实用的决策方法。应用层次分析法分析问题时，首先要把问题进行层次化划分，即根据问题的性质和要达到的总目标，将问题分解为不同组成因素，并按照因素间的相互关联影响以及隶属关系将因素按不同层次聚集组合，形成一个多层次的分析结构模型。在进行系统分析时，把总体分析归结为最底层（供决策的方案、措施等）相对于最高层（总目标）的相对重要性权值的确定或相

① 杜栋. 论 AHP 的标度评价［J］. 运筹与管理，2000，9（4）：42－45.

对优劣次序的排序问题。在排序计算中，每一层次的因素相对于上一层次某一因素的单排序问题可简化为一系列成对因素的判断比较。为了将比较判断定量化，层次分析法引入了 1 ~ 9 标度法，并以判断矩阵形式出现。在建立判断矩阵后，可通过计算判断矩阵的最大特征根及其对应的特征向量，计算出某一层对于上一层次某一元素的相对重要性权值。在计算出单排序权值后，用上一层次因素本身的权值加权综合，即可计算出某层因素相对于上一层次的相对重要性权值，即层次总排序权值。这样，依次由上而下即可计算出最底层因素相对于最高层的相对重要性权值或相对优劣次序的排序值。

层次分析法主要包括以下四个步骤①：（1）建立递阶层次结构，即把待分析问题进行条理化、层次化，构造出一个层次分析结构的模型。（2）构造两两比较判断矩阵，即对各指标之间进行两两对比之后，按 9 分位比率排定各评价指标的相对优劣顺序，依次构造出评价指标的判断矩阵。（3）针对某一个标准，计算各备选元素的权重。关于判断矩阵权重计算的方法，主要有两种，即几何平均法（根法）和规范列平均法（和法）。几何平均法（根法）是先计算矩阵 A 各行各个元素的乘积，得到一个 n 行一列的矩阵 B；再计算矩阵每个元素的 n 次方根得到矩阵 C，然后对矩阵 C 进行归一化处理得到矩阵 D，该矩阵 D 即为所求权重向量。规范列平均法（和法）则是先将矩阵 A 的每一列进行归一化得到矩阵 B，再计算矩阵 B 每一行元素的平均值，得到一个一列 n 行的矩阵 C，矩阵 C 即为所求权重向量。（4）一致性检验。判断矩阵的一致性检验是指专家在判断指标重要性时，各判断之间协调一致，不致出现相互矛盾的结果。在多阶判断的条件下，极易出现不一致现象，只不过在不同的条件下不一致的程度是有所差别的。在层次分析法中引入判断矩阵最大特征根以外的其余特征根的负平均值，作为度量判断矩阵偏离一致性的指标。

---

① 沈良峰，樊相如. 基于层次分析法的风险投资项目评价与决策［J］. 基建优化，2002，23（4）：20－22.

2.2.2　层次分析法的优劣

层次分析法具有模型的特色，在操作过程中使用了线性代数的方法，数学原理严密，同时也具有突出的柔性色彩。层次分析法是一种模拟人的思维过程的工具，它具有以下特点。

1. 层次分析法的优点

（1）系统性的分析方法。层次分析法把研究对象作为一个系统，按照分解、比较判断、综合的思维方式进行决策，成为继机理分析、统计分析之后发展起来的系统分析的重要工具。系统的思想在于不割断各个因素对结果的影响，而层次分析法中每一层的权重设置最后都会直接或间接影响到结果，而且在每个层次中的每个因素对结果的影响程度都是量化的，非常清晰、明确。这种方法尤其可用于对无结构特性的系统评价以及多目标、多准则、多时期等的系统评价。

（2）简洁实用的决策方法。该方法既不单纯追求高深数学，又不片面地注重行为、逻辑、推理，而是把定性方法与定量方法有机地结合起来，使复杂的系统分解，能将人们的思维过程数学化、系统化，便于人们接受，且能把多目标、多准则又难以全部量化处理的决策问题转化为多层次单目标问题，通过两两比较确定同一层次元素相对于上一层次元素的数量关系后，最后进行简单的数学运算。即使不具有相关专业背景的人也可了解层次分析的基本原理和掌握它的基本步骤，计算也非常简便，并且所得结果简单明确，容易为决策者所了解和掌握。

（3）所需定量数据信息较少。层次分析法主要是从评价者对评价问题的本质、要素的理解出发，比一般的定量方法更讲求定性的分析和判断。由于层次分析法是一种模拟人们决策过程的思维方式的方法，层次分析法把判断各要素的相对重要性的步骤留给了大脑，只保留人脑对要素的印象，化为简单的权重进行计算。这种思想能处理许多用传统的最优化技术无法着手的实际问题。

2. 层次分析法的缺点

（1）不能为决策提供新方案。层次分析法的作用是从备选方案中选择较优者。这个作用正好说明了层次分析法只能从原有方案中进行选取，而不能为决策者提供解决问题的新方案。这样，我们在应用层次分析法的时候可能就会出现这样一个情况，就是我们自身的创造能力不够，造成了尽管在已有的众多方案里选择了最优的，但其效果仍然不尽如人意。而对于大部分决策者来说，只有一种分析工具能够在已知方案里分析出最优者，然后指出已知方案的不足，又或者提出改进方案，这种分析工具才是比较完美的。但显然，层次分析法还没能做到这点。

（2）定量数据较少，定性成分多，不易令人信服。在现代科学方法评价中，一般认为一门科学需要比较严格的数学论证和完善的定量方法，但现实世界的问题和人脑考虑问题的过程很多时候并不能简单地用数字来说明。层次分析法是一种带有模拟人脑决策方式的方法，因此必然带有较多的定性色彩。

（3）指标过多时，数据统计量大，且权重难以确定。当我们希望能解决较普遍的问题时，指标的选取数量很可能也就随之增加。指标的增加就意味着我们要构造层次更深、数量更多、规模更庞大的判断矩阵，这就需要对许多指标进行两两比较。由于一般情况下对层次分析法的两两比较是用 1 ~ 9 来说明其相对重要性，如果有越来越多的指标，我们对每两个指标之间的重要程度的判断可能就会出现困难，甚至会对层次单排序和总排序的一致性产生影响，使一致性检验不能通过，而且层次分析法无法指出我们的判断矩阵里哪个元素出了问题。

（4）特征值和特征向量的精确求法比较复杂。在计算判断矩阵的特征值和特征向量时，所采用方法和多元统计方法是一样的。这在二阶、三阶的时候还比较容易处理，但随着指标的增加，阶数也随之增加，在计算上也变得越来越困难。

总之，层次分析法特别适合于具有定性的或定性定量兼有的决策分析。这是一种十分有效的系统分析和科学决策方法，现已广泛应用于经济管理规划、能源开发利用与资源分析、城市产业规划、企业管理、交通运输、科研管理等方面。

2.3 数据包络分析

数据包络分析法是由著名的运筹学家 A. Charnels、W. W. Cooper 等学者于 1978 年提出的，它是运筹学、管理科学和数理经济学交叉的一个研究领域。它是以“相对效率”概念为基础发展起来的一种效率评价方法，是一种构造生产前沿面函数的非参数的计量方法，主要用来评价同类型单位之间的相对有效性。

2.3.1 适用性分析

数据包络分析法（DEA）是效率评价中常用的一种评价模型，它是运筹学、经济学、计量学、统计学等多种学科综合在一起的运用非常广泛的一种评价方法。① DEA 是通过对生产决策单元（decision making unit，DMU）的输入数据（投入）与输出数据（产出）的研究，从相对有效性角度出发来评价具有相同类型的多投入、多产出决策单元的技术与规模有效性的方法。所谓决策单元，指 DEA 方法将一项活动或一个动态系统看作该系统在一定范围内通过一定数量的生产要素并产出一定数量的产出的过程。为使该项活动或动态系统取得最大的效益，这一过程须经过一系列的决策，也即产出是决策的结果，这样

① 阎友兵，马朋. 基于 DEA 方法的旅游电子商务网站效率评价研究［J］. 湖南财政经济学院学报，2013（4）：32－36.

的系统就是决策单元。每一个决策单元都具有一定的输入与输出，并在输入转化为输出的过程中努力实现自身的决策目标。DEA 的基本思路是通过对各 DMU 的输入数据与输出数据进行综合分析，得出每个 DMU 效率的相对指标，然后将所有 DMU 效率指标排序，确定相对有效的 DMU，同时还可用投影方法指出非 DEA 有效或者弱 DEA 有效的原因以及应该改进的方向和程度，为管理人员提供管理决策信息。

DEA 这一方法不仅可用来对生产单位的各种经济效益进行评估，也可以对公共部门的投资效益进行评估。它把参与评价的项目转化为以其输入指标和产出指标形成的有效值来进行评价。如果以较少的投入获得较多的产出，说明它的有效值是高的，反之则是低的。通过 DEA 方法可对评价对象或评价项目进行快速高效的解析，以便进行更深入的评估与决策。DEA 方法是以相对效率概念为基础，以凸分析和线性规划为工具，根据多指标投入与产出对相同类型的单位进行相对有效性或效益评价的一种新的系统分析方法。该方法经常被用于多目标决策问题中。它通过明确地考虑多种投入（即资源）的运用和多种产出（即服务）的产生来比较提供相似服务的多个服务单位之间的效率。该方法避开了计算每项服务的标准成本，[①] 因为它可以把多种投入和多种产出转化为效率比率的分子和分母，而不需要转换成相同的货币单位。因此，采用 DEA 方法衡量效率可以清晰地说明投入和产出的组合，它比一套经营比率或利润指标更具有综合性。DEA 方法是一个线形规划模型，它表示为产出对投入的比率。通过对一个特定单位的效率和一组提供相同服务的类似单位的绩效的比较，它试图使服务单位的效率最大化。在这个过程中，获得 100% 效率的一些单位被称为相对有效率单位，而另外的效率评分低于 100% 的单位被称为无效率单位。

DEA 方法的优点主要体现在以下方面。

（1）DEA 适用于复杂系统的相对效益评价，能对系统的经济效

---

① 张晓梅，张亮亮. 基于数据包络分析的新农村建设效率评价研究［J］. 中国集体经济，2009（9）：14－15.

益、生态效益、社会效益进行综合的全面分析与评价，是进行完全意义上的相对效益评价的有效工具。

（2）由于 DEA 以 DMU 的输入、输出的权数作为变量，而且总是从最有利于决策单元的角度进行评价，因此，使用该方法时不需要操作人员主观地确定各指标的权重。DEA 方法不必确定输入、输出之间关系的显示表达式，即不必像生产函数那样先利用回归分析确定一个生产函数表达式。DEA 方法由于排除了主观因素的影响，因而具有很强的客观性。

正因为这些特点，DEA 方法在其出现后的较短时间内就得到了广泛的应用。当然，DEA 方法也存在一些局限性，主要表现在：

（1）由于各个决策单元总是从最有利于自己的角度来分别求权重的，因此这些权重会因决策单元的不同而不同，这会导致每个决策单元的特性之间缺乏可比性，得出的结果可能不符合实际。

（2）当决策单元个数较少而选取的指标较多时，会得到较多相对有效的决策单元。如果得到这样的结果，则还需要应用一些 DEA 模型做进一步评价，或者应用其他方法做进一步评价。

2.3.2　DEA 评价模型

效率是投入与产出的比值，而投入和产出是 DEA 评价模型中重要的衡量指标。在规模报酬不变的假设下，DEA 效率模型指在维持决策单元的投入或者产出不变，运用最优化原理和统计数据确定相对有效的 DEA 生产前沿面，并将每个决策单元投影到该生产前沿面上，其与有效前沿面的偏离程度即为该决策单元的相对效率。由于运用传统的 DEA 模型计量效率时会出现相对有效的决策单元过多，影响评价体系的合理性，因此，本书引入了带有阿基米德无穷小量的 C^2R 模型。C^2R 是 DEA 的基本模型，由 Charnes、Co-oper and Rhodes 在 1978 年依据 Farrell 的技术成果观点扩充而来，它是以多项投入和多项产出形成的有效值来判断它的效率。

C^2R 模型是 DEA 的第一个评价模型，DMU 的 DEA 有效性同时针对规模有效性和技术有效性。现假设有 n 个 DMU，每个都有 m 个输入变量和 s 个输出变量。其中，$X_j = (X_{1j}, X_{2j}, X_{3j}, \cdots, X_{mj})^T \geqslant 0, Y_j = (Y_{1j}, Y_{2j}, Y_{3j}, \cdots, Y_{sj})^T \geqslant 0, j = 1, \cdots, n$；且 $X_{ij} > 0, Y_{rj} > 0, i = 1, 2, \cdots, m$；$r = 1, 2, \cdots, s$。以 j_0 的效率评价为目标函数，以全部 DMU 的效率指数为约束，得到以下基于全部 DMU 总体效率的具有非阿基米德无穷小的 C^2R 模型。该模型的最优解即为该 j_0 的有效性。同时，对 j_0 进行的有效性评价是相对于其他所有 DMU 而言的。[①] C^2R 模型基本构造[②]如下：

$$\min[\theta - \varepsilon(\hat{e}^T s^- + e^T s^+)]$$

$$st. \sum_{j=1}^{n} \lambda_j x_i + s^- = \theta x_0$$

$$\sum_{j=1}^{n} \lambda_j y_i - s^+ = y_0$$

$$\lambda_j \geqslant 0, j = 1, 2, \cdots, n$$

$$s^+ \geqslant 0, s^- \geqslant 0$$

其中，θ 是投入比例变量；ε 为非阿基米德无穷小量，计算式可取 10^{-6}；$e_1^T = (1, 1, \cdots, 1) \in E_m$，$e_2^T = (1, 1, \cdots, 1) \in E_s$；$s^- = (s_1^-, s_2^-, \cdots, s_m^-)$ 为与投入相对应的松弛变量，$s^+ = (s_1^+, s_2^+, \cdots, s_s^+)$ 为与产出相对应的变量向量；λ_j 为第 j 个 DMU 的决策变量。

对模型进行求解，可得到最优解 λ_j^*，s^{*-}，s^{*+}，θ^*。

（1）当 $\theta_0 = 1$，且 $s^{0-} = 0$，$s^{0+} = 0$ 时，被评价单元相对于其他 DMU 为 DEA 有效，它同时满足规模有效和技术有效。

（2）当 $\theta_0 = 1$，但 $s^{0-} \neq 0$ 或 $s^{0+} \neq 0$ 时，该 DMU 弱 DEA 有效，不同时为规模有效和技术有效。

---

① 连飞. 基于 DEA 的我国循环经济效率评价 [J]. 哈尔滨商业大学学报（社会科学版），2009（1）：16-19.

② 林昌华. 我国信息服务业区域发展效率差异研究 [J]. 重庆邮电大学学报（社会科学版），2014（5）：152-158.

（3）当 θ_0 <1 时，被评价单元为非 DEA 有效。因此，当 θ_0 =1 时，决策单元为 DEA 有效；当 θ_0 <1 时，决策单元为非 DEA 有效。①

C^2R 模型通常是用来做所研究对象的效率测算，也可以根据求得的 λ_j 值判断该 DMU 的规模收益状况。根据公式 $k^* = \sum_{j=1}^{n} \lambda_j^*$ ，如果 $k^* = 1$，表示研究对象收益不变；如果 $k^* < 1$ ，表示研究对象规模收益递增；如果 $k^* > 1$，表示研究对象规模收益递减。② 如果对投入产出进行细致研究，各个样本还可进行投入冗余率和产出不足率分析，以对各个样本投入产出进行优化。

总之，DEA 方法特别适用于具有多输入多输出的复杂系统，其突出的优点在于无须任何权重假设，每一输入输出的权重不是根据评价者的主观认定，而是由决策单元的实际数据求得的最优权重。因此，DEA 方法排除了很多主观因素，具有较强的客观性。

2.4 模糊综合评价

模糊综合评价法是一种基于模糊数学的综合评标方法。该综合评价法根据模糊数学的隶属度理论把定性评价转化为定量评价，即用模糊数学对受到多种因素制约的事物或对象做出一个总体的评价。它具有结果清晰、系统性强的特点，能较好地解决模糊的、难以量化的问题，适合各种非确定性问题的解决。

---

① 门伟莉．基于 DEA 的农业信息服务网站效率评价研究［C］．北京：2012 年全国知识组织与知识链接学术交流会，2012．

② 姚莉媛．中国信息服务业技术效率的区域差异及影响因素研究［D］．长沙：湖南大学，2010．

2.4.1 评价原理与过程

模糊数学是研究和处理模糊性现象的一种数学理论与方法。它是1965年以后在模糊集合、模糊逻辑的基础上发展起来的模糊拓扑、模糊测度论等数学领域的统称。模糊数学就是试图利用数学工具解决模糊事物方面的问题。模糊数学的产生，把数学的应用范围从精确现象扩大到模糊现象的领域，去处理复杂的系统问题。模糊数学主要是用精确的数学方法来处理过去无法用数学描述的模糊事物。从某种意义上来说，模糊数学是架在形式化思维和复杂系统之间的一座桥梁，通过它可以把精确数学的一系列成果应用到复杂系统里去，给我们研究那些复杂的、难以用精确的数学描述的问题带来简单便捷。

模糊综合评价是以模糊数学为基础，应用模糊关系合成的原理，将一些边界不清、不易定量的因素定量化，从多个因素对被评价事物隶属等级状况进行综合性评价的一种方法。① 综合评价针对评判对象的全体，根据所给的条件，给每个对象赋予一个非负实数——评判指标，再据此排序择优。模糊综合评价作为模糊数学的一种具体应用方法，最早是由我国学者汪培庄提出的。它主要分为两个步骤：第一步，先按每个因素单独评判；第二步，再按所有因素综合评判。模糊综合评价法的过程如下。

（1）确定评价因素、评价等级。评价因素是指对评价对象进行评议的具体内容，如价格、参数、规范、性能、状况等指标。为便于权重分配和评议，可按评价因素的属性将其分成若干类，把每一类都视为单一评价因素，并称之为第一级评价因素（F1）。第一级评价因素可设置下属的第二级评价因素（F2），第二级评价因素可设置下属的第三

① 关晓光，葛志杰. 质量经济效益的模糊综合评价［J］. 管理工程学报，2000，14（4）：65－69.

级评价因素（F3），以此类推。评价等级用于描述每一个评价因素所处的状态的多种决断，如考核成绩的评定习惯于四级评分制，则取优秀、良好、及格、不及格。评判等级应尽可能满足人们区分能力的要求和符合人们的一般习惯。

（2）构造评判矩阵和确定权重。首先，针对因素集中的单因素进行评判，从单因素着眼该事物对抉择等级的隶属度，这样可得到单因素的评判集。针对每一个因素计算其单因素评判集，这样可构造出一个总的评价矩阵，其值表示从某一因素着眼，该评判对象能被评为某一等级的隶属度，即每一个被评价对象确定了从评价指标集合到评价等级的模糊关系。评价因素集中的各个因素在评价目标中有不同的地位和作用，即各评价对象在综合评价中占有不同的比重，故需引入一个权重分配集，它反映对各因素的一种权衡。常见的评价问题中的赋权值多凭经验主观臆测，带有浓厚的主观色彩。这样就存在两种模糊集合，一种是标志因素集中各元素在人们心目中的重要程度的量，表现为因素集上的模糊权重向量；另一种是表示从评价指标集合到评价等级的模糊关系的总评价矩阵。它们都是人们价值观念或偏好结构的反映。

（3）进行模糊合成和做出决策。总评价模糊矩阵中不同的行反映了某个被评价事物从不同的单因素来看对各等级模糊子集的隶属程度。用模糊权重向量将不同的行进行综合，就可得到该被评事物从总体来看对各等级模糊子集的隶属程度，即模糊综合评价结果向量。然后，再采用适当的合成因子对其进行合成，并对结果向量进行解释。最简单的合成运算是普通矩阵乘法（即加权平均法），这种模型要让每个因素都对综合评价有所贡献，能够比较客观地反映评价对象的全貌。

模糊综合评价法的数学模型简单，容易掌握，对多因素、多层次的复杂问题评判效果较好，是其他数学分支和模型难以代替的方法。这种模型应用广泛，在许多方面，采用模糊综合评判的实用模型都取得了很好的经济效益和社会效益。

2.4.2 模糊综合评价法的特点

模糊综合评价法的特点在于评判逐对进行，对被评对象有唯一的评价值，不受被评价对象所处对象集合的影响。其主要特点归纳如下：

（1）相互比较：以最优的评价因素值为基准，其评价值为1，其余欠优的评价因素依据欠优的程度得到相应的评价值。

（2）函数关系：可以依据各类评价因素的特征，确定评价值与评价因素值之间的函数关系，即隶属度函数。确定这种隶属度函数关系有很多种方法，如F统计方法、各种类型的F分布。

总之，综合评价是决策科学化的基础，是实际工作中迫切需要解决的问题。因此，我们需要掌握各种综合评价方法。需要注意的是，每种方法都有其产生背景，难免存在局限性和不足之处，对此我们必须有所认识。盲目地应用会导致错误的决策，正确看待和解决运用中的问题，可以促进综合评价方法得到更广泛、更科学、更合理的应用。

第三章
信息质量评价与管理研究综述

3.1 信息质量研究综述

信息质量的发展离不开信息质量国际会议（ICIQ）的推动，该会议在过去的10年中每年在MIT召开年会，并为信息质量的研究者和实践者建立了讨论论坛。国际数据管理协会和国际数据与信息质量协会设置了信息质量主题的工业会议和工作室，而且美国计算机学会（ACM）出版了新的期刊——Journal of Data and Information Quality（数据与信息质量），这本ACM期刊已成为信息质量研究者和实践者的主要期刊。对于国内外信息质量的研究，通过对信息质量研究领域相关文献进行梳理，本章重点从信息质量评估、信息质量管理和信息质量与数据质量的关系三个方面进行文献综述。

3.1.1 信息质量评估研究

Maffei①在1958年最早意识到信息质量评估的困难。信息质量难以评估，其原因有：（1）信息质量标准具有主观性特征，主要取决于用户，因此不能自动完成评估；（2）信息来源通常是自治的、无组织的，缺乏有用的质量元数据，有些信息源甚至采取措施阻止信息质量评估；（3）大规模数据使得对整个信息集进行评估成为不可能，需要采用抽样技术，这会降低评估的精确度；（4）信息来源的无组织性使得信息易于遭受内容和质量上的突变，不利于信息质量评估。

① Maffei R B. Simulation, sensitivity, and management decision rules [J]. Journal of Business, 1958, 31 (3): 177-186.

目前，信息质量评估的已有研究主要集中在评估方法、评估标准与工具两个方面。

3.1.1.1　问题分析与评估方法

对于信息质量评估的研究，早期主要集中于数据质量评估与数据质量问题方面。Codd① 于 1979 年提出了一种添加数据标签的机制用于评估数据质量，并被 Richard Y. Wang 等人②采用，于 1995 年提出基于数据的属性而使用质量指示器对数据质量添加标签；Paradice 等人③于 1991 年提出了用于计算存储错误率的公式。这些研究主要以存储的数据为对象，而较少考虑用户对数据信息的评估与感知。在数据质量问题研究方面，Giri Kumar Tayi 等人④进行了一系列测试，发现信息系统用户在某一特定环境下是可以发现数据错误的。他们进一步说明，明确的错误侦查目标、管理层的指示、培训和各种激励措施均可提高错误侦查效果。然而 Dasu 等人⑤认为，有些数据质量维度——准确度和完整性——是很难发现错误的，甚至是无法评估的。Wang R. Y. 等人⑥对三个组织进行了数据质量项目检查，识别出质量问题的一般模式，并发现某一类别中的数据质量问题会对另一类别中的数据质量产生影响。

随着对信息质量认识的全面与深入，信息质量评估的研究也逐渐

---

① Codd E F. Extending the relational database model to capture more meaning [J]. ACM Transactions on Database Systems, 1979, 4 (4): 397 - 434.

② Richard Y W, Veda C S, Christopher P F. A framework for analysis of data quality research [J]. IEEE Transactions on Knowledge and Data Engineering, 1995, 8 (7): 623 - 640.

③ Paradice D B, Fuerst W L. An MIS data quality methodology based on optimal error detection [J]. Journal of Information Systems, 1991, 5 (1): 48 - 66.

④ Giri K T, Donald P B. Examining data quality [J]. Communications of the ACM, 1998, 41 (2): 54 - 57.

⑤ Dasu T, Johnson T. Exploratory Data Mining and Data Cleaning [M]. Wiley-Interscience, New York, 2003.

⑥ Wang R Y, Lee Y L, Pipino L, et al. Manage your information as product: The keystone to quality information [R]. Total Data Quality Management (TDQM) Research Program, MIT Sloan School of Management, 1997.

突破了数据质量的局限性。Naumann 等人①于 2000 年发展了一种基于评估导向的信息质量标准的分类方法，他们在总结前人对信息质量标准分类的基础上，归纳出三种分类方法——语义导向的分类、过程导向的分类和目标导向的分类。在此基础上，提出了评估导向的分类方法，并从用户、信息本身和信息获取过程三方面建立了三种标准——主观标准、客观标准和过程标准，每一类标准都有不同的评估方法与技术，包括用户经验、用户抽样、持续的用户评估、数据清洗与分析等。该研究较为全面地概括了信息质量评估涉及的方方面面，建立了成熟的信息质量评估标准体系。Yang W. Lee 等人②提出了一种信息质量评估方法，称为 AIMQ，用于帮助组织评估其信息质量状况，并随时监视信息质量改进过程。AIMQ 包括三个要素：(1) 产品—服务性能模型（PSP/IQ 模型)。它结合前人的研究成果，将一组固定的信息质量标准分成四个部分，构建了 PSP/IQ 模型。(2) 评估信息质量的调查问卷。它是根据信息用户与管理者认为比较重要的信息质量维度来设计的。该问卷包括 65 个评估条目，涉及个人基本信息问题和开放式的评论性问题。这次调查涉及 5 个组织，包括 261 位调查对象。在每一个组织里，调查对象涵盖了所有的信息生产角色，且每一个对象都处于特定的组织情境中。(3) 两种分析技术。一是对比同一个信息生产系统中不同角色之间调查结果的异同；二是对比某一组织与最优组织之间的调查结果的异同。这两种技术分别执行于信息质量标准的四个部分。同时，通过 SPSS 分析技术分析 PSP/IQ 模型中四个象限之间的相互关系和各维度之间的关系。这一研究为企业全面了解信息质量状况提供了方法，为质量管理与改进奠定了基础。该研究依赖调查问卷得出信息质量值，这种评估方法对某些标准来说是不可避免的。该工具

① Felix Naumann, Claudia Rolker. Assessment methods for information quality criteria [C]. Proceedings of the International Conference on Information Quality, Cambridge, MA, 2000.

② Yang W L, Diane M S. AIMQ: A methodology for information quality assessment [J]. Information & Management, 2002 (40): 133 - 146.

被 Beverly K. Kahn 等人用于进一步研究，即基于信息产品角度管理信息，并融入了信息服务的特征。国内学者苏颖等①以企业信息为研究对象提出了“信息差”的概念，并提出一种权重系数确定方法用于确定三种评价产品信息质量指标——准确性、及时性和信息价值中参变量之间的权重，对产品信息质量实现了量化评估。

3.1.1.2 评估标准与工具

Yang W. Lee② 提出了信息质量评估的两种具体标准——信息来源的稳固性和全面性，并提出了基于信息源抽样的自动化评估方法。他们尽管展示了一个评估算法，但仍然依赖人工输入以判断信息的正确性与否。Xitong Li 等人③基于一个具体的细节标准——信息的响应时间提出了一种预测工具，它可根据一天中的时间段和数据数量来推断互联网信息资源的响应时间，以作为信息质量评估的一个方面。Leo Pipino 等人④提出将主观评价和客观评价相结合，并说明了建立客观数据质量尺度的三种实用形式——简单性、最大/最小操作、权重平均值。Rita Kovac 等人⑤进一步提出了关于完整性、正确性、系统通用性、存储时间和波动性的规范定义，并说明了如何用比率形式对它们进行测量。Beverly K. Kahn 等人基于信息的生产与使用过程将信息分为信息产品与信息服务，构建了 PSP/IQ 模型，并以医疗组织为案例进行了分

---

① 苏颖，等. 信息差及其在产品信息质量评价中的应用 [J]. 中国机械工程，2004 (9)：1557－1561.

② Yang W L. Crafting rules：Context-reflective data quality problem solving [J]. Journal of Management Information Systems，2003，20 (3)：93－119.

③ Xitong Li，Stuart Madnick，Hongwei Zhu. Improving the data quality of Web services composition [R]. Working Paper，Composite Information Systems Laboratory，Sloan School of Management，MIT，Cambridge，2011.

④ Leo Pipino，Yang Lee. Medical errors and information quality：A review and research agenda [C]. Proceedings of the Seventeenth Americas Conference on Information Systems，Detroit，Michigan，2011.

⑤ Rita Kovac，Yang W Lee，Leo L Pipino. Total data quality management：The case of IRI [J]. Communications of the ACM，1998，3 (41)：58－65.

析。案例选择了三个大型公司，用于评估他们的信息质量，经过案例研究发现，信息质量很大程度上取决于信息系统和技术部门。Pierce 提出以信息产品控制矩阵作为评估信息产品可信度的测量工具，Pierce 进一步描述了期货市场是如何被应用到信息质量评估中的。Stuart Madnick 等人①提出，数据质量可以从可再生性和可理解性角度进行评估。朱兰认为，产品质量就是产品的适用性，即产品在使用时能成功地满足用户需要的程度，包括使用要求和满足程度两个方面。如果将信息看作一种信息产品，则信息质量评估可从——信息产品的使用要求，如信息提供的时间、地点、方式、对象、安全性，和信息产品对用户的满足程度，如产品的价值、性能、经济特性、环境特性、安全特性——两个方面进行质量评估。

国内学者周毅将信息质量近似分为高、中、低三个层次，其中，高质量等级的信息产品与服务包括深加工型的信息成果（如信息调研报告、可行性论证报告）和开发型信息服务（如信息咨询、技术开发、技术引进和转让），中等质量等级的信息产品与服务包括初步加工的信息产品（如数据库、信息刊物、专题资料汇编等二次文献）和代理型信息服务（如代查、代检、定题、定向、代译），而低质量等级的信息产品与服务包括一般信息产品（如图书资料、样品资料）和技术型信息服务（如打字、复印、印刷、音像服务）。这一划分是基于信息内容加工深度这一标准进行质量评估的。

3.1.2 信息质量管理研究

信息质量管理研究多是将信息看作一种产品，从质量管理的视角研究如何实现信息产品质量的管理与控制。这一研究融合了用户视角与过程管理方法，为提高与改进信息质量提供了保障。不同学者从不

---

① Stuart Madnick, Hongwei Zhu. Improving data quality through effective use of data semantics [J]. Data & Knowledge Engineering, 2006, 59 (2): 460-475.

同角度、不同情境对信息质量管理进行了深入研究，涉及的内容包括基于过程管理的 TDQM/TIQM（全面数据/信息质量管理）方法、信息产品质量管理、信息质量改进方法等。

3.1.2.1　基于过程管理的 TDQM/TIQM 方法

Richard Y. Wang① 首先提出将信息生产过程看作一个信息处理系统对源数据加工处理后生产出信息产品的过程，于是引入工程管理中的全面质量管理方法进行改进，并提出了全面数据质量管理（TDQM）方法。该方法以向信息用户提供高质量信息产品为目标，包括四个步骤：（1）信息产品定义（define），包括产品特征定义、用户需求定义和信息生产系统定义；（2）信息产品评估（measure），核心是建立信息质量度量体系。从数据库用户角度，信息产品评估标准大多包括错误率、最近数据情况、数据丢失率、记录的一致性等。组织可结合用户需求建立一套基于信息生产的质量指标；（3）信息产品分析（analyse），目的是通过信息产品质量问题分析找出根源所在，可采取传统的质量控制方法，如统计过程控制、模式识别、帕累托图标分析进行问题分析；（4）信息产品改进（improve），根据问题根源实施具体的改进措施。在改进过程中，应注意两点：一是使信息流和工作流与对应的信息生产系统保持一致；二是保持信息产品的关键属性与企业需求相一致。

Krol 等人②将信息质量管理框架应用于数据地图的构建，研究了如何使用有限的数据来构造数据地图。其基于用户观点，以过程控制为中心，针对地理数据建立了特有的数据质量维度体系。在此基础上，遵循 TDQM（全面数据质量管理）的四阶段，建立了数据地图生产的

---

①　Richard Y W. A Product Perspective on Total Data Quality Management [J]. Communications of the ACM, 1998, 41 (2): 58 -65.

②　Krol B G, et al. Digital soil mapping with limited data [C]. International Institute for Geo-Information Science and Earth Observation (ITC), Postbus6, 7500AA, Enschede, the Netherlands, 2008.

信息质量管理框架。Cinzia Cappiello 等人①提出了用于信息质量监视、评估与改进的 HIQM（hybrid information quality management，综合信息质量管理）方法，用于解决信息系统运行期间出现的数据质量问题。HIQM 是对 TDQM（全面数据质量管理）的扩充与完善，它增加了预警机制。预警管理是通过一个内部系统对运行阶段的数据与过程进行持续监控，并根据接收到的内外反馈识别数据质量问题，同时识别出解决问题的最合适的修复行为，进行数据错误修复。该研究是建立在 TDQM 的基础上，但其研究重点是解决信息系统中的数据错误问题，实现数据质量管理与控制。

3.1.2.2 信息产品质量管理

考虑到许多传统的产品质量控制理论可以应用到信息质量管理中，Donald Ballou 等人②建立了信息生产模型以确定信息产品的及时性、质量、成本和价值。其所构建的数据生产地图包括五个模块——数据源模块、处理模块、存储模块、质量模块和用户模块，该方法使整个信息生产过程易于实现可视化，这样可帮助生产者识别关键阶段以提高信息质量。Ganesan Shankaranarayan 等人③进一步深化了该研究，提出了 IP - MAP 模型，在上述模型的基础上增加了三个模块类型——决策模块、组织界限模块和信息系统界限模块，且将数据质量维度融入每一个模块，并添加了元数据说明。这一研究基于动态决策环境从信息产品角度提出实现信息质量管理可视化的框架，针对企业决策者无法控制决策信息来源的问题，提出了一种信息产品方法，即建立一种管

---

① Cinzia Cappiello, Paolo Ficiaro, Barbara Pernici. HIQM: A methodology for information quality monitoring, measurement, and improvement [R]. ER Workshops 2006, LNCS 4231, 2006: 339 - 351.

② Donald Ballou, Stuart Madnick, Richard Wang. Special section: Assuring information quality [J]. Journal of Management Information Systems, 2003, 20 (4): 9 - 11.

③ Ganesan Shankaranarayan, Mostapha Ziad, Richard Y. Wang. Managing Data Quality in Dynamic Decision Environments: An Information Product Approach [J]. Journal of Database Management, 2003, 14 (4): 14 - 32.

理机制，系统展现信息产品生产各阶段，并对每一阶段的信息质量进行评估。当发现信息质量问题时，跟踪问题找出产生的根源、产生的阶段，并进行改进，这一系统地展现信息生产过程的结构模型即IP－MAP。它将信息产品生产流程及其数据流实现可视化，使决策者了解信息产品的来源、处理过程、生产系统、处理单元和涉及的组织与部门等信息。IP－MAP与描述数据质量的元数据、功能描述相结合，共同构成信息质量管理框架。Beverly K. Kahn等人通过案例研究发现，信息质量很大程度上取决于信息系统和技术部门。技术部门可对用户建立使用说明，明确数据存储位置、显示方式、达到的精确度和完整度等信息。在数据可用性方面，技术部门可以通过提供易于使用的信息存取工具实现。技术部门需要选择和提供数据库管理系统、终端用户界面和相关性工具，以便于用户更好地获取和利用数据。技术部门有责任建立信息用户与信息生产者、信息管理者之间稳定的关系。因此，通过加强信息系统与技术部门的管理可间接实现信息质量管理，提高信息产品与服务质量。国内学者李振寰[①]基于Web 2.0环境探讨了信息质量管理问题，他根据信息的自然属性和社会属性特征指出，信息在自然属性上的质量缺陷问题较易判断，而社会属性上的质量问题难以确定，并指出若将信息看成产品则容易使质量管理过于关注信息的自然属性而忽视其社会属性，信息质量控制应注重差错的预防而非事后检查。

3.1.2.3　信息质量改进方法

在如何提高与改进信息质量的研究中，Redman[②]提出了两种提高信息质量的方法——过程管理和数据清洗，从两种方法在长期应用与

① 李振寰．Web 2.0环境下信息质量管理的探讨［J］．经营管理者，2011（21）：313－314．

② Redman T C. Improve data quality for competitive advantage［J］. Sloan Management Review, 1995, 36（2）：99－107.

短期应用中的效果来看，过程管理方法在长期应用中以较低的成本消耗产生了更好的改进效果，该方法优于数据清洗方法。同样，Hongwei Zhu 等人①认为，由于信息质量的多维性和层次结构，信息质量的改进不能脱离信息生产过程而实现，也不能脱离信息使用的情境而实现。因此，单纯地采用技术手段是不充分的。他们提出，为了保证长期的信息质量的提高，研究者应从过程和系统角度努力。Yang W. Lee 提出了用于高层次的改进信息质量的三步骤方法，包括进行主观与客观的数据质量评价、对比评价结果、识别差异及其根源所在。Richard Y. Wang② 认为，数据质量策略应包括 6 个要素——数据情境、存储问题、数据流、工作流、管理人员和持续的监视。Pierce 描述了目前的市场营销技术是如何用于构建信息质量策略的，并提出一种方法用于开发、执行和监视这种策略。Ted Friedman③ 提出了一种改进数据质量的策略方法，并论述了成功的信息质量改进应分别体现在组织变化、过程变化、持续监控和质量改进等方面。Gebauer 等人提出了一种用于结构化数据分析、数据概述和交易规则的方法以进行信息质量管理。

国内学者宋立荣④针对共享系统中的信息质量水平进行了研究，提出了信息质量约束理论。他认为信息质量约束的根本在于对劣质信息的过滤，而不是增加优质信息的合格率，强调了一种信息过滤观念。在信息质量改进过程中，会有这样一种情况——努力提高信息质量的某一方面时，却恶化了另一方面的信息质量。因此，研究信息质量维度之间的关系有助于平衡信息质量各维度，尤其是从经济价值角度寻求信息质量改进的价值收益最大化。

---

① Hongwei Zhu, Richard Y. Wang. An information quality framework for verifiable intelligence products [R]. MIT Information Quality Program, Massachusetts Institute of Technology, 2008.

② Richard Y Wang. Data quality: Theory in practice [C]. EPA 23rd Annual National Conference on Managing Environmental Quality Systems, Tampa, 2004.

③ Friedman T. A strategic approach to improving data quality [R]. Gartner Research, 2002.

④ 宋立荣. 网络信息共享环境下信息质量约束的理论思考 [J]. 情报科学, 2010 (4): 501-506.

3.1.3 数据质量与信息质量

数据不同于信息。马费成教授[①]提出“数据+背景=信息”，其中背景是接收者针对特定数据的特定准备，即当接收者了解数据符号序列的含义或指向性目标时，便可获取一组数据载荷的信息，即将数据转化为信息。由此可以看出，数据是事实的简单体现，信息是数据传递的内容。

3.1.3.1 数据质量

数据质量的提出源于信息系统领域，因此，本书将数据范围界定为数据库、数据仓库等存储实体中存储的结构化或半结构化数据。它通常是信息系统中生成信息的原材料，数据质量主要从其存储格式、来源描述、数据编码等外在的表现形式上来考察，大多由数据操作人员（数据录入者、管理者）、数据库设计者等生产者负责完成。数据质量的衡量通常包括准确性、一致性、及时性、完整性等方面，且可通过技术手段，如数据清洗提高质量。

国外对数据质量的研究最早可追溯到1958年，Maffei最早意识到数据质量问题及数据质量评估的困难。后来，随着计算机的发展，数据质量问题日益突出。数据质量研究，主要针对信息系统中结构化数据的质量问题，其研究内容主要集中在数据质量的定义与维度、数据质量问题的解决、“数据歧义”的消除等方面。针对数据质量问题，这些研究大多采用技术手段，以数据为导向，解决质量问题。早期研究认为数据质量即为数据的准确性，将其分为正确的和错误的两种，多指数据生产过程中形成的质量，这一观点抓住了数据质量的本质特征，但较为狭隘。Redman[②]从三个层次来定义数据质量——概念层次、数

---

① 马费成. 信息管理学基础［M］. 武汉：武汉大学出版社，2005.

② Redman T C. 1996 Data Quality for the Information Age［M］. Boston, MA: Artech House, 1996.

据值层次和形式层次。概念层次的数据质量包括数据细节、视图一致性、构成要素、健壮性和灵活性；数据值层次包括数据的准确性、完整性、通用性和数据值的一致性；数据形式层次包括数据的适宜性、可理解性和获取的方便性。这一观点是完全基于数据库中的数据提出的，具有很强的针对性和可操作性，且较为全面，为数据质量管理奠定了理论基础。

总之，国内外对数据质量的研究主要集中在以下几个方面：（1）数据质量问题研究。包括质量问题产生根源的分析、用户如何更好地发现数据错误、引入数据质量情境解决数据歧义、增加“质量指示器”和数据清洗实现数据质量控制等。（2）数据质量评估研究。包括从技术手段和用户角度两方面，技术手段如添加数据标签进行数据质量的实时评估，用户角度则是通过问卷调研对数据质量维度进行评估等。（3）信息产品质量研究。将信息看作一种产品，从数据加工、生产和使用的全过程来研究如何控制与改进信息产品质量。这些研究主要从生产过程角度，采用技术手段，基于信息系统中数据库的微观层次，对数据的外部质量特征进行控制，更多地着眼于信息系统与数据组织方面。其研究范围集中于从数据生产者到数据平台之间的数据生产质量问题，是一种依据标准控制的“符合性”数据生产质量管理方式。

3.1.3.2 信息质量

信息不同于数据，因此，信息质量与数据质量研究的侧重点、层次、角度、手段均不相同。信息质量的界定多从用户角度考虑，将信息界定为由信息系统输出，被用户获取，可用于决策或满足用户需求。信息侧重于其内容的价值与有效性，因此，信息质量主要指信息的内容质量及其对用户的价值，或满足用户需求的程度。信息质量研究大多是将信息看作一种产品或服务，基于生产过程管理而实现质量控制。

Klein① 认为，数据质量和信息质量是一个多维的概念，依据研究者自己的观点而呈现出不同的特征；Johannsen② 认为，在图书馆和信息服务研究中信息质量的侧重点是“质量管理”；Redman 等人认为，使用“数据质量”主要是与信息产品的精度有关，如数据库。张博和宋立荣③指出，高质量数据不一定是高质量的信息，信息用户可能仍无法得到有价值的信息，因此应首先关注用户需求，使信息生产形成一种完整的“信息用户—信息管理者—数据生产者”的以需求为标准的“适用性”数据生产质量管理方式，而信息共享平台系统则充当了信息的“质量代理人”角色。刘剑勇④指出我国数据与信息质量下降的现象，分析了其原因及制约因素，以及信息加工和传播过程中质量控制的重要性，并给出了改进质量的建议。

总之，国内外对于信息质量的研究重点集中在两个方面：一是基于系统层面，信息质量研究关注信息系统输出的信息产品质量，它受输入的数据原材料质量、信息系统处理质量的影响，对于信息产品质量的要求，主要取决于信息系统的用户需求；二是基于用户角度，信息质量研究以满足用户需求为目的，提供与用户质量需求相适应的信息。此时，信息质量具有相对性，更加关注信息的内容价值和效用价值，依据用户需求的“适用性”进行质量管理，信息质量不同于数据质量的一大特点就是二者的生产和使用过程不同。

3.1.4 小结

从上述国内外信息质量研究的主要内容与成果来看，国外研究多

---

① Klein B D. Data quality in the practice of consumer product management: Evidence from the field [J]. Data Quality, 1998, 4 (1): 38 - 53.

② Johannsen D L. Participant observation: A methodology for human studies [M]. Sage Publications, Newbury Park, CA, 1995.

③ 张博，宋立荣. 农业科技信息共享中信息质量需求分析 [J]. 中国农学通报，2010, 26 (10): 343 - 346.

④ 刘剑勇. 我国数据与信息质量现状分析 [J]. 情报科学，2010 (2): 187 - 189, 310.

是以质量问题和实际应用为导向，与信息实践结合紧密，针对信息管理过程中存在的问题展开研究，具有较高的实践意义；而国内研究更多地侧重于理论探索，具有一定的理论深度。在以后的研究中，可将理论与实践相结合，进一步推动信息质量理论发展，解决信息质量问题。

3.2 信息系统质量研究综述

3.2.1 国内外研究综述

自 20 世纪 60 年代以来，随着信息技术的进步，信息系统发展迅速，从 EDPS（electronic data processing system），到 MIS（management information system），到 DSS（decision support system），以及 KMS（knowledge management system）等。信息系统成为企业信息化的基础和关键，也是实施全寿命管理的基础。[①]

数据是信息系统的重要组成部分，是信息系统处理的对象。数据的质量直接决定了信息系统的质量。[②] 数据作为信息系统的基础和核心，对信息系统在组织内发挥作用起着至关重要的作用。然而重要且基本的数据质量研究，与对信息系统的研究发展相比较而言却相对滞后。而不正确、不完全或不确定的数据会大大降低信息系统的可用性与安全性，数据质量的好坏会直接关系到信息的准确程度，影响组织的生存和竞争能力。[③] 2001 年 Price water house Coopers 在纽约所做的研究表明，599 个被调查的公司或组织中的 75% 都存在由于数据质量问

① 杨杰，建设项目全寿命周期信息管理研究［D］. 苏州：东吴大学，2004.

② 常金玲. 信息系统的开发与质量管理［M］. 郑州：黄河水利出版社，2005.

③ Elizabeth M1Pierce. A Progress Report from MIT information Quality Conference [EB/OL]. http://www. Iqconference. org, 2005 - 12 - 22 accessed.

题造成经济损失的现象。造成这一现象的原因有很多，有很大一部分是数据质量问题导致的。[①] 保证数据质量是信息系统发挥高效能的必要条件，有了高质量的数据保证，信息系统在此基础上做出的决策才能真正对企业起到支持作用；也必须有高质量的数据，才能真正实施全寿命管理。

针对数据质量的研究，在不同时期对数据质量有着不同的概念和标准。20 世纪 80 年代以来，国际上对数据质量的标准基本上是以提高数据准确性为出发点。[②] 但随着质量含义的不断延伸，对数据质量的概念也从狭义向广义转变，准确性不再是衡量数据质量的唯一标准。

20 世纪 90 年代，美国麻省理工学院（MIT）开展的全面数据质量管理（TDQM）活动借鉴了生产产品质量管理体系的经验，提出基于信息生产系统生产的数据产品的质量管理体系。它提出应理解用户的信息需求，将数据作为具有生命周期的产品进行管理，设置数据产品管理员管理数据生产过程和结果。在数据生产过程中形成的质量，如精度、一致性、完整性成为基本要求，对数据用户要求的满意程度也成为衡量数据质量的重要指标。[③]

数据质量的描述通常分为不同的层次，不同的领域对数据质量的描述也不同，到目前为止还没有形成用于表示这种层次性的统一术语。有些研究用类和域表示数据的质量，ISO TC211 则用数据质量元素及子元素来表达。文献[④]建立的数据质量是一个多维度模型，从用户的角度将数据质量的 118 个属性归为 4 个大类共 15 个属性。其他一些机构和组织也都从满足用户需要的角度出发，重新定义了数据质量的标准。美联邦政府将数据质量的标准定义为实用性、客观性（准确、可靠、

---

① Wang, Richard Y, Ziad, Mostapha, Lee, Yang W. Data Quality-Kluwer International Series On Advances in Database Systems [M]. New York Kluwer Academic Publishers, 2002.

② Erhard Rahm, Hong Hai Do. Data Cleaning: Problems and Current Approaches [C]. IEEE Data Engineering Buletin, 2000, 23 (4).

③ Canbridge Research Group [EB/OL]. http://www.crg.com, 2006 - 03 - 16 accessed.

④ Olson, Jack E. Data Quality: The Accuracy Dimension. San Francisco [M]. Calif, Oxford Elsevier, 2003.

清晰、完整、无歧义)、安全性等。美国国防部将数据质量定义为准确性、完整性、一致性、适时性、唯一性及有效性等。

传统的质量要素是指数据的准确性、完整性、一致性和唯一性。然而这些指标太抽象,无法进行度量,更无从提供实质性的指导以提高数据质量,而且数据质量与数据所处的环境密切相关,所以需要建立可以反映数据用途、可以度量数据质量的定义。因此,建立反映领域特点的数据质量框架是数据质量评价首先要解决的问题。

目前,还没有系统化的数据质量评估指标,已有的数据质量评估往往只针对系统中比较重要的数据质量指标,如一致性问题、完整性问题、复杂性问题。已经使用的产品,如 CRG 的 IA (Integrity Analyzer),偏重于对数据完整性进行严格的检查,包括实体完整性、引用完整性、域完整性和用户自定义完整性的检查。①

国内目前对数据质量评价的研究尚不是很多。谷斌②阐述了数据质量概念的演变和数据质量评价指标的选择角度以及全面数据质量管理实施进程;向上③采用广义的数据质量概念,使用了定性分析方法;彭传薇④、李世平⑤分别探讨了医院信息系统以及地理信息系统中数据质量的控制;陈远⑥提出,解决数据质量问题的方法有设置专职的数据质量分析员、专门的用户联络人、元数据的支持、严格的数据规范、区分数据清理的优先级等。

从中可以看出,在数据质量领域已经开展了一些研究,在数据质量的定义模型、数据质量的层次框架、数据的质量控制等方面取得了

---

① 麦迪. 克斯罗蓬. 信息资源管理的前沿领域 [M]. 沙勇忠,等译. 北京:科学出版社,2005.

② 谷斌. 信息系统建设中的数据质量管理体系研究 [J]. 情报杂志,2007 (5):23-25.

③ 向上. 信息系统中的数据质量评价方法研究 [J]. 现代情报,2007 (3):67-69.

④ 彭传薇. 医院信息系统数据信息质量的控制 [J]. 中华医院管理杂志,2004 (12):85-87.

⑤ 李世平. 地理信息系统空间数据的误差分析与质量控制 [J]. 科学管理研究,2004 (S1):169-175.

⑥ 陈远. 信息系统中的数据质量问题研究 [J]. 中国图书馆学报,2004 (1):13-17.

相应的研究成果。但是，大多数研究认为数据质量只是与数据本身相关，[①] 忽略了数据生产和使用环节；对数据固有质量的关注不能解决复杂组织的数据问题；缺乏针对某一行业领域的完整的信息系统数据质量评价体系，尤其缺乏在全寿命管理环境下对数据质量问题的研究。

3.2.2　国内外研究存在的问题分析

综上所述，尽管国际、国内对信息系统及其数据质量的研究已经兴起，并取得了一定的成果，但还存在以下问题和不足。

（1）信息系统的“质量”没有一个统一的定义，而且从不同的角度、不同的角色，对质量的感知也不相同。信息系统质量包含信息系统，也包含用户等主观成分，难以用较为成熟的质量评价软件来评价信息系统的质量。

（2）评价的综合程度较低。目前，对信息系统的评价大多数偏重于某一侧面，或某一技术指标，没有将信息系统的诸多因素综合考虑，而对信息系统进行综合评价，没有强调用户在信息系统中的重要作用。

（3）信息系统的相关者包括开发者、用户、管理者等。成功的信息系统与这些角色息息相关。而角色不同，他们对信息系统的要求、理解不同，导致对信息系统不同的评价。现有的研究没有将信息系统的这些相关者的视点结合在一起。

（4）国内的研究在评价方法方面，对单一方法的研究较多，对方法的适应性和综合应用的研究较少，评价指标的科学性和合理性既未得到理论上的证明，也未得到实践的验证。对评价模型的应用还仅限于模拟数据，没有进行就某一行业的实证研究，没有根据评价的结果对信息系统提出改进意见。

---

① 王国钧. 论提高数据质量的真实性和准确性［J］. 中国统计，2009（8）：6－7.

针对以上问题，本书拟从我国信息系统的实际环境和发展条件出发，研究信息系统质量概念、信息系统综合评价的方法，建立符合我国信息系统发展环境的综合评价指标体系，并以我国信息系统的实证来进行验证。

评价不是唯一的目的，还要通过评价活动给被评价对象提出改进的方向和目标，以促进信息系统质量的持续改进，这也是本书研究的目标。

3.3 我国信息系统领域研究现状及热点分析

近年来，由于兴起的大数据、云计算、物联网及移动互联网等新兴技术在各行各业的渗透，传统产业和企业生产结构、运行模式均遭到猛烈的冲击。信息技术和信息系统对拥有新兴技术的产业发展变得愈加重要。在此，变革与融合已成为当代信息系统领域的主旋律，信息系统领域也面临新一轮的机遇与挑战。为更好地在变革中实现多领域、全方位的融合，在多学科融合中加快变革步伐，就需要在严峻的挑战与众多未知的、亟待解决的问题的高压之下共同努力，探索信息系统领域研究的新方向。因此，需要对信息系统领域的研究现状及热点进行及时的梳理，在全面掌握近年来信息系统发展道路的基本情况之上，进行改革路线的设定及方案的规划。

本书以中国知网收录的 38194 篇有关信息系统的期刊论文为研究对象，使用可视化分析工具 Citespace，对我国信息系统领域的机构分布、作者合著网络、关键词共现及高频关键词词频进行分析，以探究 10 年以来我国信息系统领域的研究现状和研究热点及其变化趋势。

3.3.1 研究设计

1. 数据来源

本书以中国知网（CNKI）数据库为数据源，在高级检索中选择“期刊”，以关键词“信息系统”为检索条件，时间范围限定在2005～2014年，来源类别不限，检索得到38194条结果。将检索到的结果全部选中，导出参考文献，并以Refworks格式输出，且保存为以download命名的纯文本文件格式并存放在同一个文件夹内。

2. 研究方法

Citespace适合于多元、分时、动态的复杂网络分析，绘制科学和技术领域发展的知识图谱，直观地展现科学知识领域的信息全景，识别某一科学领域的关键文献、热点研究和前沿方向。[①] 该软件是由美国费城德雷克塞尔大学（Drexel）信息科学与技术学院的陈超美博士开发的，他是国际上信息可视化领域的权威专家，多年来致力于信息可视化方法及相关算法的研究。[②]

Citespace具有“图”和“谱”的双重性质与特征：既是可视化的知识图形，又是序列化的知识谱系，显示了知识单元或知识群之间网络、结构、互动、交叉、演化或衍生等诸多隐含的复杂关系，而这些复杂的知识关系正孕育着新的知识的产生。[③] 所以，近年来在不同学科领域的研究进展中，有大量的研究人员采用Citespace来进行研究分析。如，吴文涛和徐赟运用可视化工具Citespace绘制图谱，分析出10年来

---

① 许鑫，冯诗惠．互联网金融领域研究热点与前沿探讨——基于Citespace的分析［J］．华东师范大学学报（哲学社会科学版），2015（2）：134.

② 侯剑华，张春博，王续琨．国际科学技术政策关键节点文献演进的可视化分析［J］．科学学与科学技术管理，2008（11）：10.

③ 陈悦，陈超美，刘则渊，等．Citespace知识图谱方法论功能［J］．科学学研究，2015，33（2）：242.

国内幼儿教师专业发展研究的热点、趋势；[①] 秦晓楠、卢小丽和武春友使用 Citespace 进行文献共被引网络、关键词共现网络及共现词分析，得出国内生态安全研究已完成基础理论和研究体系的架构；[②] 范云满、马建霞和曾苏则利用 Citespace 生成主题聚类图、时序图，对知识图谱新兴领域的内容及现状进行了分析和预测。[③] 可见，Citespace 已在不同领域得到广泛应用。

在数据处理上，本书首先对检索的数据进行预处理，尽量减少噪声数据和缺省数据对分析结果的影响；然后，将下载好的 38194 条数据导入 Citespace 软件，进行数据格式转换；之后，根据所要分析的对象，对相关参数进行设置，并进行数据分析。

这里主要从机构分布和作者合著网络两方面来分析信息系统的研究现状，从关键词共现和高频关键词词频统计来分析信息系统领域的研究热点。所以，在 Citespace 界面，网络节点分别设置为"Institution""Author""Keyword"，时间段均为 2005—2014 年，"Time Scaling"的值为 1，即将时间段分为 10 个阶段进行处理，阈值选择为（2，2，20），（4，3，20），（4，3，20），分别在前、中、后三个时间分区中设定引文数量、共引频次、共引系数三个层次的阈值，其他设置为默认。运行 Citespace，分别得到有关近 10 年我国信息系统领域的研究现状和热点图谱。

3.3.2 我国信息系统领域研究现状分析

1. 机构分布

Citespace 的图谱显示方式多样，比如聚类图（cluster）、时间图谱

---

① 吴文涛，徐赟．十年来国内幼儿园教师专业发展研究的热点、趋势及展望——基于 Citespace 可视化分析［J］．现代教育管理，2015（2）：87-90.

② 秦晓楠，卢小丽，武春友．国内生态安全研究知识图谱——基于 Citespace 的计量分析［J］．生态学报，2014（10）：35.

③ 范云满，马建霞，曾苏．基于知识图谱的领域新兴主题研究现状分析［J］．情报杂志，2013（9）：26.

（timeline）和时区图谱（timezone）。[①] 根据分析需要，本书采用聚类图。在 Citespace 中，可以将各机构发表论文的数量及时间以“年轮”的大小和颜色直观地展示出来。[②] 根据上文对研究方法的介绍，运行 Citespace，生成我国信息系统领域研究的机构分布知识图谱，如图 3－1所示。

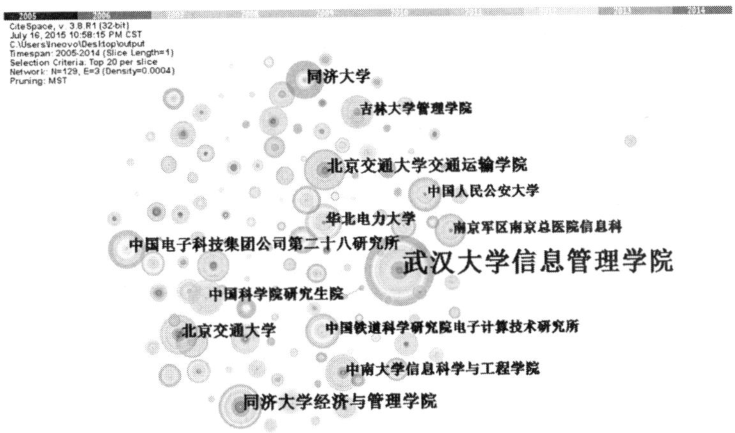

图 3－1　信息系统领域研究机构分析图谱

由图 3－1 可知，近 10 年信息系统领域的研究机构在全国的分布比较分散，节点之间的连线较少，这说明在我国，有关信息系统领域的研究机构合作较少。图中节点的大小反映的是机构的发文量。图 3－1 显示，武汉大学信息管理学院发文量最多，位居第 1 位，是近 10 年来我国信息系统研究的重要机构。

除此之外，从图 3－1 中还可以发现，我国信息系统领域的研究机构大部分是高校，信息系统领域的研究力量绝大部分存在于我国高校之中。例如，在我国信息系统领域的研究机构发文量排名中，位居前 5 位的机构分别是武汉大学信息管理学院、同济大学经济与管理学院、北京交通大学交通运输学院、中国电子科技集团公司第二十八研究所、

① 田军．信息可视化分析工具的比较分析［J］．图书馆学研究，2014（14）：93.

② 奉国和，李媚婵．基于 Citespace 的档案学研究可视化分析［J］．档案学研究，2014（5）：18－23.

同济大学。然而，作为专业从事电子信息技术研究、项目研制、装备研制和服务的中国电子科技集团公司第二十八研究所在信息系统领域的研究机构发文量排名中位居第 4 位，这说明重视信息技术的研究所也在我国信息系统领域研究中起着非常重要的作用。

2. 作者合著网络

科学技术的发展和科学研究的不断深入，使得科研人员很难单独完成某项课题或论文。通过协作分工、共同探讨，可以提高科研成果水平和研究效率，因此，科研合作越发重要，而作者合著是科研合作最为直接的呈现形式。作者合著网络是以作者为节点、以作者间合著关系为链接而形成的网络。① 该网络可以描述科学计量学领域内的作者之间合作关系的结构、合作模式以及学科发展状况。② 根据上述方法，运行 Citespace 获得包含 151 个节点和 22 条连线的作者合著网络，如图 3 -2 所示。

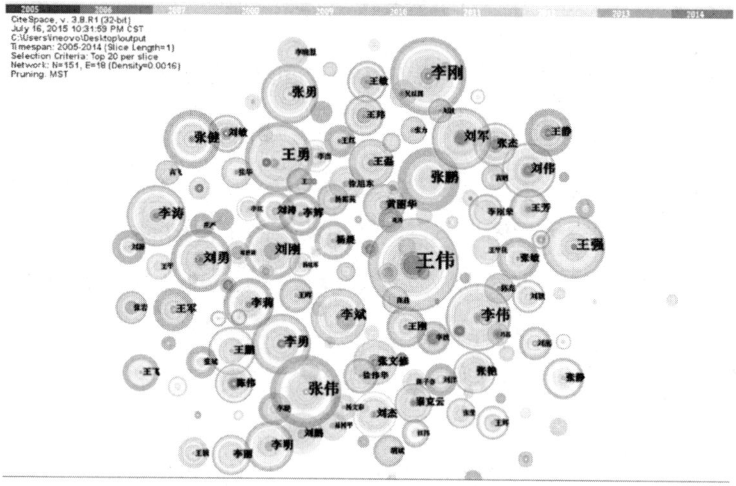

图 3 -2　信息系统领域作者合著网络图谱

① 李纲，李岚凤，毛进，等. 作者合著网络中研究兴趣相似性实证研究［J］. 图书情报工作，2015，59（2）：75.

② 吕海洋. 合著网络中作者的合作模式分析［D］. 哈尔滨：哈尔滨工业大学，2009.

图3－2是信息系统领域作者合作关系的合著网络图谱，图谱中，节点越大，则代表其出现频率越高，影响力越大。节点间的连线代表作者之间的合著关系，连线的粗细反映了两者间合作关系的强弱。

由图3－2可以看出，在对信息系统领域进行研究的过程中，王伟、李刚、张伟、王勇、李伟等人发文量最为突出，属于近10年来信息系统领域的高产作者。然而，从图3－2整体来看比较分散，这也说明各个研究者之间联系不强，合著关系比较弱，影响力也相对较弱。图谱中并未呈现明显的聚类现象，这也说明各个作者之间关系较为薄弱，联系较为稀疏，研究主题也存在差异。总之，信息系统领域的论文分布比较广泛，有大量专家学者在对其进行研究，但仍未形成一致的研究范围，核心作者群仍在形成之中。

通过对机构分布和作者合著网络的分析，对信息系统领域的研究现状可以得出以下结论：（1）我国有关信息系统领域的研究机构大部分是高校，且研究力量绝大部分存在于我国高校之中，但是也存在机构之间合作较少、分布较分散等问题；（2）作者合著关系较弱，影响力较小，核心作者群仍未形成。

3.3.3 我国信息系统领域研究热点变化

研究热点是在近期较短的一段时间内，有内在联系的、数量相对较多的一组论文所探讨的科学问题或专题。① 同时，这也反映了一个领域内受到各位专家、研究人员广泛关注、深入探讨与分析、有效进行应用的研究主题。关于对研究热点的分析，大多数学者是利用Citespace生成

---

① 李琬．西方经济地理学的知识结构与研究热点——基于Citespace的图谱量化研究［J］．经济地理，2014，34（4）：10．

关键词共现图谱来进行科学研究的。如，王程韡[①]利用关键词共现来证明大数据是否是大趋势；闫守轩、朱宁波和曾佑来[②]通过关键词共现来分析我国12年来课程研究的热点主题及其演进；乔方园、杨萌萌[③]等人则使用关键词共现来研究纳米技术领域的热点。

这里在利用Citespace进行研究热点分析的过程中，也同样利用关键词共现分析，将近10年信息系统领域的研究热点以可视化的方式直观、形象地展示出来；并在此基础上进行高频关键词统计，进一步探析信息系统领域的热点问题。

1. 关键词

关键词是作者对文章主题的高度精练，是论文的精髓和核心，具有很强的代表性，故出现频次较高的关键词通常被用来考证一个学科的研究热点。针对关键词的研究提出的共词分析法，是法国文献计量学家于20世纪70年代中后期提出的一种重要的研究方法。其思想来源于文献计量学中的引文耦合与共被引概念，即统计关键词在同一文献中两两出现的频率，在此基础上聚类分析，根据这些词彼此的亲疏关系分析预测其代表的热点主题有何变化。

一般认为，关键词在同一篇文章中两两出现的频次越多，越能表明这两个关键词所代表的主题关系密切，由此，对关键词共现的频次进行统计可以形成一个由这些词彼此相关的共词网络，网络内节点之间的连线可以反映主题内容的亲疏关系。运行Citespace获得近10年我国信息系统领域的关键词共现网络图谱，如图3-3所示。

---

① 王程韡. "大数据" 是 "大趋势" 吗：基于关键词共现方法的反事实分析 [J]. 科学学与科学技术管理，2015 (1)：3-11.

② 闫守轩，朱宁波，曾佑来. 十二年来我国课程研究的热点主题及其演进——基于2001—2012年CSSCI数据库关键词共现知识图谱的可视化分析 [J]. 全球教育展望，2014 (3)：64-72.

③ 乔方园，杨萌萌，汪雪锋，等. 纳米技术领域的关键词共现分析研究 [J]. 情报杂志，2013 (5)：150.

图 3－3　信息系统领域关键词共现网络分析

图 3－3 中，节点大小反映的是该节点所代表的关键词词频的高低，节点越大，则代表其出现频率越高。节点间的连线反映了关键词间的共现关系，而圈内的颜色及厚薄则代表其在不同年份出现的次数。从图 3－3 中可以看出，关键词“信息化”节点最大，出现频次最高，为 1484 次。共现频次居第 2 位的是“信息安全”，共现频次为 1452 次。由此可知，关键词“信息化”和“信息安全”在相关领域的联系非常密切，基于“信息化”和“信息安全”的理论研究，各位专家学者也做出了大量的探索。由图 3－3 和表 3－1 可知，医院信息系统、信息技术、数据库以及网络安全等都是近 10 年来信息系统领域研究的热点问题。

图 3－3 中还有一些比较分散的小节点，这说明在信息系统领域出现了一些新兴的热点问题，引起了各位专家学者的关注。例如，图 3－3 中的“云计算”虽然已经受到研究人员的关注并开始进行研究，但还未形成较为成熟的研究理论。

表3-1　共现频次大于500的关键词

序号	频次	关键词
1	1484	信息化
2	1452	信息安全
3	1126	医院信息系统
4	784	信息技术
5	766	数据库
6	763	管理
7	612	应用
8	567	网络安全
9	533	信息管理

结合表3-1，根据共现频次大于500、排名在前9位的关键词可以发现，我国信息系统领域的研究主要集中在信息化的背景下，应如何更好地对信息安全、系统、技术等方面进行更加合理、有效的管理与应用。关键词共现网络图谱，也与表3-1的分析内容相对应，反映了我国信息系统领域的研究热点。

2. 高频关键词词频分析

词频统计是指对文章或句子中出现的词语频率的统计，一篇文章中的高频词代表了文章的主题。为进一步探析我国信息系统领域研究的热点问题，此处通过表3-2与表3-3进行对比，实则是通过比较近10年（2005—2014年）与近5年（2010—2014年）排名前10位的我国信息系统领域高频关键词，对比两者是否发生变化，以此来推测研究热点的变化情况。

表 3－2　2005—2014 年高频关键词词频表

序号	频次	年份	关键词
1	1484	2005	信息化
2	1452	2005	信息安全
3	1126	2005	医院信息系统
4	784	2005	信息技术
5	766	2005	数据库
6	763	2005	管理
7	612	2007	应用
8	567	2005	网络安全
9	533	2005	信息管理
10	438	2007	等级保护

表 3－3　2010—2014 年高频关键词词频表

序号	频次	年份	关键词
1	921	2010	信息化
2	806	2010	信息安全
3	609	2010	医院信息系统
4	462	2010	管理
5	423	2010	应用
6	414	2010	信息技术
7	350	2010	数据库
8	311	2010	网络安全
9	303	2010	医院
10	288	2010	信息管理

通过对比分析可以发现，整体而言，近 5 年来我国信息系统领域的高频关键词基本上没有变化，这说明我国近 10 年来信息系统领域的研究热点相对稳定。然而其中也有变动，“数据库”由表 3－2 中的第 5

位降至表3－3中的第7位；“管理”与“应用”分别由表3－2中的第6位和第7位升至表3－3中的第4位和第5位；“信息管理”由表3－2中的第9位降至表3－3中的第10位。这些排名顺序的变动说明，在近5年的信息系统领域研究中，研究热点的侧重有所变化，“管理”与“应用”的研究逐渐加强，“数据库”和“信息管理”的研究在逐渐减弱。变动最大的则是表3－2中的“等级保护”直接被表3－3中的“医院”取代，不再作为近5年信息系统领域的研究热点。这也说明，信息系统将应用于医疗领域，从而加强不同学科、不同领域之间的交叉、融合，这也是信息系统的一次应用变革。

尽管对比时间相差5年，频次的变化也在合理的数值范围内，信息系统领域的研究热点整体相对稳定，但我们是否可以通过细小的变动大胆提出猜想：信息系统领域的研究热点在不远的将来，会逐渐转移，更多的是对新兴事物的研究与探索?

总之，在研究热点方面，近10年我国信息系统领域的研究主要表现为：在信息化的背景下，应如何更好地对信息安全、系统、技术等方面进行更加合理有效的管理与应用。同时，通过对比近10年与近5年来我国信息系统领域的高频关键词的变化，得出以下结论：近年来信息系统领域的研究热点略有变化，但整体相对稳定；跨学科、跨领域的交叉融合正在形成，这对信息系统领域来说是一大应用变革。本书对我国信息系统领域研究现状及热点问题的分析希望能为我国信息系统领域的深入探索和变革提供参考。

3.3.4 信息系统研究趋势

本书采用Citespace对2005—2014年中国知网数据库中有关信息系统的文献进行可视化分析，分别从机构分布、作者合著网络、关键词共现及高频关键词词频统计这四个方面进行分析，探索了近10年我国信息系统领域的研究现状及热点问题。在研究现状方面，高校是信息系统领域研究的主要机构，聚集了最重要的研究力量。对信息系统领域进行研究的作者较多，但分散严重、合著关系较弱、核心作者群仍未形成。在研究热点方面，近年来信息系统领域的研究热点略有变化，但整体相对稳定。跨学科、跨领域的交叉融合正在形成，这对信息系统领域来说是一个显著的变化。

结合目前信息化的发展情况及对信息系统领域研究现状的探究，本书提出以下几条建议：

第一，针对信息系统领域的研究机构应注重区域平衡，加强各个机构间的合作力度，扩展研究机构类型。如，高校与企业合作，可以互相借鉴，实现互利共赢。高校的科研成果可以投入到企业的日常运行中；企业的资金及先进的研究设备可以注入高校的科研中，提高科研效率，加快科研成果转化。

第二，信息系统领域的研究人员之间应加强联系，通过互动交流了解本领域的共同研究主题，或与其他研究者的共同研究兴趣所在，进而激发创作灵感，产出更优质的作品，形成核心作者群，提升影响力。

第三，要勇于创新。不能墨守陈规，应该大胆创新，跳出学科、领域的限制，多学科交叉、融合，吸取百家之长，促进自我发展。

第四章
基于用户感知的信息系统质量框架

从全球范围来看，随着全球经济和科学技术的发展，质量问题也越来越受到人们的重视。一方面，产品的使用者追求更高的质量要求；另一方面，全球经济多元化的发展格局、垄断及技术壁垒的崩析瓦解、日益激烈的竞争形势都使得产品供应商不得不把质量问题作为企业的立足之本。

1994 年，美国著名质量专家朱兰（J. M. Juran）博士在美国质量管理学会年会上预言："过去的 20 世纪是生产率的世纪，将要来临的 21 世纪是质量的世纪。"

目前，对信息系统质量的研究没有将信息系统作为一种产品或者一个过程而从质量管理和质量保证的角度去分析信息系统的质量。

本书采用全面质量管理的思想，将信息系统作为一种过程的产品，使用全面质量管理的工具——质量功能展开（QFD），注重用户的感受，从用户的质量需求中分析得出信息系统质量框架。这是本书的创新之处。

4.1 质量功能展开理论

质量功能展开（quality function deployment，QFD），又称质量机能展开，作为一种面向用户需求的产品开发设计方法，是一种将用户需求信息合理而有效地转换为产品开发各阶段的技术目标和作业控制规程的方法，使所设计和制造的产品能真正地满足用户需求。作为源头管理的质量工程核心技术之一，QFD 能够帮助企业成功地实施用户满意战略。

QFD 这一概念是由日本学者、质量专家 Yoji Akao 于 1966 年首次提出的,① 首先在日本的制造业取得成功，后推广到美国及欧洲等地。通过理论、实践的不断循环和成功应用，其目前已经成为一种实际、有效的质量管理方法。20 多年来，QFD 的应用范围和领域不断扩大，不但被制造业广泛接受，也应用到服务业、建筑业、计算机软件业以及企业的战略规划等领域。②

质量功能展开过程是通过一系列图表和矩阵来完成的，其中起重要作用的是质量屋（house of quality，HOQ）。

HOQ 的概念是由美国学者 J. R. Hawser 和 Don Clausing 在 1988 年提出的。质量屋也称质量表，是一种形象直观的二元矩阵展开图表，或者说是由用户需求与质量特性构成的二维表。

质量屋如图 4－1 所示。"Whats" 输入项的用户需求是来自用户的声音，生产者把它们忠实地融入产品，这是真正意义上的面向消费者。但仅根据用户的语言难以构筑产品，这里需要将它们转换成技术需求。技术需求指的是产品的特征或工程措施，是生产者的语言，是技术领

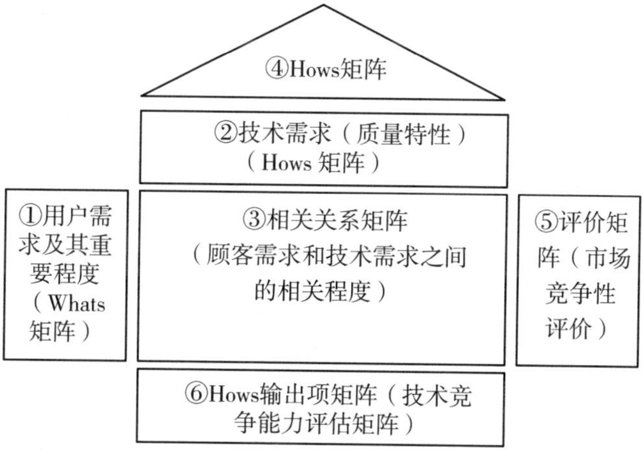

图 4－1　质量屋

① Huei Huang KUAN, Gee-Woo BOCK, Comparingtheffectsof Usabilityon Customer Conversionand Retentionat E-Commerce Websites［A］//Proceedings of the 38th Hawaii International Conference on System Sciences［C］. 2005：1145－1151.

② 张公绪，孙静. 新编质量管理学［M］. 北京：高等教育出版社，2003.

域的东西。质量屋的意义在于针对不同的领域，用关系矩阵进行转换，即从用户的世界转换成技术的世界。

目前，通过日、美等国对 QFD 的深入研究和发展，形成了三种比较常见的 QFD 模式：综合的 QFD 模式、ASI 的四阶段模式、GOAL/QPC 的矩阵模式。ASI 的四阶段模式由于结构简洁，成为实践的主流模式。它从用户需求开始，经过四个阶段，用四个矩阵，得出产品的工艺和生产的质量控制参数。

本书将借助 ASI 模式的第一段模式，从用户需求入手，提炼出基于用户的信息系统质量特性。

QFD 不仅是一项具体的技术，也是一种管理思想。QFD 强调的是权衡各种关系以全面满足用户需求，它实现了市场与技术的转换，达到了技术与市场的集成与协调。QFD 最为显著的特点是要求企业不断地倾听用户的意见和明白用户的需求，然后通过合适的方法和措施在开发的产品中体现这些需求，并用一种逻辑的体系去确定如何最好地通过可能的渠道实现这些需求，从而大大提高用户对产品的满意度。

4.2 获取质量需求

用户质量需求的获取直接关系到 QFD 的成功与否。QFD 将用户的需求形象地称为用户之声（VOC，voice of customer）。

在本书中，用户需求的获取是通过 5W1H 和溯源法实现的。

5W1H 访谈，是指通过访谈获取用户 Who、What、When、Where、Why、How 这 6 个方面的信息，从而迅速获得用户属性数据和用户需求的原始数据，识别最有价值的用户及其需求。

溯源法是通过对用户使用产品现场的观察和写实，获取所需的用户需求信息资料。此种调查方式较为客观、真实性高，且能够发现隐性需求。

在本书中，用户需求的整理选择了 VOC 表。在 QFD 中，通过 5W1H 访谈或者溯源法获得的数据通常会经过 VOC 表的整理，将原始数据转化成质量需求信息。本书使用 VOC 表的目的是质量需求项目，作为原始数据向质量需求转换的中间变量，格式如表 4 -1 所示。

表 4 -1　VOC 表

No	用户属性		原始数据	场景 5W1H	需求项目	质量需求
……	……		……	……	……	……
……	……		……	……	……	……

在本书中，对用户需求的分析选择了 KJ 法。

为了改善质量需求获取不完整、用户质量需求表达不规范等问题，我们运用感性工学改进 QFD 需求获取过程，采用基于改进型 QFD 的信息系统质量需求获取方法，① 如图 4 -2 所示。

在本书中，首先收集语意，建立关于信息系统质量的需求语意数据库。这主要通过以下途径：文献调查；用户访谈。这里最终收集了 98 个关于信息系统质量的意象词汇。

对于上述的语意词汇，判定是否适合用来描述信息系统，并运用 KJ 法归类，从不同角度选出适合描述信息系统的词汇 15 个。这 15 个词汇包括易用、可靠、可信、信息系统美观、体验良好、交易方便、交流方便、个性化服务、可信任、响应快、交货安全、操作直观、导航方便、交易安全、包含隐私等。

① Soyoung Kima, Leslie Stoelb. Dimensional hierarchy of retail website quality [J]. Information & management, 2004 (41): 619 -633.

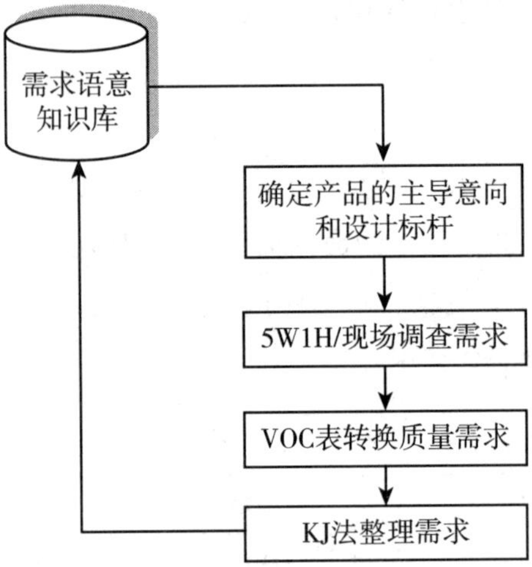

图 4－2　基于改进型 QFD 的信息系统质量需求获取步骤

按照 5W1H 的调查法则，构建开放式的调查问卷，对目标用户实施调查。在访谈中，对开放式问卷中的不明白事项需要给予说明。调查共访谈 60 人。

统计调查结果，取其选择频数最大的前 5 位，分别是“易用”“可靠”“响应快”“可信任”“体验良好”。

了解影响这些主导语意形成的因素，分析影响这 5 个因素的情况和信息系统质量特性，整理成层次表的形式，如表 4－2 所示。

表 4－2　信息系统主导意向层次表

一次水平	二次水平	三次水平	四次水平
信息系统质量	易用	好找	大家知道这个信息系统
			信息能找到
			容易再次返回
		好用	内容明白
			产品种类多
			多媒体形式表现
	可靠		
	……	……	……

这样，通过标杆设计思想，获得影响用户偏好的意象，并在此基础上分析影响意象形成的产品质量要素和质量特性。

根据开放式问卷的访谈，可以了解更为细致的用户质量问题和质量期望，并通过使用场景的描述，有利于在将原始数据转化为质量需求时推测和联想相关需求。

4.3 分析质量需求

经过上一阶段，得到的是经过 KJ 法整理的质量需求。然而上述整理后的质量需求是随意排列的，且存在重复和条理性不强等问题，需要对这些质量需求进行整理、分析、分类。

关于信息系统质量需求的整理与分析方法，本书选择的是基于 HOQ 和 QM3 的方法。

数量化理论（quantification method，QM）是日本数理统计研究所所长小林龙一博士提出的，是将定性的信息量化后进行客观解析的方法。数量化理论 3 类（quantification method of type 3，QM3）具体地是对二维表的两个方向 X 和 Y 给出各水平的适当数量 x_i 和 y_i，由表（矩阵）求最大相关系数。①②

基于 HOQ 和 QM3 的质量需求分析方法的运用步骤如下。

步骤一：运用 KJ 法初步整理质量需求，去除内容相同的质量需求，合并相近的质量需求。本书对 VOC 表整理获得的质量需求信息通

① Felix B Tan，Lai Lai Tung. Exploring Website Evaluation Criteria using the Repertory Grid Technique：A Web Designers' Perspective [A] // Proceedings of the Second Annual Workshop on HCI Research in MIS [C]. Seattle，WA，2003：115 - 119.

② Dragulanescu N G. Website Quality Evaluations：Criteria and Tools [J]. Information& Library Review，2002 (24).

过 KJ 法进行简单整理，除去内容相同的需求项目，最终得到 30 个质量需求项目。

步骤二：抽取与质量需求相对应的质量要素。质量要素是指评价质量的尺度。质量要素是大概念，质量要素中能够计测的要素称为质量特性，即明确测定方法、计量方法，通过计测进行数值化并明确单位的才是质量特性。通过探讨与这些质量需求项目相对应的质量要素，本书抽出 25 项质量要素。

步骤三：构建质量需求和质量要素的关系矩阵。整理质量需求项目及其相对应的质量要素项目，把质量需求和质量要素分别作为矩阵的 X 因素和 Y 因素，探讨两者的关联，构造质量需求和质量要素的 HOQ 关系矩阵。在构造质量需求和质量要素的关系矩阵时，对应关系以◎、○、△符号记入。◎代表强相关，○代表一般相关，△代表弱项关，而空白则表示不相关。

步骤四：运用 QM3 进行定量分析。对质量需求和质量要素构建的质量屋 HOQ 矩阵应用 QM3，相关的质量项目就集中到主对角线上，并且质量项目间的位置越接近，它们的相关性越强。QM3 在具体算法中转换成求解特征根问题，求得的特征向量就是关系矩阵两个因素的数量水平 x_i 和 y_i 的值。这些数值定量地表示了需求项目间的相互关系。

步骤五：根据 QM3 的分析结果，画出质量需求展开表。根据 QM3 的定量分析，质量需求与质量要素同时并列地层次化。经过 QM3 多次验算之后，可根据最终的结果，分别做出质量需求和质量要素的展开表。同时，补充在 QM3 运算过程中发现的遗漏需求，修改错误需求。

为了得到合适的质量需求分析结果，要反复应用上述步骤四和步骤五，不断进行矩阵的调整。

4.4　构造质量框架

经过上述过程，HOQ 矩阵逐渐被整理成层次化的结构形式，而质量需求和质量要素也被同时并列地层次化。HOQ 矩阵的层次与质量需求项目的层次相对应，并反映了质量需求的一次水平、二次水平、三次水平等层次关系。最终得到的信息系统质量需求定量化分析结果，如表 4－3 所示。

从表 4－3 中可以看到，信息系统的质量是个层次型的结构，信息系统的总质量由 5 个质量维度表示：易用性、可靠性、响应性、信任性和良好的体验。每一个质量维度又分成若干质量特性来表示，质量特性又被分为若干可以直接测量的质量子特性。这种质量子特性⟶质量特性⟶质量维度⟶总质量的结构，形成了信息系统的质量框架。

表 4－3　信息系统质量需求的定量分析结果

一次水平	二次水平	三次水平	四次水平
信息系统质量	易用性	信息适用	信息量合适
			信息采用媒体合适
			信息易于理解
		导航	易于发现
			易于定位
			易于再次返回
	可靠性	准确	提供信息正确
			提供信息及时
			价格公正
		权威	第三方评价信息
			信息系统专业性

续表

一次水平	二次水平	三次水平	四次水平
信息系统质量	响应性	反应	及时反映用户信息
			响应时间
		反馈	易于反馈
	信任性	可信	良好声誉
			信守承诺
		安全	交易过程安全
			隐私保护
			付款安全
	良好的体验	美观	视觉吸引
			版面设计
			风格设计
		个性化	社区交流
			信息定制（个性化推荐）
			商品定制

4.5 讨论与小结

与其他质量模型相比，本书建立的信息系统质量框架具有以下优势：

(1) 全面质量管理的思想，使质量管理思想从后期的反应式转换为早期的预防式质量控制。

(2) 质量需求分析的规范化，能够为用户满意理论提供前瞻性的指导，为实现用户满意提供了保证。

(3) 面向用户的观点，倾听来自用户的声音，将用户的质量需求转换成信息系统的质量特性，提高了用户满意度。

（4）分析过程中用户之声与标杆信息系统相结合，既可以增强信息系统与同类信息系统的竞争力，也可以避免遗漏一些用户未陈述的基本需求。

（5）从信息系统开发的角度，本书提出的信息系统质量需求获取和分析方法为信息系统开发前期有针对性地实施质量需求的调查提供了方法论框架，为提高信息系统开发的成功率提供了保证。

第五章
ERP数据质量管理动态模型研究

随着我国信息化产业的蓬勃发展，在新的形势下，越来越多的企业希望借助 ERP 系统从根本上提高企业的管理水平，提高企业对瞬息万变的市场的应变能力，取得竞争的优势。但是，从目前 ERP 项目实施的情况来看，成功率一般不高，甚至与很多企业的期望相差甚远。

在影响 ERP 成功的诸多因素中，数据质量的作用越来越重要。ERP 系统是以数据为基础的，这些数据的好坏直接影响到 ERP 系统实施的成败。理论研究者和实践者已经对 ERP 数据质量进行了理论和应用研究，但 ERP 数据质量领域仍有许多问题有待研究解决。本章研究的目的是建立一个基于贝叶斯网络的 ERP 数据质量管理模型，以帮助企业、ERP 开发者、用户及研究者进行 ERP 数据质量的评估以及进行数据质量的管理。

5.1　ERP 数据的质量管理

随着企业信息化以及经济全球化的不断深化，全球各个行业、各个区域经济体都在争相增强自己的信息获取能力和信息加工、利用能力。ERP（enterprise resource planning）企业资源计划，指建立在信息技术基础上，以系统化的管理思想，为企业决策层及员工提供决策运行手段的管理平台。ERP 将企业的财务、采购、生产、销售、库存和其他业务功能整合到一个信息管理平台上，从而实现信息数据标准化、系统运行集成化、业务流程合理化、绩效监控动态化、管理改善持续化。ERP 集信息技术与管理思想于一身，成为现代企业的运行模式，反映了时代对企业合理调配资源、最大化地创造社会财富的要求，成为企业在信息时代生存、发展的基石。

然而，ERP 系统的实施存在相当大的难度和风险。据相关资料统计表明，ERP 的实施成功率只有 10%～20%；Oracle 公司胡伯林先生曾说过："在发达国家实施 ERP 的成功率也只有 20%，在中国的成功率更低。"① 通过研究发现，实施失败的原因有很多，包括：ERP 系统投资巨大，系统实施周期长，建设周期变数多；高层领导不重视，对 ERP 理解不深或错误，只是将企业资源规划系统看成一种软件的引入；企业尚未对应用 ERP 的前期准备有充分的认识；等等。

除上述原因之外，企业在实施 ERP 系统的过程中还存在一个巨大的核心问题：数据质量问题。数据质量已经成为导致企业实施 ERP 失败的不可忽视的重要因素。中国的实际情况是，大多数企业无法确保实施 ERP 以及运行 ERP 所要求的基础数据的准确性和时效性。除此之外，数据质量问题还涉及不完整、重复、不正确、不一致和错误分类的记录。这些记录将导致订单处理不当、库存和采购管理失效、新产品上市时间滞延、业务处理效率低下、业务绩效管理不可靠、业务风险加大等不良后果。数据问题的表现虽然不尽相同，但最终都会影响到 ERP 的成功实施。因此，数据在 ERP 系统实施中同样起着关键性作用。据 IDC 在 2008 年的调查显示，我国企业在数据集成相关项目建设中面临的问题主要是业务需求不明确，其次是数据质量问题，但事实上，国内 72% 的企业存在相似重复数据，60% 的企业存在不完整数据，数据质量问题相当严重，对提高数据质量研究的迫切需求不容忽视。

ERP 实施是"三分软件，七分组织，十二分数据"，这已经成为 ERP 行业实践认可的一个公论。ERP 系统处理的就是数据，其主要作用就是对企业信息的整合，而信息的载体和表达要通过数据来完成。从很大程度上说，ERP 数据质量的好坏将直接影响 ERP 项目实施的成败与否。

国内外许多学者对数据质量的理论方法与实践进行了研究。其中，2002 年 D. Strong、R. Y. Wang、Y. W. Lee 提出信息管理质量评价

---

① [EB/OL]. http://www.lusin.cn/xinxihua/erp/2006-7-15/1 l605.htm.

(assessment information management quality, AIMQ)，提供了一个信息质量评价和差异分析方法，形成 TDQM 方法框架。① Leo. L. Pipino、Y. W. Lee、R. Y. Wang 在 2002 年给出 3 种数据质量客观评价的算法，包括简单比率、最大最小运算、加权平均，并提出将客观评价和主观评价结合在实际应用中改进数据质量的步骤。② 2003 年，Wang、Allen 和 Harris 提出全面信息质量改进方法（total information awareness with quality, TIAQ)，把管理信息作为产品来进行质量评价，提供了模型和改进工具。③ 杨青云等在数据质量的研究基础上，提出了一个数据质量评估模型。此模型通过量化的指标对应用系统的整个或部分数据质量状况进行评估。④ 黄武锋、郑华从数据质量定义出发，阐述了数据质量的各个不同维度及其评估指标的确定，设计了一种基于 SOA 的数据质量评估的服务框架。⑤ 苏博等通过对 ERP 系统数据质量影响因素的分析，提出了 ERP 数据质量评估指标体系，以及相应的企业级数据治理方案等。⑥ 这些研究分别提出了一些质量评价指标，用数据验证指标的有效性和可靠性；但存在的普遍问题是没有建立一个动态的质量管理模型。

与此相比，本书的贡献在于建立一个基于 Bayesian 网络的、动态的、客观的 ERP 数据质量管理模型。该模型不仅能够对 ERP 数据质量进行评价，而且还可以对 ERP 数据质量进行持续改进。

---

① D. Strong, R. Y. Wang, Y. W. Lee, AIMQ: AMethodology forInformation Quality Assessment [J]. Informationand Management, 2002 (2): 133-146.

② Leo L. Pipino, Y. W. Lee, R. Y. Wang, Data Quality Assessment [J]. Communications The ACM, 2002, 45 (4): 211-218.

③ Wang Allen, Harris. An Information Product Approach for Total Information Awareness [J]. IEEE Transactions on knowledge and Data Engineering, 2003 (3): 1-17.

④ 杨青云，赵培英，杨冬青，等. 数据质量评估方法研究 [J]. 计算机工程与应用，2004，40 (9): 3-4.

⑤ 黄武锋，郑华. 面向企业信息化的数据质量评估研究 [J]. 计算机技术与发展，2011，21 (1): 185-189.

⑥ 苏博，陈溯，唐成功. ERP 数据质量评估与数据治理方法研究 [J]. 信息系统工程，2012 (8): 140-144.

本书综合了 TDQM 的质量框架[①]以及上述文献中的质量指标，建立了 ERP 数据质量指标体系。基于最终用户所感知的质量，ERP 数据质量形成 4 个不同的质量因素，每个因素又分成不同的质量属性。具体内容见本章第三部分。

5.2　Bayesian 网络建模

5.2.1　贝叶斯网络的基本原理

贝叶斯网络，又称信任网络（belief networks）或者因果网络（causal networks），是一个带有概率解释的有向无环图。[②] 贝叶斯网络是描述数据变量之间依赖关系的一种图形模式，是一种用来进行推理的模型。BN 为人们提供了一种方便的框架结构来表示因果关系，这使得不确定性推理变得在逻辑上更为清晰、可理解性强。

可以说，贝叶斯网络是一个具有以下特征的图形结构：

（1）贝叶斯网络是一个带有条件概率的有向无环图 DAG（directed acyclic graph）；

（2）节点表示随机变量，节点间的弧反映了随机变量间的条件依赖关系；

（3）与每个节点相联系的条件概率表列出了此节点相对于其父节点所有可能的条件概率。

---

① Bayes T. R. An essay towards solving a problem in the doctrine of chances [J]. Philosophical Transactions, 1963 (53): 370 – 418.

② Pearl J. Fusion, Propagation and structuring in belief networks [J]. Artificial Intelligence, 1986, 29 (3): 241 – 288.

由此可以看出，贝叶斯网络是基于概率分析和图论的一种不确定性知识表达和推理的模型。从直观上讲，贝叶斯网络表现为一个赋值的复杂因果关系网络图，网络中的每一个节点表示一个变量，即一个事件，各变量之间的弧表示事件发生的直接因果关系。贝叶斯网络的结构表达了定性知识，即事件之间的因果联系；边缘概率和条件概率表达了定量知识，即原因对结果的影响程度。

贝叶斯网络是定性与定量知识的结合。贝叶斯网络的定性部分指的是贝叶斯网络拓扑结构图。在图中，每一个节点表示一个变量。图的弧段表示变量间的概率依赖关系，表示节点与节点之间存在直接影响或者直接因果关系；箭头的方向表示从原因到结果。两个节点之间没有弧相连，意味着相应的变量相互之间没有直接的影响关系，因此是条件独立的。贝叶斯网络定量部分指的是相应概率分布的函数集合。图中的每个节点都有一个概率分布函数，表示父节点对该节点取值概率的影响。所有的概率函数组成了贝叶斯网络的定量部分。

贝叶斯网络拓扑结构的概率含义将贝叶斯网络的定性部分和定量部分有机地联系起来。贝叶斯网络本质上表现的是某个问题领域所涉及变量的联合概率分布（joint probability distribution，JDP）。

5.2.1.1　贝叶斯网络的拓扑结构

BN 的网络结构是一个有向无环图（directed acyclic graph），其中每个节点代表一个事件或随机变量，节点间的弧段代表随机变量间的概率依赖关系。一条由一个节点 A 指向另外一个节点 B 的弧段 $A \rightarrow B$，表示节点与节点之间存在直接影响或者直接因果关系，即节点 A 的取值对节点 B 的取值产生直接的影响。弧段的方向 $A \rightarrow B$ 表示 A 是原因、B 是结果。两个节点之间没有弧相连，意味着相应的变量相互之间没有直接的影响关系，因此是条件独立的。

BN 是有向图，弧段是有向的，不会构成回路。在贝叶斯网络中，$A \rightarrow B$ 直接的原因节点（弧尾）A 为结果节点（弧头）B 的父节点

(parents)，B 为 A 的子节点（children）。如果从一个节点 X 有一条有向通路指向 Y（$X \rightarrow T \rightarrow Y$），则称节点 X 为节点 Y 的祖先（ancestor），同时称节点 Y 为节点 X 的后代（descendent）。

图 5－1 是一个简单的贝叶斯网络结构。

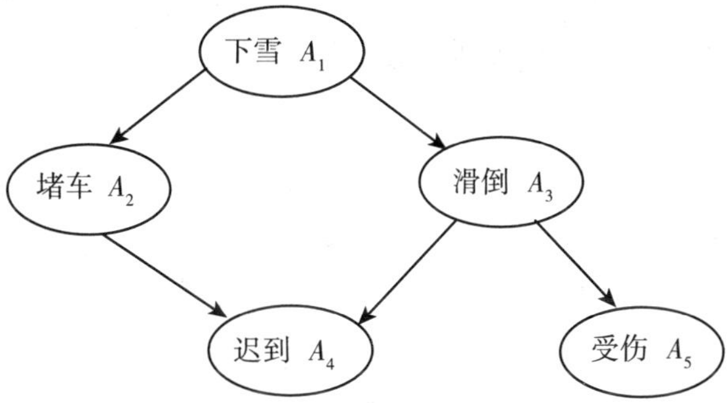

图 5－1　一个简单的 BN 模型

图 5－1 由 5 个节点 A_i（$i=1, 2, \cdots, 5$）和 5 个弧段 L_i（$i=1, 2, \cdots, 5$）组成。图中没有输入的 A_1 节点称为根节点（root），其他节点统称为非根节点。

“下雪 A_1”是一个原因节点，它会导致“堵车 A_2”和“滑倒 A_3”。而“堵车 A_2”和“滑倒 A_3”都可能最终导致“迟到 A_4”。如果在路上滑倒摔跤严重，还有可能导致“受伤 A_5”。这是一个简单的贝叶斯网络的例子。

从中可以看到，贝叶斯网络中的弧段表达了节点间的依赖关系，如果两个节点间有弧连接，说明两者之间有因果联系；反之则说明两者之间没有直接的依赖关系，即是相互独立的。节点间的相互独立关系是贝叶斯网络当中很重要的一个属性，可以大大减少建网过程中的计算量。使用贝叶斯网络拓扑结构可以使人清晰地看到节点间的关系，进而也易于实现贝叶斯网的推理和预测。

从图 5－1 中也可以看出，节点间的有向路径可以不只一条，一个祖先节点可以通过不同的途径来影响它的后代节点。例如，“下雪 A_1”

可能会导致“迟到 A_4”，而导致“迟到 A_4”的直接原因可能是“堵车 A_2”，也可能是“滑倒 A_3”。

要注意的是，当我们说一个原因节点的出现会导致某个结果的产生时，都是一个概率的表述，而不是必然的，这就需要为每个节点添加一个条件概率。一个节点在其双亲节点（直接的原因节点）的不同取值组合条件下取不同属性值的概率，就构成了该节点的条件概率表。

5.2.1.2　条件概率表

条件概率表（conditional probability table，CPT）定量地表达了一个子节点与其双亲节点之间的依赖关系。[①] 贝叶斯网络中的条件概率表是节点的条件概率的集合。当使用贝叶斯网络进行推理时，实际上是使用条件概率表中的先验概率和已知的证据节点来计算所查询的目标节点的后验概率的过程。

图 5－2 所示是一个简单的 Bayesian 网络，节点 B、C 是节点 A 的双亲节点，A 是子节点。节点 B 有 2 种状态（证据），节点 C 有 2 种状态，节点 A 有 2 种状态，因此，子节点 A 的 CPT 包含 $2\times2\times2=8$ 个元素。

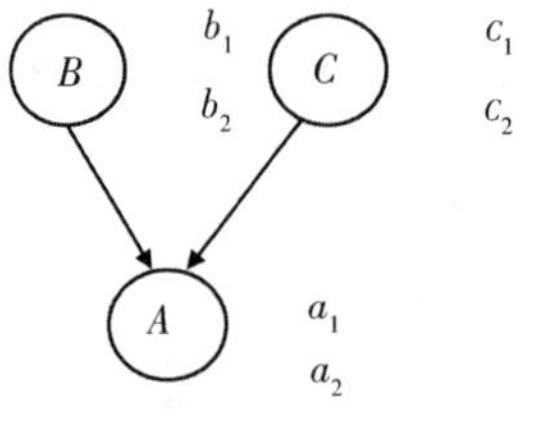

节点 A 的 CPT

节点 B	节点 C	节点 A	
		a_1	a_2
b_1	c_1	p_1	p_2
b_1	c_2	p_3	p_4
b_2	c_1	p_5	p_6
b_2	c_2	p_7	p_8

图 5－2　贝叶斯网络的条件概率表

因此，关于一组变量 $X=\{X_1, X_2, \cdots, X_n\}$ 的贝叶斯网络形式化描述如下：

① Pearl J., Probabilistic Reasoning in Intelligent Systems: Networks of Plausible Inference, Morgan Kaufmann [M]. San Francisco, 1988 (revised in 1997).

（1）一个表示 X 中的变量条件独立断言的网络结构 S；

（2）与每一个变量相联系的局部概率分布集合 P。

两者定义了 X 的联合概率分布。S 是一个有向无环图，S 中的节点一对一地对应于 X 中的变量。以 X_i 表示变量以及该变量对应的节点，Pa_i 表示 S 中 X_i 的父节点。S 的节点之间默认弧段则表示条件独立。X 的联合概率分布表示为：

$$p(x) = \prod_{i=1}^{n} p(x_i/Pa_i) \tag{5.1}$$

p 表示（5.1）中的局部概率分布，即 p（x_i/Pa_i）（$i=1$，2，…，n），则二元组（s，p）表示联合概率分布 p（X）。当仅仅从先验信息出发建立贝叶斯网络结构时，该概率分布是贝叶斯的，也即主观的；当从数据出发进行学习进而建立贝叶斯结构时，该概率是物理的，也即客观的。

对于贝叶斯网络，还存在以下的语意解释：

（1）贝叶斯网络表示条件独立的因果关系。所谓 X_i 对于 $\{X_1, X_2, \cdots, X_{i-1}\} / \prod_i$ 条件独立意味着变量 X_i 只依赖变量集合 $\{X_i, X_2, \cdots, X_{i-1}\}$ 中的某些变量 $\prod(i = 1,2,\cdots,n)$，而与 $\{X_1, \cdots, X_{i-1}\} / \prod_i$ 中的变量无关。前一种情况在贝叶斯网络中表现为变量之间有弧线连接，而后一种情况表现为变量之间无弧线连接。

（2）贝叶斯网络是概率的分类/回归模型。假设一组变量 $X = \{X_1, X_2, \cdots, X_n\}$ 的物理联合概率分布可以编码在某个网络结构 S 中：

$$p(x/\theta_x, S^h) = \prod_{i=1}^{n} p(x_i/Pa_i, \theta_i, S^h) \tag{5.2}$$

其中，θ_i 是分布 p（x_i/Pa_i，θ_i，S^h）的参数向量，θ_i 是参数组（θ_1，θ_2，…，θ_n）构成的向量，而 S^h 表示物理联合概率分布可以依照 S 分解的假设。将分布 p（x_i/Pa_i，θ_i，S^h）看成 θ_i 的函数，并分成局部分布函数，局部分布函数其实只是一个概率分布或回归函数（在离散变量情形是分布，在连续变量情形是回归)。因此，贝叶斯网络可以看成条件独立管理组成的概率分类/回归模型的集合，如线性回归、扩展线性回归、概率神经网络、概率决策树等都属于该集合，在大多数情形，均可使用贝叶斯方法进行学习。

基于以上贝叶斯网络的结构描述，可得到如下两点结论：

(1) 贝叶斯网络知识获取与推理的复杂度小。贝叶斯网络具有条件独立的特点，能够减少知识获取与推理的复杂程度。也就是说，在进行知识获取时，只需要关心与节点相邻的局部网络图，在进行推理计算时，只要已知节点的相关节点的状态，即可估计该节点的发生概率。

(2) 可以在不完备数据集下进行推理。贝叶斯网络方法可以不需要完备的数据集而实现对系统风险完整的概率描述，解决了传统概率中的棘手问题，而又不牺牲其完整性。

5.2.2 贝叶斯网络的推理形式

贝叶斯网络的推理原理基于 Bayes 概率理论，推理过程实质上就是概率计算过程。具体来说，在给定贝叶斯网络模型的情况下，根据已知条件，利用贝叶斯网络条件概率计算方法，计算出目标节点的概率。

贝叶斯网络利用随机变量间的条件独立性，将一个联合概率分布直观地表达为一个图形结构和一系列的条件概率表，经消元（消除变量）计算可求出任一单变量的概率分布（边缘概率）或部分变量的概率分布。在已知某些变量（证据变量）取值的情况下，可计算感兴趣的节点变量或节点变量集合（查询变量）的条件概率分布。

最基本和最主要的条件概率的推理形式有以下三种。

(1) 因果推理：原因推知结论——由顶向下的推理（causal or top-down inference)。其目的是由原因推导出结果。已知一定的原因（证据)，经推理计算，求出在该原因的情况下结果发生的概率。

（2）诊断推理：结论推知原因——由底向上的推理（diagnostic or bottom-up inference）。其目的是在已知结果时，找出产生该结果的原因。已知发生了某些结果，经推理计算，得到造成该结果发生的原因和发生的概率。该推理常用在病理诊断、故障诊断中，目的是找到疾病发生、故障发生的原因。

（3）支持推理：辩解推理——提供解释以支持所发生的现象（explaining away）。其目的是对原因之间的相互影响进行分析。该推理是贝叶斯网络推理中的一种合理而有趣的现象。

5.2.3 贝叶斯网络建模

贝叶斯网络建模的主要任务包括确定网络的拓扑结构和确定网络中各个节点的条件概率。网络中所有节点的条件概率统称为贝叶斯网络的概率参数。因此，贝叶斯网络建模包括一个定性过程——确定拓扑结构、一个定量过程——确定概率参数。贝叶斯网络建模常用方法有三种：一是由知识专家手动建立模型拓扑结构，给出概率参数；二是通过对数据库的学习，自动获取贝叶斯网络拓扑结构；最后一种方法是两阶段建模方法，综合了前两者的优势，首先由知识专家手动建立拓扑结构，然后通过对数据库的学习修正先前得到的网络模型。

具体来说，Bayesian 网络建模的过程可以分为三个阶段，步骤如下。

Phase 1：确定与建立模型有关的变量及其解释。

这其中包括：

（1）确定模型的目标，即确定相关问题的解释；

（2）确定与问题有关的可能的观测值，并确定其中建立模型的子集；

（3）将这些观测值组成互不相容的且可以穷尽所有状态的变量。

要注意的是，其结果是不唯一的。

Phase 2：建立一个具备一致条件独立性的有向无环图。

根据概率乘法公式，有：

$$\begin{aligned} p(x) &= \prod_{i=1}^{n} p(x_i/x_1, x_2, \cdots, x_{i=1}) \\ &= p(x_1)p(x_2/x_1)p(x_3/x_1, x_2)\cdots p(x_n/x_1, x_2, \cdots, x_{n-1}) \end{aligned} \quad (5.3)$$

对于每个变量 X_i，如果有某个子集 $\prod_i \subseteq \{X_1, X_2, \cdots, X_{i-1}\}$

使得 X_i 与 $(X_1, X_2, \cdots, X_{i-1}/\prod_i)$ 是条件独立的，即对任何 X，有：

$$p(x_i/x_1, x_2, \cdots, x_{i-1}) = p(x_i/\pi_i) \quad i = 1, 2, \cdots, n \quad (5.4)$$

由公式（5.3）、公式（5.4）可得：

$$p(x) = \prod_{i=1}^{n} p(x_i/\pi_i)$$

变量集合 $\{\Pi_1, \Pi_2, \cdots, \Pi_n\}$ 对应于父节点 $\{Pa_1, Pa_2, \cdots, Pa_n\}$，因此又可以表示为：

$$p(x) = \prod_{i=1}^{n} p(x_i/Pa_i)$$

因此，在构造 Bayesian 网络拓扑结构时，需要：

（1）将变量 X_1，X_2，…，X_n 按某种次序排列；

（2）找出满足公式（5.4）的变量集 $\prod_i (i = 1, 2, \cdots, n)$。

从原理上说，从 n 个变量中找出满足条件独立的顺序，需要比较 $n!$ 中变量的顺序，是一个组合爆炸问题。不过，在 Bayesian 网络应用中，通常是在现实问题中决定因果关系，而因果关系一般都对应于一致条件独立性，因此，可以在从原因变量到结果变量之间划一条带箭头的弧线来直观地表示变量之间的因果关系。

Phase 3：指派节点局部概率分布 $p(x_i/Pa_i)$。在离散情况下，需要为每一个有父节点的变量 X_i 指派其概率分布。

在实际建模过程中，以上三个基本步骤不是依简单的顺序执行就可以完成，可能会前后步骤交叉进行。

在解决许多实际问题中，需要从不完全的、不精确的或不确定的知识和信息中做出推理，而 Bayesian 网络是一种概率推理技术，它用概率理论来处理在描述不同知识成分之间的条件相关时产生的不确定性，提供了一种将知识直觉地图解可视化的方法。

5.3　ERP 数据质量管理模型的建立

Bayesian 网络模型蕴含两个假设：无环假设（假设网络拓扑结构中不存在环）和静态假设（不考虑原因节点影响结果节点的滞后时间）。在建立 ERP 数据质量模型时，通过合理选取 Bayesian 网络的节点，完全可以避免环结构。而本书在建立模型时选取的节点都是与时间无关的，所以不存在时间滞后问题，满足静态假设。

5.3.1　建立 Bayesian 网络的拓扑结构

首先，确定建模目标、变量及其因果关系，表示成 Bayesian 网络中的节点。

建模时，将 ERP 数据的总质量（overall quality）作为建模目标，成为网络的中心节点。

依据文献调查，基于最终用户所感知的质量，ERP 数据的总质量由 4 个质量因素表示：固有性、关联性、表达性、可访问性。每一个质量因素又分成若干质量属性来表示。这种质量属性→质量因素→总质量的模型自然地表示了这些变量之间的因果关系，满足一致条件独立性。因此，建立 ERP 数据质量管理的 Bayesian 网络拓扑结构如图 5－3所示。

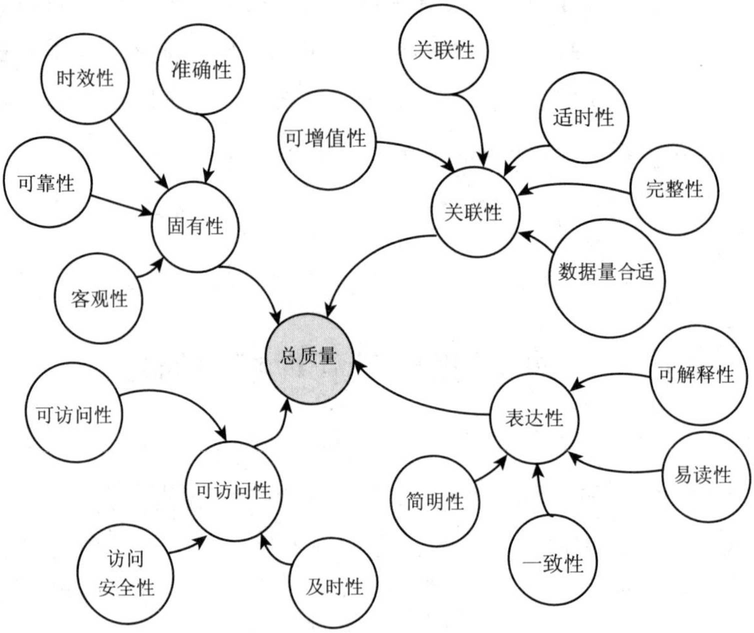

图 5-3　ERP 数据质量管理的贝叶斯网络拓扑结构

5.3.2　确定概率分布函数

建立 Bayesian 网络的拓扑结构后，需要确定网络结构中每个节点的值，以及非根节点代表的变量的 CPT，量化变量之间的依赖关系。

ISO 9000∶2000 中对质量的定义为“质量是一组固有特性满足要求的程度”。“程度”可以用“高低”来衡量。因此，本研究中我们给每个质量因素、质量属性定义了三种可能的状态：高（Good，G）、中等（Average，A）、低（Poor，P）。这也是每个有父节点的子节点的证据（Evidence）。

而针对每一个没有父节点的根节点，本书定义了两种状态：“是”和“否”。其先验概率来源于用户。用户只需要简单地用“是”“否”来回答对于这个信息系统有没有这个质量子属性，这样做可以尽量减少评价中的主观性。

对于有父节点的每一个子节点，CPT 表示的离散条件概率分布代表了这个子节点与它的父节点之间量化的依赖关系。在本书中，CPT 的值由领域专家来指定。

本书中，Bayesian 网络的计算使用 Microsoft Research 开发的 Bayesian 网络工具包 MSBNx。

5.3.3　CPT 的初始化

建立的信息系统质量管理模型本身不会给出估算。初始模型的建立依赖开发者三方面的经验：信息系统应用、最终用户的要求和质量特性。贝叶斯网络能够进行推理的基础是节点概率值。不同的节点概率值会使系统做出不同的评价。

因此，上述所建立的质量管理模型具有动态性特点。这种动态性来源于节点的概率值。初始的节点概率由专家根据自己的领域知识和经验来给定。贝叶斯网络模型能够通过实例学习而不断改正所提供的结果。在系统性地收集精确数据的基础上建立的 CPT，使模型能够提供精确的评估结果。

5.4　基于 Bayesian 网络的 ERP 数据质量管理

5.4.1　质量评价

ERP 数据质量模型的 Bayesian 网络可以进行前向推理，也可以进行后向推理。所谓的前向推理，就是已知一定的证据，使用 Bayesian

网络推理计算，求出在该证据下结果发生的概率，是一种自顶向下的计算。对于质量管理来说，就是 ERP 数据质量的评价。

例如，质量属性“可访问性”有两个父节点，也即两个质量子属性——“可访问性”“访问安全性”。如果在被调查的用户中，有 42% 认为被评价的 ERP 数据具备质量子属性“可访问性”、87% 认为被评价的网站具备质量子属性“访问安全性”，如图 5－4 所示，则根据节点“安全”的 CPT，可以得出该网站的质量属性“可访问性”有 57% 的可能性评价为“高”，有 21% 的可能性评价为“中等”，有 22% 的可能性评价为“差”。

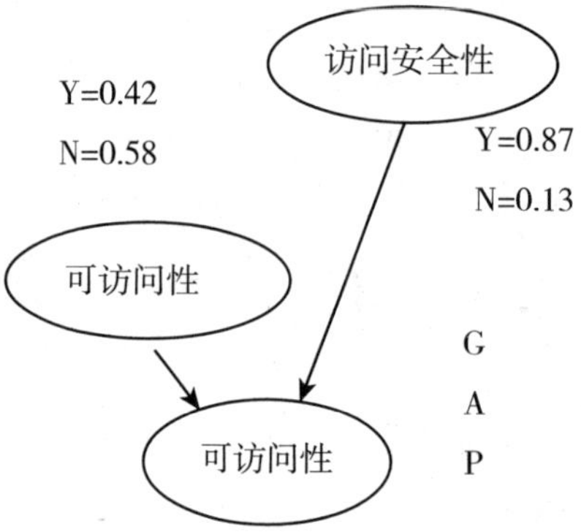

节点“可访问性”的 CPT

可访问性	访问安全性	安全		
		高	中等	低
Y	Y	0.8	0.1	0.1
Y	N	0.3	0.4	0.3
N	Y	0.5	0.2	0.3
N	N	0.1	0.7	0.2

图 5－4　质量评价的例子

得到了质量属性的评价，按照同样的推理过程，可以得到质量因素的评价，最终得到总质量的评价。

同样，ERP 数据质量的 Bayesian 网络模型可以帮助信息系统开发者估算质量属性或子属性的重要程度，以及父节点和子节点之间的相互影响水平。例如，开发者如果希望估算子属性“可访问性”“访问安全性”“及时性”在多大程度上影响质量属性“可访问性”，那么可以通过为这些子属性插上不同的证据值而得到“交流”不同的结果，如图 5－5 所示，这些不同的结果可以帮助设计者确定哪个子属性对“交流”的影响更大。

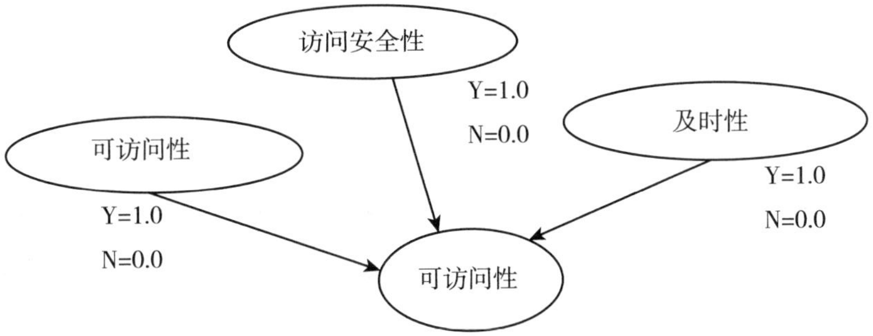

图 5－5　前向推理

需要注意的是，即使在证据不足的情况下，Bayesian 网络也可以进行推理。在不完整数据结构下，有两种处理方法：修复数据集方法和近似计算方法。

修复数据集方法的基本思想是采用概率预测法、基波斯采样法等方法填上丢失的数据，使不完整数据集变成完整数据集，然后采用完整数据集的计算方法进行计算。

近似计算方法可以采用高斯近似、后验结构近似、后验联合分布近似等方法。

虽然可以在证据不足的情况下进行推理，但是模型中的证据值越多，质量评价的精确度越高。

5.4.2　质量诊断

Bayesian 网络的后向推理是从结论推知原因，是一种自底向上的推理，也被称为诊断推理。其目的是在已知结果时，根据 Bayesian 网络推理计算，得到造成该结果发生的原因概率。

假设诊断过程中所获得的证据为 e，则任一节点 A 的边缘概率 p（A）可由下式计算：

$$p(A)=\frac{p(A,e)}{p(e)}$$

$$=\frac{\sum_{U/\{A\}}p(U,e)}{p(e)} \tag{5.5}$$

例如，如果已知某一信息系统的“导航”是“高”，而与其相连的其他子属性的概率都很低，通过模型计算可以得到，“易于定位”至少要有 85% 的概率为“高”。

同样，如果给定某信息系统的“总质量”为“高”，质量因素“可靠性”为“高”，通过后向推理，可以得到关于质量属性“提供及时信息”的概率分布应该为：“高”80%，“中等”16%，“低”4%。因此，在后向推理中，为子节点插入证据值，就能通过网络为其相关的父节点提供概率值。信息系统的设计开发者借此进行质量诊断、质量持续改进、资源合理分配等。

总之，基于 Bayesian 网络的 ERP 数据质量管理模型具有以下特点。

（1）易于理解。贝叶斯网络使用图形的方法描述数据之间的关系，语意清晰，易于理解。贝叶斯网络可以很好地发现和表示数据间的因果关系。这是在实际问题中经常遇到的，而且是使用其他模型难以处理的。

（2）定性知识与定量数据相结合。基于贝叶斯网络的信息系统质量管理模型，充分利用领域专家的经验和知识，同时结合用户的观点和历史数据，评估信息系统质量，诊断质量故障，进行质量改进。

基于贝叶斯网络的信息系统质量管理，是基于对质量因素及属性不确定性的考虑，使用贝叶斯网络对质量管理的不确定性进行明确的建模，由概率推理处理不确定性传播，从而为质量管理提供必要的信息。

（3）具有学习功能。基于贝叶斯网络的信息系统质量管理模型具有学习功能。如果积累有足够的实例数据，贝叶斯学习可以自动建立最适合这些实例数据的 Bayesian 网络；也可以在由专家建立网络的拓扑结构后，通过实例训练来建立各个子节点的 PCT。

(4) 可处理不完备数据。贝叶斯网络能够处理不完整数据集问题。基于贝叶斯网络的信息系统质量管理模型在即使缺少部分数据输入的情况下，借助修复数据集和近似计算等处理方法，仍可以进行推理。然而，模型中的证据值越多，质量评价的精确度越高。

(5) 动态性及迭代性。基于贝叶斯网络的信息系统质量管理是一个动态、迭代的过程。其动态表现在两个方面：一是通过对贝叶斯网络拓扑结构动态的研究，可针对质量管理的特点，为具有迭代、反馈作用的质量管理建立贝叶斯网络模型；二是基于贝叶斯网络的信息系统质量管理过程是动态的，在质量管理的过程中对质量进行持续的评估，一旦发现质量问题，可对质量重新进行评估。这是一个反复迭代的过程。因此，基于贝叶斯网络的质量管理具有高度迭代性。

5.5　讨论与小结

在本章研究中，主要创新点包括：

将基于概率分析和图论的贝叶斯网络应用到信息系统的质量管理中，建立了基于 Bayesian 网络的 ERP 数据质量管理模型。根据前文研究，ERP 数据质量子属性 → 质量属性 → 质量维度 → 总质量的质量框架模型自然地表示了这些变量之间的因果关系，满足 Bayesian 网络的条件。建模时，将 ERP 数据质量的总质量（overall quality）作为建模目标，成为网络的中心节点；而将其他质量属性等表示成 Bayesian 网络的节点。

ERP 数据质量模型的 Bayesian 网络既可以进行质量评价，也可以进行质量诊断。

ERP 数据质量模型的 Bayesian 网络的前向推理，是已知一定的证据，使用 Bayesian 网络推理计算，求出在该证据下结果发生的概率，对于质量管理来说，就是 ERP 数据质量的评价。

Bayesian 网络的后向推理，是从结论推知原因，是一种自底向上的推理，对于质量管理来说，就是 ERP 数据质量诊断。

本章所构建的 ERP 数据质量模型具有以下特点：

（1）易于理解；

（2）定性知识与定量数据相结合；

（3）具有学习功能；

（4）可处理不完备数据；

（5）具有动态性及迭代性；

（6）不仅可以进行质量评价，还可以进行质量诊断以及质量改进。

第六章
基于用户感知的信息系统可用性评价

可用性是人机界面研究中的一个关键概念。它与产品质量和用户满意度息息相关。对信息系统来说，可用性代表了信息系统是否符合用户需求和期望，体现了用户在使用中感受到的产品质量和价值，是信息系统竞争力的核心因素之一。

而在目前信息系统的应用中，可用性成为信息系统质量的一个突出问题。

本章将在回顾可用性理论的基础上，分析信息系统可用性存在的问题以及引发可用性问题的原因。本章的主要创新工作是基于用户的信息系统可用性评价设计，包括评价指标、评价尺度、研究工具以及评价步骤。

6.1 质量与可用性

质量（quality）也称为品质，它与人们的生活息息相关。概念是理论的基础，质量作为质量管理中的核心概念，始终是研究者、从业者、开发者关注和探讨的重要内容。随着科学技术的发展和商品经济的变化，以及质量管理理论和实践的不断发展，对质量概念的认识也在不断地发生变化。

作为用户首先接触的界面，信息系统的可用性对用户有着至关重要的意义。而目前信息系统的可用性已经成为提高信息系统质量的一个主要障碍。

对信息系统来说，可用性代表了信息系统是否符合用户需求和期望，体现了用户在使用中感受到的产品质量和价值。

6.2　可用性理论基础

6.2.1　可用性

可用性（usability）是人机界面（human machine interaction，HMI）研究中的一个关键概念。[①②]

在20世纪70年代末，为解决用户与设备、软件、工具、人工开发系统之间的关系，有专家提出了可用性的概念。可用性自此开始成为人机交互领域的一个重要研究课题。国外一些著名软件公司早在20世纪80年代初就认识到软件可用性的重要性，并开始了在这方面的研究和实践。IBM公司早在1970年就引入了可用性测试，微软公司在1988年也开始进行了可用性测试。微软公司的Windows操作系统和其他软件产品推向市场前就经过了大量的可用性测试，从而保证了该产品除具有强大的功能和稳定的性能外，还具有很强的可用性，能够为多数人所接受，这也是微软公司产品能够风靡世界的主要原因之一。

关于可用性概念的定义有很多，从高屋建瓴的ISO 9241标准，到具体的包含用户关联度、效率、用户态度、可学习性、安全性等属性的描述。在1994年，普里斯等人从人机界面系统的角度，把可用性定义为“交互系统的易学性、易用性、操作安全性、有效和高效率及用

---

① Shneiderman, B. Software Psychology: Human Factors in Computer and Information Systems [M]. Winthrop, Cambridge, 1980 (MA).

② Shneiderman, B. Designing the User Interface [M]. 3rd ed. Addison-Wesley Longman, Inc. Boston, 1998 (MA).

户满意性的程度”。根据国际标准化组织 1997 年在 ISO/DIS 9241 - 11 标准中的定义，“可用性（usability）是产品在特定环境下为特定用户用于特定用途所具有的有效性（effectiveness）、效率（efficiency）和用户主观满意度（satisfaction）”①。其中，有效性是指用户完成特定任务时所达到的正确和完整程度；效率，或者称为高效性，是指用户完成特定任务的正确和完整程度与所用财源（如时间）之间的比率；满意度是用户在使用产品过程中具有的主观满意和接受程度。

因此，可用性就是从用户的角度所感受到的产品是否有效、易学、高效、好记、少错和令人舒适满意的质量指标。

由此可知，可用性强调的是以用户为中心，体现的是用户在使用过程中所感受到的产品质量，即用户能否使用该产品完成任务，效率如何，主观感受怎样。

6.2.2 可用性的维度

Jakob Nielsen 认为，可用性不是一个单维属性，可用性具有多种成分。从用户感受的质量角度，可用性可分成以下五个属性。

（1）易学性（learnability）：系统应当容易学习，从而用户可以在短时间内开始使用系统来完成某些事情。从某种意义来说，可学习性是最基本的可用性属性，大多数人对新系统的最初体验也就是学习使用该系统，因此，系统应当做到易于学习。

（2）效率（efficiency）：系统的使用应当高效，当用户学会使用系统之后，可以具有较高的生产力水平。

（3）可记忆性（memorability）：系统应当容易记忆，使那些非频繁使用该系统的用户即使有一段时间没有使用之后，仍然能够比较轻松地使用系统，而不用一切事情都统统从头学起。

---

① Jakob Nilsen，Usability Engineering［M］. Academic Press，1993.

（4）容错性（error）：少出错，无灾难性错误。系统应当具有较低的出错率，从而使用户在使用系统的过程中能够少出错，出错之后也能迅速恢复，而且必须能够防止灾难性错误的发生。

（5）主观满意度（satisfaction）：系统应当使用起来令人愉快，从而让用户在使用时主观上感到满意，喜欢使用本系统。主观满意度指的是系统的使用令用户感到愉快的程度。对于信息系统来说，主观满意度是一个特别重要的可用性数据。用户在使用这种系统时应当有一种愉快、受感动或者得到满足的体验。

6.3　信息系统可用性

作为信息系统的用户，人们进入网络世界，接触系统信息，首先是通过访问信息系统的渠道。作为用户首先接触的界面，信息系统的可用性对用户有着至关重要的意义。而目前信息系统的可用性已经成为提高信息系统质量的一个主要障碍。

6.3.1　信息系统可用性概念

作为被用户首先接触的人机界面，信息系统可用性的定义同可用性的整体观念是一致的。根据 ISO 对可用性概念的释义，这里给出的信息系统可用性的含义为：信息系统用户在网络环境下，利用信息系统完成信息系统活动时所达到的有效性、效率和满意度，如图 6－1 所示。

在信息系统环境下，有效性是指用户在信息系统上完成特定任务和达到特定目标时所具有的正确性和完整程度；效率是指用户在信息系统上完成信息系统活动的正确性和完整程度与所使用资源之间的比率；满意度是指用户与信息系统站点交互过程中具有的主观满意和接受程度。

对信息系统来说，可用性代表了信息系统是否符合用户需求和期望，体现了用户在使用中感受到的产品质量和价值，是信息系统竞争力的核心因素之一。

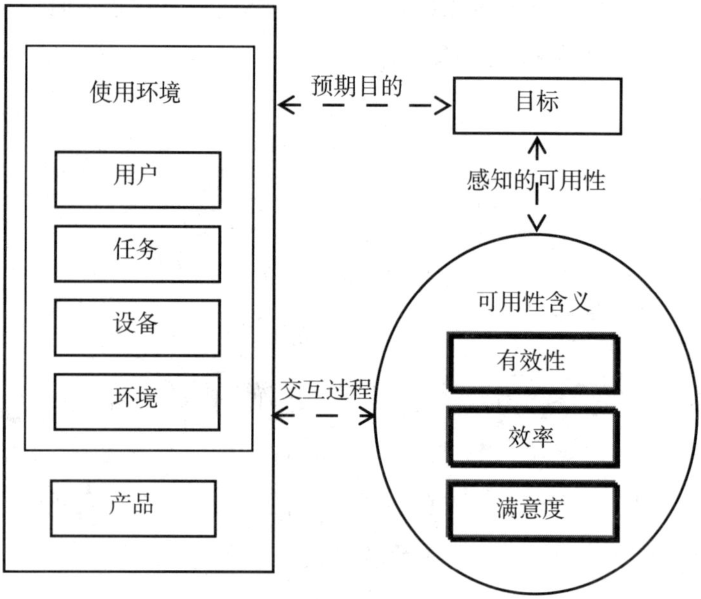

图 6－1　信息系统可用性概念

6.3.2　信息系统可用性现状

信息系统作为一种智力产品，由于设计者和用户的认知和期望不同，引发诸多可用性问题。例如，有些信息系统过于追求网页制作技术的运用和图形色彩的表现，却忽视了网页内容的组织性，页面显得华而不实、杂乱无章，导致用户不能清楚、快捷地找到所需信息；有的信息系统忽视了用户对纸面信息与 Web 信息浏览的区别，导致用户阅读不便；有的信息系统充斥着无效、过期的死链接，给用户造成寻找信息的挫折感。诸如此类，都极大地影响了信息系统的可用性。

由此可见，信息系统的可用性问题存在普遍性和严重性，对信息系统发展会产生不容忽视的负面影响。对用户来说，信息系统的可用性问题会造成时间和金钱上的浪费，降低工作效率，形成负面的心理体验，造成挫败感；对信息系统来说，低可用性会导致用户流失，降低用户重复访问率，增加信息系统维护成本，增加培训和技术支持需求，降低企业声誉和竞争力等。

6.4　信息系统可用性问题原因分析

信息系统的可用性问题绝非个别现象。以下原因造成了信息系统可用性问题的日益突出。

（1）用户的异质性。

大多数其他的信息系统具有有限的任务集和可预测的用户。而信息系统的用户是异质的，各有各的原因。在日益增长的以 Web 为中心的消费环境中，用户到达信息系统的驱动因素有很多，也许是为了寻找信息，也许是为了满足消费需求，也许只是冲浪，等等。“用户的定义……正变得更加模糊，因为任何人都可以达到信息系统。”[①] 角色和目标的不同，使每个用户对信息系统的需求也都不同。

信息系统的用户群体在地域、文化背景、语言、受教育程度、计算机技能、年龄、性别、职业等方面呈现出空前的多样化，这使信息

① Jakob Nielson. Top Ten Guidelines for Homepage sability [EB/OL]. http://www. useit. com/alertbox/20020o12. html, 2002.

系统在满足不同用户的要求上变得比以往的信息系统更加困难。在如此庞大的网络世界中，用户比以前有了更多的选择。由于选择众多，而且转移成本低，所以，信息系统用户忠诚度低，信息系统用户易于流失。据统计，如果信息系统的用户首次访问信息系统留下不良印象，有40%的用户将不会再次访问该信息系统。

（2）信息系统开发技术普及。

随着网络的普及、网络技术的成熟，特别是对信息系统的认识，信息系统开发速度快，每天都有不计其数的信息系统诞生。这使得信息系统数量庞大，增长迅速；但同时也降低了人们对质量期望的重视程度，导致大量信息系统可用性质量低劣。

（3）开发方法的导向。

传统的信息系统开发方法侧重于产品的正确性、稳定性、运行效率等质量指标，以及成本和工期控制，并没有把基于用户感受的可用性作为重点。这是导致目前很多信息系统可用性问题的原因之一。

而现在提倡的以用户为中心的设计方法论（user-centered design，UCD）则侧重于产品可用性，侧重于用户直接感受到的实际使用效果。

（4）交易体验的差异。

在传统的产品交易过程中，用户在购买产品之前是无法体验其可用性的。然而网络扭转了这种局面。现在，用户在准备花钱购买产品之前，就可以体验信息系统的可用性。其中的区别是：在传统的产品设计和软件设计中，用户先付钱，后体验可用性。而在网络经济中，用户先体验企业信息系统的可用性，后付钱。同样，对于其他类型的信息系统，要想实现信息系统的目的，就应让用户有好的可用性质量感知。

6.5　信息系统可用性评价

6.5.1　可用性工程与可用性评估

20 世纪 80 年代以来，对产品可用性质量的重视促进了可用性工程（usability engineering）领域的形成与发展。[①] 可用性工程是一个涉及心理学、人类工效学、工业设计和计算机等学科的多学科交叉领域，泛指以提高和评价产品可用性质量为目的的一系列过程、方法、技术和标准。

在 IT 产品及用户界面的开发与使用中，可用性工程贯穿于产品整个生命周期的各个阶段，包括从需求获取、可用性问题分析到设计方案的开发和测试评估在内的一整套实用方法。

随着网络的普及，信息系统可用性的研究已经成为可用性研究领域的一个热点。[②③④] 为提高和改进信息系统的可用性，各种可用性方法和技术被提出，并且一些技术和方法已经被广泛使用。每种方法都有自己的特点和适用环境，综合目前改进信息系统可用性的各种途径和方法，主要有 UCD 方法、可用性设计指南、可用性评估、可用性辅助工具等类型。

---

① Shneiderman, B. Software Psychology: Human Factors in Computerand Information Systems [M]. Winthrop, Cambridge, 1980 (MA).

② 丁宇. 从 Fitts 定律看信息系统的可用性设计 [J]. 商场现代化, 2006 (34): 101 - 102.

③ 郝金星. 基于可用性工程的信息系统分析框架研究 [J]. 图书情报知识, 2006 (2): 81 - 86.

④ 孙茜. 图书馆信息系统的可用性设计 [J]. 图书馆建设, 2006 (1): 94 - 95.

（1）UCD方法：以用户为中心的开发方法应用于信息系统开发，它侧重从方法论的角度在信息系统开发的各个阶段强调用户参与，使信息系统设计符合用户需求。

（2）可用性设计指南：可用性专家或信息系统设计者结合在可用性研究和信息系统开发过程中的成果和经验，对信息系统开发提出设计指导原则。

（3）可用性评估：通过用户测试或专家评估的方法衡量信息系统可用性质量，发现可用性问题，给出改进方案的方法。

（4）可用性辅助工具：开发工具软件采集信息系统可用性数据，自动评测和分析信息系统的可用性质量，提出改进意见。

6.5.2 信息系统可用性评估

由以上分析可知，作为信息系统的人机界面，基于用户的角度，信息系统的可用性代表了用户使用信息系统过程中所感受到的产品质量。对信息系统可用性的评估，体现了用户角度的信息系统的质量评价。同时，对信息系统可用性的评价和改进可以从用户视点改进信息系统的质量。

可用性评估是指通过用户测试或专家评估的方法衡量信息系统可用性质量，发现可用性问题，给出改进方案的方法。常用的方法包括用户测试（可用性测试）和专家评估。其中，可用性测试是衡量可用性质量，发现可用性问题，对比不同系统的可用性差异。专家评估是由可用性专家遵照一定的可用性原则对信息系统可用性的各个方面进行判断和评价。

6.6　信息系统可用性评价设计

本书基于用户的视点，强调用户感受的信息系统可用性。

6.6.1　研究工具

用户感受的信息系统可用性通过询问用户进行度量。从任何一个用户的角度来看，对可用性问题的回答是主观的；但是当把许多用户的回答综合起来，得到的结果代表了一种客观度量。由于可用性是用来衡量用户是否喜欢使用某一系统的标准，因此，直接询问用户的感觉是适合的方法。这也是大量可用性研究所采用的一种方法。

因此，本书用于调查基于用户的信息系统可用性的度量工具是调查问卷。问卷中的问题表达了信息系统可用性的评价指标、权重分布以及对具体的信息系统的可用性评估。

6.6.2　度量指标

对于可用性的研究，依赖系统、设计目标以及用户满意度等因素而有不同的重点。

Gray 和 Salzman 认为，可用性本身的构成是学者和实践者面临的最主要的问题，这个观点得到了广泛的认可。[①] Lecerof 和 Paterno 研究表

---

① Gray, W. D., M. C. Salzman. Damaged merchandise? A review of experiments that compare usability evaluation methods [J]. Human-Computer Interaction, 1998 (13): 203 -261.

明，可用性的属性中哪个属性占主要地位是随实际系统而改变的。① 因此，对于信息系统可用性的研究，同样因信息系统的类型、开发者设计目标以及用户满意度等的不同而不同。不同类型的信息系统，由于服务内容、目标客户、建设目标等千差万别，可用性也大有差异。然而对于相同类型的信息系统，在可用性的原则和要求上却是接近而互为借鉴的。

本书注重信息系统的可用性，所讨论的度量指标也只适应于信息系统，如果要推广到其他类型的信息系统，则需要做进一步的验证。

ISO 的可用性概念强调了有效性（effectiveness）、效率（efficiency）和用户主观满意度（satisfaction）。Jakob Nielsen 认为，可用性的维度包括易学性、效率、可记忆性、容错性、满意度 5 个维度。其中，有效性、效率、满意度等都需要进一步分解成可以直接度量的指示变量。

为了设计信息系统可用性评价的度量指标，本书参考了微软公司的微软可用性指南（microsoft usability guideline，MUG）。

1997 年，Microsoft 公司开发了用于可用性评价的微软可用性指南。Keeker 在《Improving Web-site usability and appeal：Guidelinescompiled by MSN usability research》一文中描述了 MUG 的一些关键信息及相关内容。②

MUG 围绕 5 个主指标形成了对信息系统进行启发式评价的基础，这 5 个主指标是内容、易使用性、促销、定制服务、情感因素；而且，这 5 个指标中的 4 个还可以进一步进行分解，用下属的子指标从各个方面来细化主指标。

表 6－1 列出了 MUG 指标、Jakob Nielsen 可用性维度、ISO 可用性之间的关联程度。从中可以看出，MUG 指标基本涵盖了 Jakob Nielsen

---

① Lecerof，A.，F. Paterno. Automatic support for usability evaluation［J］. IEEE Trans. Software Engrg，1998（24）：863－887.

② Keeker，K. Improving Web-site usability and appeal：Guidelines compiled by MSN usability research［EB/OL］. http://msdn. microsoft. com/library/default. asp? url_ /library/en-us/dnsiteplan/html/improvingsiteusa. asp，2004.

可用性维度和 ISO 可用性定义的含义。①

表 6－1　MUG 指标、Jakob Nielsen 可用性维度、ISO 可用性之间的关联程度

MUG 指标及子指标	Jakob Nielsen 可用性维度	ISO 可用性
内容		
关联性	易学性、可记忆性	有效性、效率
媒体使用	易学性、可记忆性	有效性、效率
深度和广度	易学性	有效性、效率
时效性	易学性、可记忆性	有效性
易使用		
目标	效率	有效性、效率、满意度
结构	易学性、效率、可记忆性	有效性、效率
提供引导	效率、可记忆性	有效性、效率
促销	效率、满意度	效率、满意度
定制服务		
交流社区	易学性、满意度	有效性、满意度
个性化	满意度	有效性、效率、满意度
时尚		
情感因素		
挑战性	满意度	满意度
情节设计	易学性、效率、满意度、可记忆性	有效性、效率、满意度
品质力量	满意度	有效性、满意度
节奏控制	效率、满意度	效率、满意度

对于表 6－1 的内容，本书进行以下讨论：

（1）由于 MUG 是企业开发的实用性的可用性指南，Agarwal &

① Jonathan W. Palmer. Web site usability, design, and performance metrics [J]. Information System Research, 2002, 13 (2): 151－167.

Venkatesh 的研究认为 MUG 也很好地覆盖了与信息系统可用性相关的特征，因此，在本书中，当 MUG 指标与 Jakob Nielsen 可用性维度和 ISO 可用性定义的含义协调一致时，则首选 MUG 指标。该条作为基本原则贯穿于以下讨论。

（2）MUG 的主指标内容（content）包括 Jakob Nielsen 可用性维度易学性、可记忆性。因此，保留 MUG 的主指标内容及其子指标。

（3）MUG 的主指标易用性（easy of use）包括 Jakob Nielsen 可用性维度效率、可记忆性，而且，易用性是一个更能被大众接受和理解的用语。因此，保留 MUG 的主指标易用性。

主指标易用性包括目标（goals）、结构（structure）和提供引导（feedback）三个子指标。前两个与 Jakob Nielsen 可用性维度以及 ISO 可用性含义中的有效性、效率直接相关，予以保留。提供引导（feedback）是指信息系统是否给用户提供了使用该信息系统的引导信息。这里，使用导航（navigation）能更好地表达给用户提供使用信息系统的引导的含义。

在网络发达、便利的环境中，信息系统数量剧增，可替代性强，用户对某一信息系统的忠诚度（loyalty）降低，若信息系统没有很好的查找性及可达性，用户则会轻而易举地转向其他提供相同产品与服务的信息系统。因此，促销对信息系统具有重要意义。

（4）MUG 的主指标定制服务（made-for-the-medium）包括交流社区（community）、个性化（personalization）、时尚（refinement）三个子指标。由表 6－1 中的分析可以看到，定制服务主要与 Jakob Nielsen 可用性维度以及 ISO 可用性含义中的效率、用户主观满意度相关。交流社区（community）指信息系统是否给用户提供参加某个在线小组、与其他用户进行交流的机会。个性化（personalization）反映的是信息系统为用户量身定制个性化服务的技术上的能力。这两个子指标与用户主观满意度直接关联。

时尚（refinement）在 MUG 中的含义是信息系统能及时反映当前

主流趋势的能力。例如采用主流的技术、采用大家普遍接受的表达方式等。本书使用符合使用者经验来代替时尚，表示以使用者为中心，采用现行标准，遵循通常的设计惯例，以被大家普遍接受的表达方式来组织信息系统。

（5）MUG 的主指标情感因素（emotion）指使用信息系统带来的情感反应。实践表明，软件系统能做出有情感的反应在计算机使用环境中起非常重要的作用。

MUG 指南在“情感因素”下面有 4 个子指标：挑战性（challenge）是指使用户在使用信息系统过程中能克服一定的困难而产生某种成就感；情节设计（plot）指信息系统如何激发用户的兴趣；品质力量（character strength）指通过信息系统传递出的对用户的吸引力，使用户产生对信息系统的信任感；节奏控制（pace）指信息系统提供给用户的控制信息流的能力。

为了更好地体现信息系统可用性的含义，本书根据文献对上述 4 个子指标修改如下。

（1）以响应时间（response time）代替情节设计（plot）。信息系统的响应时间，包括显示时间、下载时间等，应该在合适的、用户可以忍受的范围之内。有调查资料显示，超长的页面下载时间（超过 30 秒）在 14 种最差的用户网页体验中居第 1 位。

（2）以交互性（interaction styles）代替挑战性（challenge）。与提供新闻、娱乐等系统相比，信息系统的用户对信息资源的需求往往有针对性和目的性，在获取信息受挫时，往往需要像信息系统要求帮助、进行咨询、提出建议等。因此，信息系统应该具有良好的交互性，使其用户能与之进行沟通、互动，并得到帮助。用户在信息系统的帮助下克服挫折，克服一定的困难，完成了信息系统活动而产生某种成就感。

（3）以可信任性（credibility）代替品质力量（character strength），更好地表达通过信息系统传递出的对用户的吸引力，使用户产生对信息系统的信任感。

（4）增加容错性（error）。信息系统应当有适当的错误提示信息。在容易出错的地方，信息系统能给出人性化的提示，以减少用户使用中的错误；错误信息简单明了，并提供避免错误的有效帮助，使用户出错之后也能迅速恢复。

（5）删除情节设计（plot）。因为相关信息包含在导航指标中。

基于上述讨论，本书给出信息系统可用性评价的度量指标如下。

（1）主指标。

主指标包括：内容（content）、易用性（ease of use）、促销（promotion）、定制服务（made-for-the-medium）、情感因素（emotion）。

（2）子指标。

上述主指标包含下一级的子指标，对其含义分述如下。

1）内容：用来评估信息系统所包含的信息以及将这些信息传递给用户的能力。

该主指标包含 4 个子指标来刻画与内容有关的各个特征。这些子指标是：

①关联性：表示内容与核心用户的相关性，即信息系统所提供的信息是否和该信息系统的核心用户紧密关联。

②媒体使用：表示适当的多媒体技术的使用。信息系统是否在文字、图像、图形、声音、动画等多种信息表达形式中选择合适的媒体来表达信息内容。

③深度和广度：用来检查信息系统信息的深度和广度。信息系统的内容应该既要有一定的详细程度，又要有一定的覆盖面。

④时效性：信息系统的内容是否及时更新，以及相关的时间信息。

2）易用性（easy of use）：指的是使用信息系统时对用户的能力上的要求。站点对用户能力的要求越低，则该站点越易使用。如果一个信息系统必须经过某些专门培训才能使用，那么该信息系统的易使用性是低的。

该主指标的下一级子指标包括：

①目标：信息系统的主题对用户来说是否清晰、易于理解。

②结构：信息系统的信息组织方式是否方便用户使用。

③导航：信息系统是否给用户提供了使用该信息系统的引导信息，引导用户顺利地寻找信息系统内巨大的信息资源。

3）促销（promotion）：指信息系统在 Internet 或其他媒体上的广告宣传能力。一个信息系统的促销能力对促进信息系统的交易量是很关键的。

促销包括两项子指标：

①查找：指信息系统在 Internet 或其他媒体上能够很快地被找到。

②可达：指信息系统应该能够被所有的用户使用。

4）定制服务（made-for-the-medium）：指的是使信息系统能满足特定用户需求的能力。网络提供了为客户量身定制服务的空间，个性化是信息系统的关键需求。事实上，当今的市场营销策略，如关系营销、个人对个人营销等，都要求信息系统不能设计成静态的，而应当能提供动态的、满足特定用户独特需求的内容。

定制服务包括 3 个子指标：

①交流社区：指信息系统是否给用户提供参加某个在线小组、与其他用户进行交流的机会。

②个性化：反映了信息系统为用户量身定制个性化服务的能力。

③符合使用者经验：指信息系统采用现行标准，遵循通常的设计惯例，采用大家普遍接受的表达方式。

5）情感因素（emotion）：指信息系统能做出情感反应的能力。实践表明，软件系统能做出有情感的反应在计算机使用环境中起非常重要的作用。

情感因素下面有 4 个子指标：

①响应时间：是指信息系统的响应时间，包括显示时间、下载时间等，应该在合适的、用户可以忍受的范围之内。

②交互性：指信息系统与其用户能够进行沟通、互动，用户能取得信息系统的帮助，产生情感上的反应。

③容错性：指信息系统应当有适当的错误提示信息，帮助用户少出错，以及出错后能迅速恢复。

④可信任性：指信息系统传递出的对用户的吸引力，使用户产生对信息系统的信任感。

表6－2列出了本书所建立的信息系统可用性评价指标与Jakob Nielsen可用性维度、ISO可用性之间的关联程度。从中可以看出，本书所建立的信息系统可用性评价指标与Jakob Nielsen可用性维度、ISO可用性之间的关联更加紧密，能更好地覆盖可用性的含义。

表6－2　度量指标、Jakob Nielsen可用性维度、ISO可用性之间的关联程度

度量指标及子指标	Jakob Nielsen可用性维度	ISO可用性
内容		
（1）关联性	易学性、可记忆性	有效性、效率
（2）媒体使用	易学性、可记忆性	有效性
（3）深度和广度	易学性	有效性、效率
（4）时效性	易学性、可记忆性	有效性
易使用		
（5）目标	效率	有效性、效率
（6）结构	易学性、效率、可记忆性	有效性
（7）导航	效率、可记忆性、容错性	有效性、效率
促销		
（8）查找	效率、可记忆性	有效性、效率
（9）可达	效率	有效性、效率

续表

度量指标及子指标	Jakob Nielsen 可用性维度	ISO 可用性
定制服务		
(10) 交流社区	易学性、满意度	有效性、满意度
(11) 个性化	可记忆性、满意度	有效性、效率、满意度
(12) 符合使用者经验	易学性、可记忆性、效率	效率
情感因素		
(13) 响应时间	效率、满意度	效率、满意度
(14) 交互性	易学性、满意度、可记忆性	有效性、满意度
(15) 容错性	容错性	效率、满意度
(16) 可信性	满意度	有效性、满意度

6.6.3 度量尺度

Likert 量表是在现代调查问卷中普遍采用的度量尺度。Likert 量表属于一种测量态度的方法，由美国社会心理学家 Rensis A. Likert 于 1932 年在原有的总加量表基础上改进而成。①

本书采用 Likert 10 级量表，在“特别好”和“特别差”之间划分成 10 个级别，即 10、9、8、7、6、5、4、3、2、1 分别代表“特别好”“很好”“好”……“差”“很差”“特别差”，如表 6 -3 所示。

表 6 -3 10 等级度量

特别差	很差	差	稍差	一般	稍好	比较好	好	很好	特别好
1	2	3	4	5	6	7	8	9	10

① 水延凯. 社会调查教程 [M]. 北京：中国人民大学出版社，2003.

6.7 信息系统可用性评价阶段

依据上述讨论，信息系统可用性评价将分成两个阶段：对评价指标权重的分配和对具体信息系统的评估。

6.7.1 权重分配

上述6.6.2小节的讨论提供了一套进行信息系统可用性评估的指标，但并不是所有的指标都同等重要。对信息系统的可用性评估与信息系统所处的行业、用户使用信息系统时的角色、用户的目的等因素密切相关。如前文所述，儿童站点的可用性评价中，“易使用性”指标占有较大的重要性。因此，在对具体的信息系统进行可用性评估之前，首先要确定这些评估指标的相对重要性。

在实践中，一个直接的确定指标的不同重要性的方法是通过分配不同的分值来表示。这里取分值的总和为100，每个指标分配的分值即为它的权重。

本节设计研究步骤如下：

首先，评估者提供不同评估指标的相对重要性。评估者在5个主指标之间来分配共100分的分值，配给某个主指标的分值进一步在该主指标的子指标之间进行再分配。例如，“内容”被认为对某个行业的消费者来讲很重要，其分值分配为40，“内容”下面有4个子指标——关联性、媒体使用、深度和广度、实时性，那么40分要进一步在这4个子指标之间依据其相对重要性进行再分配。权重分配的例子如表6-4所示。

评估指标所分配的权重会随行业的不同、用户角色的不同而不同。例如，普通消费者和投资者对同一行业信息系统的可用性评价指标分配的权重会因为他们的目的不同而有所不同。而对于同一行业、同样的用户角色，评估指标的权重分配对所有的信息系统是相同的。本书关注的是用户的视点。

表 6－4　指标权重分配的例子

主指标和子指标	主指标权重	子指标权重
内容	40	
（1）关联性		10
（2）媒体使用		10
（3）深度和广度		10
（4）时效性		10
易使用	25	
（5）目标		10
（6）结构		7
（7）导航		8
促销	10	
（8）查找		5
（9）可达		5
定制服务	10	
（10）交流社区		4
（11）个性化		3
（12）符合使用者经验		3
情感因素	15	
（13）响应时间		4
（14）交互性		4
（15）容错性		2
（16）可信性		5
总和	100	100

6.7.2 信息系统评价

具体信息系统可用性的评估：评估者根据某一具体信息系统的表现，对可用性评价指标的每一个子指标确定评价等级。采用 Likert 10 级量表，在“特别好”和“特别差”之间划分成 10 个级别，分别以 10 至 1 来标记。

6.8 讨论与小结

本章基于用户感知提出了信息系统可用性评价的方法、指标体系、度量工具、步骤设计等。

第一，界定了信息系统可用性的概念，即信息系统用户在网络环境下，利用信息系统完成相应活动时所达到的有效性、效率和满意度。

第二，讨论了信息系统的可用性现状，从用户、开发技术、方法导向、体验等多方面分析了产生可用性问题的原因。这是设计信息系统可用性评价的基础。

第三，将信息系统可用性分解成具体的维度，采用文献成果分析的方法界定了主指标、子指标的含义。

第四，设计了信息系统可用性评价步骤。对信息系统可用性的评价分为两个阶段：对评价指标权重的分配、对具体信息系统可用性的评估。

本章研究的创新点在于：

（1）界定了信息系统可用性的概念，即信息系统用户在网络环境下，利用信息系统完成相应活动时所达到的有效性、效率和满意度。

（2）通过综合文献分析和实境调查，确定了信息系统可用性评价的指标体系，界定了其主指标、子指标的含义。

（3）完成了信息系统可用性评价设计，包括研究工具、度量指标、度量尺度及评价阶段等。

第七章
学术期刊数据库信息质量用户满意度分析

学术期刊数据库为科研人员科学创新活动提供了信息保障，其收录的信息资源质量直接影响到科研人员的创新工作，因此，提供高质量的信息资源、提高用户的满意度是数据库开发商抢占市场份额、保持竞争优势的必要途径。本章将以顾客满意度模型为理论基础，从数据库用户的满意度角度通过实证研究来评价学术期刊数据库的信息质量。

国内外众多学者对面向实物产品与服务的顾客满意度已经进行了大量的研究，并形成了一些业界及理论界广泛认可的顾客满意度模型和测评工具。目前，国外学者已将顾客满意度模型运用到信息用户的满意度测评中，主要集中在图书馆信息系统（LIS）与管理信息系统（MIS）领域。在此基础上，国内学者开始将用户满意度模型应用到数据库评价中，如，甘利人[①]等人以 ACSI 为测评理论模型，对国内四大数据库网站进行了用户满意度测评；李莉[②]等人在构建信息用户满意度测评模型的基础上，通过实证分析验证了比较差异的关键维度以及信息用户满意度的影响因素和影响程度；唐琼和张新鹤[③]提出了基于用户满意度的图书馆电子资源质量评价模型，并进行了满意度调查，通过实证分析检验并修正了用户满意度模型；雷顺利[④]在构建高校图书馆馆藏资源用户满意度评价量表的基础上，对上海师范大学图书馆用户进行了满意度调查，通过用户使用的满意度差异方差分析，研究了用户满意度与用户行为的关联。总之，这些研究大多是运用满意度模型对数据库网站或图书馆馆藏资源的总体评价，其评价内容涉及信息质量、服务质量、系统质量等各方面，而较少针对某一个方面进行深入研究。本章将以期刊数据库所收录的信息资源质量为研究内容，构建用户的质量满

---

① 甘利人，等. 我国四大数据库网站用户满意度评价研究［J］. 情报学报，2004（10）：524－530.

② 李莉，等. 科技数据库网站信息用户满意度测评研究及实证分析［J］. 情报学报，2007（8）：546－554.

③ 唐琼，张新鹤. 基于用户满意度的图书馆电子资源质量评价模型研究［J］. 图书馆杂志，2007（7）：46－53.

④ 雷顺利. 基于用户满意度的高校图书馆馆藏资源评价模型应用研究［J］. 图书情报知识，2010（4）：33－38.

意度概念模型，并以 CNKI 学术期刊数据库为例，通过实证分析来研究信息用户在数据库信息资源质量满意度方面的评价及其影响机制。

7.1　用户满意度概念模型及指标分析

顾客满意度是顾客的一种心理状态的反映，它来源于顾客对企业的某种产品服务消费所产生的感受与自己的期望所进行的对比。本节将在借鉴经典顾客满意度模型的基础上，通过分析数据库信息资源质量的内涵和维度，构建数据库信息资源质量的用户满意度概念模型。

7.1.1　顾客满意度模型

顾客满意度的早期研究主要围绕不一致对满意度的影响而展开。不一致是指顾客在将产品、服务的实际表现与某一比较标准相比后产生的结论。在对不一致差距的主观判断方法中产生了大量比较标准，其中有代表性的有“期望”“顾客需求”“公平实绩”三种。[①] “期望不一致”是目前应用最广的顾客满意度测量模式，当前主流的测评模型 SCSB、ACSI、ECSI 等几乎都以此为基础来度量顾客满意度。这一模式源于美国营销学者 Oliver 于 1980 年提出的期望不一致模型。该模型认为顾客满意度取决于顾客购前期望与购后感知之间不一致性的大小与方向。之后，Westbrook 和 Reilly（1983）指出不一致更可能取决于消费者所感觉的目标品牌表现满足需求、需要或愿望的程度，于是提出了“顾客需求”作为不一致主观差距判断的标准之一。“公平实绩”

① 廖颖林. 顾客满意度指数测评方法及其应用研究［M］. 上海：上海财经大学出版社，2008.

标准是以个人花费的成本或投资与期望的回报之间的潜在关系为基础，考虑了用户的成本因素。在这些比较标准的基础上，学者们提出了大量的满意度模型，就满意度的原因变量而言，满意度模型主要有 3 种类型——认知模型、认知—表现模型和认知—情感—表现模型，这 3 种模型代表了满意度模型研究的发展轨迹。

20 世纪 80 年代开始出现顾客满意度指数模型，并展开对顾客满意度的定量研究，计算顾客满意度指数。这些模型中具有代表性的有瑞典顾客满意度指数模型（SCSB）、美国顾客满意度指数模型（ACSI）和欧洲顾客满意度指数模型（ECSI），这些模型大多以顾客满意度评价理论为基础，在模型形态、变量关系和指数构造上基本相同，且大多采用结构方程模型中的显变量和隐变量形式来描述各要素之间的因果关系。最具代表性的 ACSI 模型①如图 7－1 所示。模型中，顾客期望包括总体质量的期望、对可靠性的期望和对满足需求的期望，质量感知包括总体质量、可靠性和满足需求的能力，价值感知包括给定价格下对质量的感知和给定质量下对价格的感知，ACSI 满意度包括总体满意度、对预期的满足和与理想的差距，顾客投诉包括正式或非正式抱怨，顾客忠诚包括对价格的承受能力和重新购买的意愿。这 6 个结构变量的选取以顾客行为理论为基础，每个结构变量又包含一个或多个观测变量，而观测变量则通过实际调查收集数据得到。该模型得到了广泛应用。

美国顾客满意度指数模型（ACSI）是以产品和服务消费的过程为基础、针对顾客满意度水平的综合评价指数，由国家整体满意度指数、部门满意度指数、行业满意度指数和企业满意度指数 4 个层次构成②，是目前体系最完整、应用效果最好的一个国家顾客满意度理论模型。该模型科学地利用了顾客的消费认知过程，将总体满意度置于一个相

---

① Fornell Claes, Michael D. Johnson, Eugene W. Anderson, etal. The American Customer Satisfaction Index: Nature, Purpose, and Findings [J]. Journal of Marketing, 1996, 60 (10): 7－18.

② 李勇. 顾客满意度指数模型及其测评方法研究 [D]. 北京：中国矿业大学，2008.

互影响、相互关联的因果互动系统中，可解释消费经过与整体满意度之间的关系，并能指示出满意度高低将带来的后果，从而赋予了整体满意度前向预期的特性。在 ACSI 体系中，所有不同的企业、行业及部门间的顾客满意度是一致衡量并且可以进行比较的，它让顾客满意度不仅能在不同产品和行业之间比较，还能在同一产品的不同顾客之间进行比较，体现出人与人的差异。

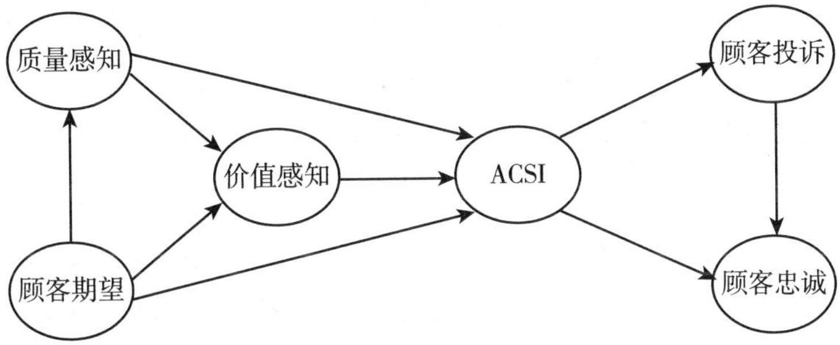

图 7－1　美国顾客满意度指数模型（ACSI）

ACSI 模型各组成要素之间的联系呈现因果关系，它不仅可以总结顾客对以往消费经历的满意程度，还可以通过评价顾客的购买态度来预测企业长期的经营业绩。在实际调研时，ACSI 模型只需要较少的样本就可以得到一个企业相当准确的顾客满意度。ACSI 模型最大的优势是可以进行跨行业的比较，同时能进行纵向跨时间段的比较，已经成为美国经济的晴雨表。同时，ACSI 是非常有效的管理工具，能够帮助企业与竞争对手比较，评估企业目前所处的竞争地位。

7.1.2　信息资源质量维度的划分

关于信息质量维度的划分，不同学者提出了不同的观点。在国外相关研究中，比较有代表性的有：Ballou 和 Pazer 基于信息的多种属性将信息质量划分为四个维度——准确性（accuracy）、完整性（completeness）、一致性（consistency）和及时性（timeliness）。Laudon 在此基础上进行了

“刑事司法系统中的数据问题”的实证研究，证明了这些维度划分的合理性。这一划分侧重于从内容方面描述信息质量，抓住了信息质量的本质特性，但不够全面、缺乏普遍性，在某些特定情境中应用时需要进一步完善。R. Y. Wang 等人从用户使用数据的过程来划分信息/数据维度——可存取性（accessible）、可理解性（interpretable）、有用性（useful）、可信性（believable）。在这 4 个维度下，又进一步细分成 11 个二级维度。Wang R. Y. 和 Strong D. M. 从用户的角度提出将信息质量分为内在信息质量（intrinsic IQ）、情境信息质量（contextual IQ）、可存取性信息质量（accessibility IQ）和外在信息质量（representational IQ）4 个方面，并进一步细分为 15 个维度。Beverly. K. Kahn 和 Diane M. Strong 在前人研究的基础上，将信息具体化为信息产品和信息服务，提出了 PSP/IQ 模型（信息产品与服务的质量模型）。该模型从信息质量角度将信息分为四种类型——健全性信息（sound information）、可信赖性信息（dependable information）、有用性信息（useful information）和可用性信息（usable information），并提出每种信息类型的质量维度。这种将信息质量维度与信息类型相结合的划分方法，更具有针对性与实际价值。

在国内研究中，比较有代表性的有：李莉等在用户调研和专家访谈的基础上将科技文献数据库网站的信息资源质量分为信息资源质量和信息系统质量两大部分，其中，信息资源质量包括可信赖性、文献种类跨度、时间跨度和新颖性 4 个维度，信息系统质量包括检索方式多样性、易理解识别性、易操作性、咨询服务、个性化服务、易于访问、响应时间、系统正确性、搜索功能先进、整合功能和反馈信息量等 11 个维度。查先进等从质量评估的指标体系角度将信息资源质量划分为信息资源内容质量、信息资源表达形式质量、信息资源系统质量和信息资源效用质量 4 个方面，包括信息资源的正确性、完整性、相关性、新颖性、准确性、易用性、精简性、标准化程度、系统的完备性、可获取性、快速响应性、可靠性、资源的可用性、适量性、利用率和价值增值性等16个指标维度，较为全面地构建了信息资源质量评价的指标体系。

总之，目前很难提出一个适用于所有研究领域信息质量和信息属性的定义和划分标准，但在特定领域内，设计一个较为客观的信息质量维度体系仍是可能和必要的。本书首先从期刊数据库信息资源自身的特性出发，通过用户访谈发现，在信息资源质量方面，用户对其能够获取所需要的信息资源及这些资源的内容质量是最为关心的。用户要获取所需信息资源，条件有3个：一是数据库收录了这些信息资源；二是用户查询的检索结果中包含这些信息资源；三是数据库提供这些信息资源的全文下载。这就涉及信息资源收录的完整性、信息检索结果质量和信息资源可全文下载的文献全文比例。文献全文比例可看作信息资源完整性中的一个维度。信息检索结果质量可从两个角度考虑：一是检索效果，常用的指标是检全率和检准率；二是每一条检索记录中所提供的描述信息的有用性，如这些描述信息是否可帮助用户有效判断文献的相关性，是否可有效判断文献的内容质量等。这一信息的有用与否，与数据库生产者在描述与组织信息资源时二次信息的详尽程度和有效性有关。信息资源的内容质量，主要体现在信息资源内容的权威性和收录的及时性方面。因此，本书主要从4个方面来界定学术期刊数据库信息资源质量——信息资源的完整性、权威性、及时性和检索结果质量，并将其划分为13个质量指标，如表7－1所示。

表7－1　学术期刊数据库信息资源质量维度的划分

总体质量	质量维度	质量指标
信息资源质量	完整性质量	文献资源数量、文献时间跨度、文献全文比例和文献的学科与主题覆盖率
	权威性质量	核心期刊论文比例、期刊论文的平均被引频次和文献内容的权威性
	及时性质量	文献内容的新颖性、数据库收录的时滞性
	检索结果质量	检全率、检准率、相关性判断的描述信息、质量描述信息

本章将分别从以上 4 个维度来构建基于质量的用户满意度模型，将其分为完整性质量满意度模型、权威性质量满意度模型和检索结果质量满意度模型，以全面研究数据库信息资源的用户质量满意度，便于数据库开发者多角度、全方位地提高用户满意度。

7.1.3 概念模型的构建

用户满意度模型大多是基于比较范式的概念模型，通常通过顾客预期质量与感知质量之间比较差异的相关关系来衡量用户满意度。这里结合数据库信息资源质量维度的划分，融合“顾客期望”和“公平实绩”这一不一致比较标准，并参考广泛应用的美国顾客满意度指数模型——ACSI 模型来构建数据库信息资源质量的用户满意度概念模型。本书采用“期望不一致”的顾客满意度测量模式，将用户期望的信息质量与感知质量进行对比；同时，考虑用户获取信息资源的成本因素，引入感知价值；并根据信息资源质量划分的不同层次（总体、维度和指标），将满意度分为某一维度质量满意度和总体质量满意度。对于 ACSI 模型中的用户投诉和用户忠诚，由于本章的研究目标与重点是质量满意度的评价及影响分析，故暂不考虑。因此，信息资源质量的用户满意度概念模型的构成要素主要有以下几个。

（1）用户的感知质量。

感知质量指信息用户在使用数据库过程中或使用后对该数据库信息资源质量的感知与判断，它是决定用户满意与否的一个重要因素。感知质量作为内生潜变量无法直接测量，我们将从信息资源的完整性、权威性、及时性和检索结果质量 4 个方面来考虑，分别由对应的质量指标来测量。

（2）用户的期望质量——比较标准。

期望质量是指用户根据自身的学习、科研需要和过去使用数据库的经历，对其希望数据库信息资源所能达到的一种理想状态的描述与认知。它包括两个方面：一是用户根据自身需求，希望能满足需求而对质量的期望；二是用户根据过去的使用经验而产生的质量期望。用户的期望质量主要从信息资源的完整性、权威性、及时性和检索结果质量4个方面来考虑。在描述用户期望质量时，以用户对各质量维度的重要性认知来衡量。

（3）感知价值。

感知价值表示用户所获取的信息资源质量相对于其花费的成本的比值。本章的研究对象主要是免费获取数据库信息资源的高校用户，其花费的成本主要是付出的努力成本，包括时间和精力。因此，感知价值是指用户获取的信息资源质量相对于努力成本的比值，其观测变量包括两个——相对于所获取的信息资源质量的努力成本（感知价值一）和相对于努力成本所获取的信息资源质量（感知价值二）。

（4）用户满意度。

用户满意度是指信息用户在使用数据库之后所形成的满意或不满意的态度。其在本章特指用户根据近3个月的使用情况而形成的综合满意度。根据信息资源质量的划分层次，满意度分为某一维度质量满意度和总体质量满意度。某一维度质量满意度是指信息资源的完整性质量满意度、权威性质量满意度、及时性质量满意度和检索结果质量满意度，它们作为观测变量，表示用户对数据库信息资源在某一方面的质量满意度。而总体满意度作为潜变量，表示用户对信息资源质量的总体满意情况。总体满意度的观测变量包括总体质量满意度、相对于用户需求的质量满意度和相对于用户期望的质量满意度。

本书采用结构方程模型中的观测变量和潜在变量形式来描述各要素之间的因果关系，数据库信息资源的用户质量满意度概念模型如图7－2所示。图中，观测变量用长方形表示，潜在变量用椭圆或圆形符号表示；变量间的关系用有向路径表示，由自变量指向因变量。模型中，期望质量为外源潜变量，感知质量、感知价值、某一维度质量满意度和总体质量满意度为内生变量。外源潜变量影响着内生变量，而内生变量之间存在一定的相互关系。它们之间的影响关系假设如图中有向线所示，并假设所有关系均为正相关。

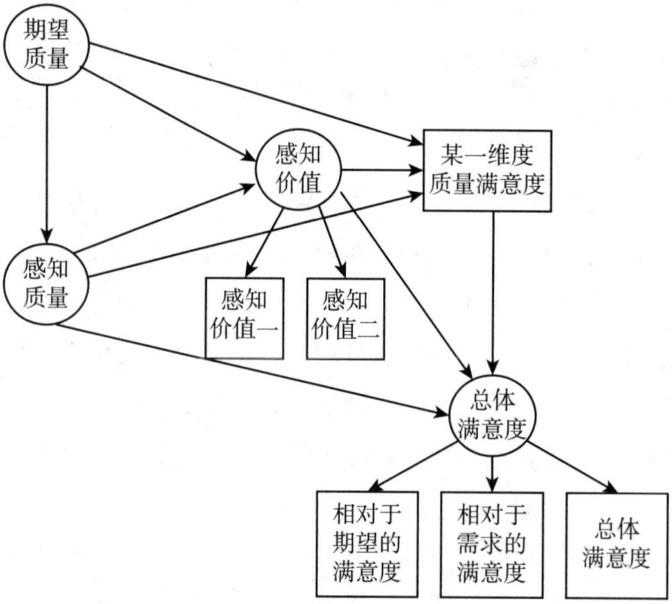

图7－2　用户质量满意度概念模型

这一概念模型是后期研究的基础模型。在后期研究中，会分别针对权威性质量、完整性质量、及时性质量和检索结果质量构建满意度模型，并进行检验与修正，以研究学术期刊数据库信息资源质量的用户满意度。

7.2　权威性质量满意度模型及分析

由上述数据库信息资源质量维度的划分可知，权威性质量维度主要包括核心期刊论文比例、期刊论文的平均被引频次和文献内容的权威性 3 个指标，它们可作为观测变量对权威性质量的用户感知和用户期望进行测量，以构建权威性质量满意度概念模型，并以 CNKI 数据库为例通过实证分析进行验证，探讨权威性质量的用户满意度及其影响机制。

7.2.1　权威性质量满意度概念模型

根据前文构建的用户质量满意度概念模型（见图 7－2），采用“期望不一致”的顾客满意度测量模式，将用户期望的信息质量与感知质量进行对比；同时，考虑用户获取信息资源的成本因素，引入感知价值；并根据信息资源质量划分的不同层次（总体、维度和指标），将满意度分为权威性质量满意度和总体质量满意度。因此，信息资源权威性质量的用户满意度概念模型的构成要素主要有以下几个。

（1）用户的感知质量。

感知质量指信息用户在使用数据库过程中或使用后对该数据库信息资源质量的感知与判断，它是决定用户满意与否的一个重要因素。感知质量作为内生潜变量无法直接测量，本书将以权威性质量指标为观测指标来衡量感知质量，故感知质量的观测变量包括核心期刊率感知、平均被引频次感知和内容权威性感知。

（2）用户的期望质量——比较标准。

期望质量是指用户根据自身的学习、科研需要和过去使用数据库的经历，对其希望数据库信息资源所能达到的一种理想状态的描述与认知。它包括两个方面：一是用户根据自身需求，希望能满足需求而对质量的期望；二是用户根据过去的使用经验而产生的质量期望。用户的期望质量作为内生潜变量无法直接测量，可以权威性质量维度的 3 个指标作为观测变量。本书在描述用户的期望质量时，以用户对各质量维度的重要性认知来衡量，因此，用户期望质量的观测变量包括核心期刊率权重、平均被引频次权重和内容权威性权重。

(3) 感知价值。

感知价值表示用户所获取的信息资源质量相对于其花费的成本的比值。本研究针对的用户主要是免费获取数据库信息资源的高校用户，其花费的成本主要是付出的努力成本，包括时间和精力。因此，感知价值指用户获取的信息资源质量相对于努力成本的比值，其观测变量包括两个——相对于所获取的信息资源质量的努力成本（感知价值一）和相对于努力成本所获取的信息资源质量（感知价值二）。

(4) 用户满意度。

用户满意度是指信息用户在使用数据库之后所形成的满意或不满意的态度。其在本章特指用户根据近 3 个月的使用情况而形成的综合满意度。根据信息资源质量的划分层次，满意度分为权威性质量满意度和总体质量满意度。权威性质量满意度作为观测变量，表达了用户对信息资源权威性这一方面的质量满意情况。而总体满意度作为潜变量，表示用户对信息资源质量的总体满意情况。总体满意度的观测变量包括总体质量满意度、相对于用户需求的质量满意度、相对于用户期望的质量满意度。

采用结构方程模型中的观测变量和潜在变量形式来描述各要素之间的因果关系，权威性质量满意度概念模型如图 7－3 所示。图中，观测变量用长方形表示，潜在变量用椭圆或圆形符号表示；变量间的关系用有向路径表示，由因变量指向果变量。模型中，期望质量为外源潜变量，感知质量、感知价值、权威性质量满意度和总体质量满意度为内生变量。外源潜变量影响着内生变量，而内生变量之间存在一定的相互关系。它们之间的影响关系假设如图中有向线所示，并假设所有关系均为正相关。概念模型中的结构变量和观测变量如表7－2 所示。

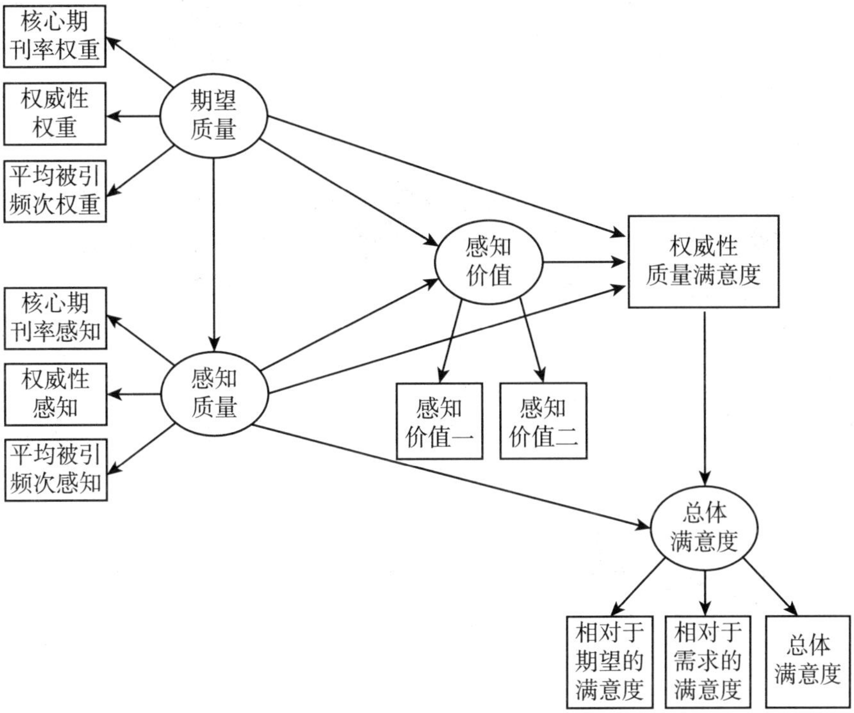

图 7－3　权威性质量满意度概念模型

表 7－2　概念模型中的结构变量和观测变量

结构变量	观测变量	
用户期望质量	权威性质量的用户期望	核心期刊率权重
		平均被引频次权重
		内容权威性权重
用户感知质量	权威性质量的用户感知	核心期刊率感知
		平均被引频次感知
		内容权威性感知
感知价值	相对于所获取的信息资源质量的努力成本（感知价值一）	
	相对于努力成本所获取的信息资源质量（感知价值二）	
某一维度的质量满意度	权威性质量满意度	
总体质量满意度	总体质量满意度	
	相对于需求的质量满意度	
	相对于期望的质量满意度	

7.2.2 实证分析

本书以CNKI学术期刊数据库为例，采用问卷调查法收集数据，并采用结构方程模型（SEM）方法与相关软件进行参数估计和模型验证，分析信息资源权威性质量用户满意度的影响因素和影响机制，以及权威性质量满意度对总体满意度的影响程度，最终得出用户权威性质量满意度模型。

7.2.2.1 数据收集

首先，本书在文献调研和小组讨论的基础上完成了问卷的设计。问卷包括三个部分共12个题项，与概念模型中的观测变量一一对应。第一部分是关于用户的感知质量的调查，第二部分是关于用户的期望质量的调查，第三部分是关于用户的感知价值、权威性质量满意度和总体质量满意度的调查。问卷设置采用Likert 5级量表。

其次，调查对象的选择。本次调查的对象是CNKI期刊数据库的主要用户——在校研究生，包括硕士研究生、博士研究生及博士后。这类用户使用CNKI数据库通常较为频繁，且大多通过大学图书馆免费使用，具有较好的稳定性。对象的选取采用随机选择的方法。

在调查方法上，本书采用了网络调查和纸质问卷发放两种方式。调查范围包括湖北、河南、北京、广东等13个地区的高校研究生，并采用随机抽取的方式进行问卷发放。网络调查中，共发放在线调查问卷200份，收回179份，其中有效问卷167份。纸质问卷发放中，共发放120份，收回107份，有效问卷101份。两种方式累计收回有效问卷268份。两种调查方法综合使用可有效避免调查方法可能产生的数据误差。

从样本数据中用户使用数据库的时间来看，大部分调查对象使用数据库的时间较长，都较为熟悉CNKI数据库的信息资源，因此，本书假设在本次调查中用户对 CNKI 数据库资源充分了解，能准确表达其对各质量维度的期望、感知和满意度。

7.2.2.2　信度与效度检验

在进行数据分析之前，我们必须对问卷总体做信度与效度检验。信度检验①是对量表工具所测得结果的稳定性及一致性的检验，效度检验则是对量表能够测到所欲测心理或行为特质程度的检验。量表必须通过信度与效度检验，其所测数据才具有可靠性与有效性。

信度检验大多采用 Cronbach 系数表示。本书应用 SPSS 19.0 软件对这 12 个题项进行了信度检验，其 Cronbach 系数值为 0.887，大于 0.7 这一标准，具有良好的内部一致性。

在效度检验中，效度可分为内容效度、效标关联效度和建构效度三种，其中建构效度指能够测量到的理论建构心理特质的程度。本书问卷量表的设计是基于用户满意度模型和信息资源质量维度两方面的理论研究构建的，因此适合于采用建构效度进行效度检验。因子分析能求出量表的建构效度，本书采用因子分析来进行效度检验。因子分析结果中，KMO 检验值为 0.889，大于统计学家 Kaiser 给出的 0.7 这一标准，说明样本数据适合做因子分析。表 7－3 所示成分矩阵中显示了各题项的因子负荷量，它表示题项与公因子的相关程度。从表中数据可知，各题项的因子负荷量均大于 0.45 这一标准。各题项通过效度检验，说明它们所测度的行为或心理特质具有一致性。

表 7－3　成分矩阵[a]

题项	成分	题项	成分
	1		1
相对于需求的满意度	0.768	感知价值一	0.716
总体满意度	0.760	平均被引频次感知	0.671

---

① 吴明隆. 问卷统计分析实务——SPSS 操作与应用［M］. 重庆：重庆大学出版社，2010.

续表

题项	成分	题项	成分
	1		1
感知价值二	0.759	核心期刊率感知	0.621
相对于期望的满意度	0.747	权威性权重	0.521
权威性质量满意度	0.737	核心期刊率权重	0.502
权威性感知	0.733	平均被引频次权重	0.494

7.2.2.3 模型检验

本书使用结构方程模型的分析软件——AMOS 17.0 进行模型的分析与验证。AMOS 采用的是一种协方差结构分析，结合了传统的一般线性模型与共同因素分析的技术，可进行各种 SEM 模型的分析。对于 SEM 模型估计法的选择，本书根据数据样本大小、正态性与独立性等因素选择采用极大似然法进行参数估计。

首先，利用 AMOS 17.0 软件画出权威性质量满意度的结构方程模型图，然后导入数据，对模型进行路径分析并计算估计值，得到模型的路径系数图、有效性和适配度指标等。

（1）模型的标准化路径系数图，如图 7－4 所示。图中，左下角数据是关于整体模型适配度的描述。所谓适配，是指假设的理论模型与实际数据的一致性程度。根据数据可知，卡方值为 36.978，模型的自由度为 40，显著性概率值为 0.607，大于 0.05，未达显著水平，接受虚无假设，表示模型的适配度良好。

对于潜变量与观测变量之间的关系，它们的路径系数相当于因子分析中的因子负荷量，表示观测变量对于潜变量的相对重要性。从图 7－4中的路径系数可以看出，因子负荷量均介于 0.5～0.95 之间，表示模型的基本适配度良好，这些观测变量能有效反映其要测得的构念特质。

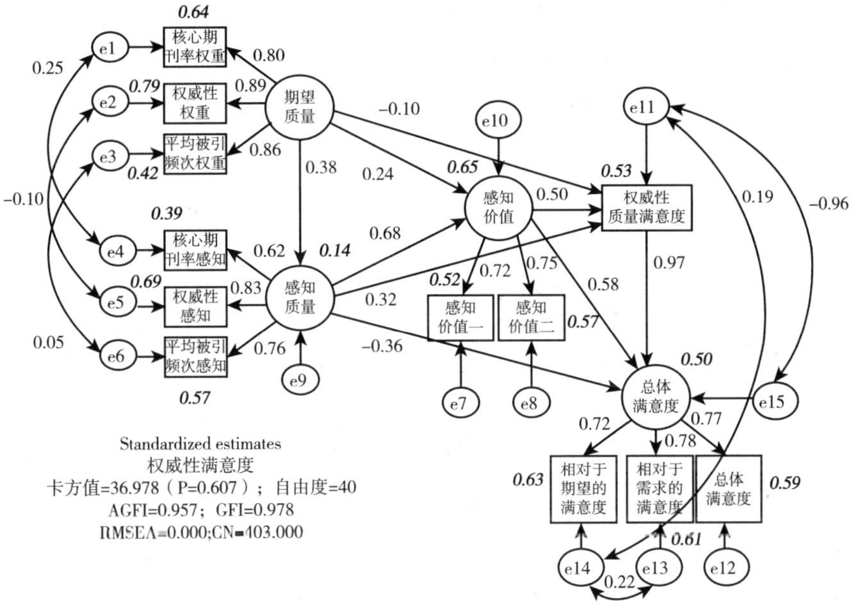

图 7-4　权威性质量满意度模型的标准化路径系数图

图 7-4 中，观测变量和潜变量边上的斜体加粗数字是各变量的多元相关平方，表示观测变量被其潜在变量解释的变异量，或潜在变量被其他变量解释的变异量。该值通常被视为信度的最小界限估计值，其值大于 0.5，表示模型的内在质量检验良好。本模型中，大部分的解释变异量大于 0.5，模型的内在质量检验较好。

图 7-4 中，潜变量间（包括“权威性质量满意度”这一观测变量）路径上的数值表示两个变量间的标准化回归系数，数值符号表示变量间正向或负向相关关系，数值大小表示因变量对果变量的影响因素大小。表 7-4 为采用极大似然法所估计的标准化回归系数的检验结果，这一检验是确定回归路径系数估计值是否等于 0。显著性概率值若小于 0.05，表示回归系数显著不等于 0；若大于 0.05，则回归系数未达显著性，模型不支持这一路径关系。根据表 7-4 中的检验数据可知，模型中 5 个因果变量的 9 条路径关系中，期望质量对权威性满意度的影响关系、感知质量对总体满意度的影响关系不被支持，它们之

间的路径系数未通过显著性检验，即变量间的影响关系不显著。

根据满意度模型理论，用户通过期望质量与感知质量的不一致对比来影响满意度，故期望质量与感知质量共同影响满意度。本模型中，期望质量与权威性满意度这一关系不被样本数据支持，这可能是模型的适用对象——权威性质量的特殊性造成的。数据库信息资源的权威性质量更多是由数据库生产商的上游环节决定的，如核心期刊的数量与质量、期刊论文的质量等，这些对数据库生产商和用户来说都是客观存在的。权威性质量的这一特性使得用户期望对满意度的影响不显著。而感知质量与总体满意度之间的路径系数未达显著，其原因可能是两者之间的路径较长，难以形成直接影响。根据满意度模型理论，用户对质量的感知通过与期望质量的对比对满意度产生影响，也可通过感知价值对满意度产生间接影响；在本模型中，感知质量要对总体满意度产生影响，需要通过感知价值、权威性质量满意度，再到达总体质量满意度，难以形成直接影响，故两者之间的路径系数不被支持。

表 7 – 4　标准化回归系数的检验结果

模型中的关系路径	Estimate	P	检验结果
感知质量←—期望质量	0. 376	* * *	支持
感知价值←—感知质量	0. 683	* * *	支持
感知价值←—期望质量	0. 242	* * *	支持
权威性满意度←—感知价值	0. 497	* * *	支持
权威性满意度←—期望质量	– 0. 101	0. 105	不支持
权威性满意度←—感知质量	0. 320	0. 007	支持
总体满意度←—权威性满意度	0. 967	0. 049	支持
总体满意度←—感知价值	0. 580	0. 021	支持
总体满意度←—感知质量	– 0. 356	0. 132	不支持

（2）模型适配度检验。卡方值易受到样本数大小的影响，因此也应考察其他适配度统计量。本模型中的其他主要适配度指标如表7 – 5

所示。这些指标中包括绝对适配测试指标，如 CMIN/DF、P 值，它们是基于假设模型隐含的协方差矩阵和样本方差矩阵的指数①；也包括相对适配测试指标，如 GFI（拟合优度指标）、RMSEA（近似误差的均方根）、CFI（比较拟合指数）等指标。由表 7-5 中数据可知，这些指标均达到适配标准，因此可以认定该模型能够很好地拟合样本数据。

表 7-5　模型适配度检验摘要

适配度指数	适配标准	检验结果	是否适配
CMIN/DF	<3	0.924	是
GFI	>0.9	0.978	是
AGFI	>0.9	0.957	是
RMSEA	<0.05	0.000	是
PGFI	>0.5	0.501	是
CFI	>0.9	1.000	是
CAIC	理论模型值小于饱和模型值，且小于独立模型值	287.436<514.097；287.436<1656.935	是

7.2.2.4　模型修正

根据上述对权威性质量满意度概念模型的分析与验证可以发现，期望质量与权威性满意度、感知质量与总体满意度之间的路径系数未达显著，于是对概念模型进行修正，修正后的概念模型如图 7-5 所示。模型中，各潜变量对应的观测变量保持不变，而潜变量间的关系有所调整。这一调整是在满意度模型理论的基础上，结合样本数据对各路径关系的显著性检验进行的。修正后的模型中所假设的各结构变量间的关系有：期望质量对感知质量和感知价值有影响，体现了“用户期望”的比较标准；感知质量对感知价值、权威性质量满意度有影

① 武海东. 用结构方程模型构建图书馆读者满意度评价指标体系［J］. 情报科学，2011（2）：227-230.

响和感知价值对权威性质量满意度有影响体现了满意度模型的基本思想；权威性质量满意度和感知价值对总体质量满意度有影响体现了质量维度与总体质量的关系。这一修正模型仍是以满意度模型为理论基础，可反映质量满意度的影响因素和影响机制，以及权威性质量满意度对总体满意度的影响程度。

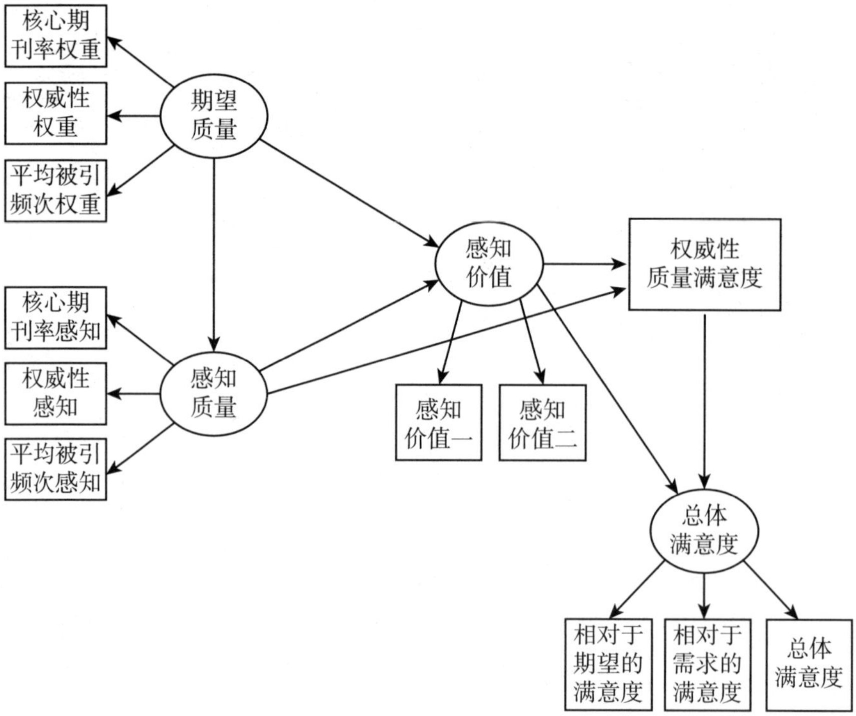

图 7－5　修正后的权威性质量满意度概念模型

再次运行 AMOS 17.0，导入样本数据，对修正模型进行路径分析并计算估计值，得到的模型标准化路径系数图如图 7－6 所示。模型卡方值的显著性概率值为 0.483，大于 0.05，接受虚无假设，表示模型的适配度良好。模型中，标准化回归系数的检验结果如表 7－6 所示。根据表 7－6 中数据可知，所有路径系数均通过检验。该模型的主要适配度指标检验如表 7－7 所示，这些指标均达到适配标准，因此可以认定修正的权威性质量满意度概念模型能够很好地拟合样本数据。

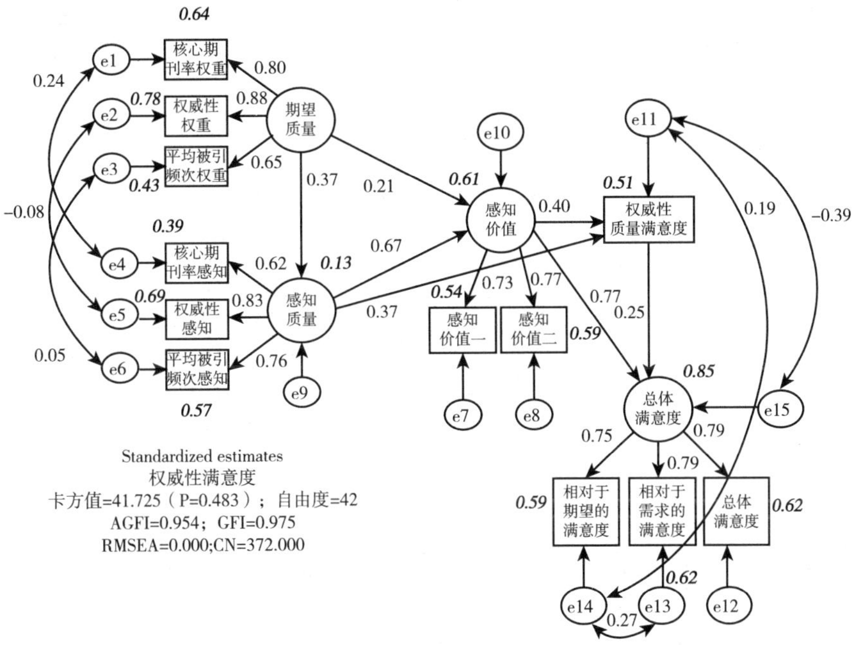

图 7－6　修正后的权威性质量满意度模型的标准化路径系数图

表 7－6　标准化回归系数的检验结果

模型中的关系路径	Estimate	P	检验结果
用户感知←—用户期望	0. 366	* * *	支持
感知价值←—用户感知	0. 675	* * *	支持
感知价值←—用户期望	0. 213	0. 001	支持
权威性满意度←—感知价值	0. 397	* * *	支持
权威性满意度←—用户感知	0. 367	* * *	支持
总体满意度←—权威性满意度	0. 245	0. 013	支持
总体满意度←—感知价值	0. 766	* * *	支持

表 7－7　修正模型的适配度检验摘要

适配度指数	适配标准	检验结果	是否适配
CMIN/DF	<3	0.993	是
GFI	>0.9	0.975	是
AGFI	>0.9	0.954	是
RMSEA	<0.05	0.000	是
PGFI	>0.5	0.525	是
CFI	>0.9	1.000	是
CAIC	理论模型值小于饱和模型值，且小于独立模型值	279.000<514.097；279.000<1656.935	是

7.2.3　结果讨论

根据上述修正后的结构变量路径图和相关数据，本书可以得出以下结论：

（1）研究结果验证了权威性质量的测评维度。从图 7－6 中可以看出，各观测变量都能较好地解释用户在权威性质量方面的感知与期望，这说明本书对权威性质量的划分及质量筛选是合理的。

（2）权威性质量满意度受到用户对其质量的感知和价值的感知两方面因素的影响。从直接效应来看，感知价值的直接影响（0.40）大于感知质量的直接影响（0.37），这说明在质量满意度方面，用户更侧重于从价值角度来衡量满意度。从间接效应来看，感知质量对感知价值的影响度较高（0.67），它可以通过影响感知价值来间接影响满意度，因此，要提高用户的感知价值，提高感知质量是一个重要途径。总之，感知价值与感知质量二者相辅相成，共同影响用户满意度。数据库资源建设者应在保证用户感知价值的基础上，尽可能地提高用户的感知质量。

（3）总体质量满意度受到权威性质量满意度和感知价值两方面的

直接影响，其中，感知价值的直接影响（0.77）远大于权威性质量满意度的直接影响（0.25）。究其原因，权威性质量仅是信息资源质量的一个方面，而感知价值是用户对所获资源质量与成本之比的总体价值感知；而且，从权威性质量满意度的影响因素可知，感知价值是影响满意度的一个重要因素，对于总体质量满意度也是如此。因此，感知价值对总体满意度的影响远大于权威性质量满意度的影响。数据库建设者在开发与建设数据库时，应注意提高信息资源的整体质量，而非某一方面，而且要注重信息资源感知价值的提高，从用户价值角度来权衡资源建设状况，以提高用户的总体质量满意度。

（4）用户期望质量作为外源潜变量，对感知质量和感知价值有直接影响，验证了概念模型的假设。而用户期望质量对权威性质量满意度没有直接影响，否定了概念模型中的正向相关假设。用户期望对用户感知质量的影响（0.37）大于对用户感知价值的影响（0.21），原因在于用户在衡量对质量的感知时，总是以其所期望的质量作为对比标准，从而产生对质量感知的评价，因此，用户期望对感知质量的影响最大。用户期望对权威性质量满意度没有直接影响，否定了模型中的假设，这可能是权威性质量的特殊性造成的。信息资源的权威性质量更多是由数据库生产商的上游环节决定的，如核心期刊的数量与质量、期刊论文的质量等，这些对数据库生产商来说都是客观存在的，其唯一能做的就是尽可能地收录高质量期刊和论文。权威性质量的这一特性使得用户期望对满意度的影响不显著。

（5）用户感知质量对总体质量满意度没有直接影响，否定了模型中的假设。其原因可能是用户感知质量是指用户对权威性质量的感知，而权威性质量仅是总体质量的一个方面，因此，感知质量对总体质量满意度的影响不显著。用户感知质量可通过感知价值、权威性质量满意度对总体满意度产生间接影响。

（6）对于感知价值和总体满意度的观测变量，从路径值中可以看出观测变量对潜变量的相对重要性。在感知价值中，感知价值二的重要度（0.77）略大于感知价值一的重要度（0.73），这说明“相对于努力成本所获取的信息资源质量”更能代表用户的感知价值，即用户愿意付出努力以获取更高的信息资源质量。在潜变量总体满意度中，其观测变量总体满意度和“相对于需求的满意度”的重要度（0.79）略大于“相对于期望的满意度”（0.75），这说明在用户质量满意度的比较标准选择中，需求标准更能体现用户的实际感知。

7.3 完整性质量满意度模型及分析

由前文信息资源质量维度的划分可知，完整性质量主要包括文献资源数量、文献时间跨度、文献全文比例和文献的学科与主题覆盖率4个方面，本节将以此为观测变量，构建完整性质量满意度模型，以分析完整性质量满意度的影响机制。

7.3.1 完整性质量满意度概念模型

这里根据前文构建的质量满意度概念模型，并结合信息资源质量维度的划分，来构建完整性质量满意度概念模型。在满意度的不一致比较标准上，本书仍选择“顾客期望”和“公平实绩”两个标准，“顾客期望”通过用户的“期望质量”来体现，“公平实绩”标准是以个人花费的成本或投资与期望的回报之间的潜在关系为基础，考虑了用户的成本因素，通过“感知价值”来体现。根据这一标准，用户对质量满意度的评价会通过期望质量与感知质量的对比、感知价值的高低两个方面来衡量。用户对完整性质量的期望和感知可通过完整性质量的4个指标来测量。对于质量满意度，结合前文质量划分的层次，将其分为完整性质量满意度和总体质量满意度，且完整性质量满意度影响着总体质量满意度。

本书用结构方程模型中的观测变量和潜在变量形式来描述各要素之间的因果关系，完整性质量满意度概念模型如图 7 －7 所示。图中，椭圆形表示潜在变量，长方形表示观测变量；模型中，期望质量、感知质量、感知价值、完整性质量满意度和总体质量满意度之间的假设关系如变量间有向线所示，且假设这些关系为正向相关。潜变量与观测变量间的有向线表示潜变量作为构念特质由观测变量来反映。

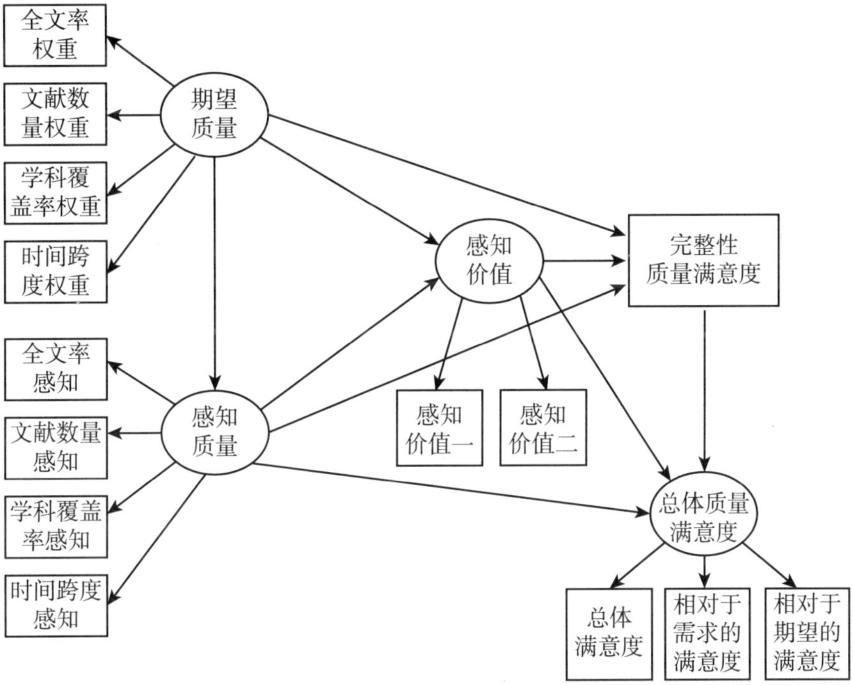

图 7 －7　完整性质量满意度概念模型

概念模型中的潜在变量和观测变量如表 7 －8 所示。观测变量通过问卷中设计的题项来体现，每一个观测变量对应一个题项，并采用 Likert 5 级量表对其打分，通过问卷调查法来了解用户对各观测变量的认知。

表 7－8　概念模型中的结构变量和观测变量

结构变量	观测变量	
用户期望质量	完整性维度的期望质量	全文率权重； 文献数量权重； 时间跨度权重； 学科覆盖率权重
用户感知质量	完整性维度的感知质量	全文率感知； 文献数量感知； 时间跨度感知； 学科覆盖率感知
感知价值	相对于所获取的信息资源质量的努力成本（感知价值一）	
	相对于努力成本所获取的信息资源质量（感知价值二）	
质量维度满意度	完整性质量满意度	
总体质量满意度	总体满意度	
	相对于需求的质量满意度	
	相对于期望的质量满意度	

7.3.2　模型检验与修正

本节实证研究的数据来源是前文通过对 CNKI 学术期刊数据库进行问卷调查收集到的 268 份有效问卷，研究方法采用结构方程模型分析及相关软件，分析完整性质量用户满意度的影响因素和影响机制，以及完整性质量满意度对总体质量满意度的影响程度，构建完整性质量满意度模型。

7.3.2.1　信度与效度检验

信度检验是对量表工具所测得结果的稳定性及一致性的检验，大多采用 Cronbach 系数表示。这里应用 SPSS 19.0 软件对与观测变量对应的 14 个题项进行了信度检验，其 Cronbach 系数值为 0.904，大于

0.7 这一标准，具有良好的内部一致性。

在效度检验中，本节采用因子分析来进行效度检验。因子分析结果中，KMO 检验值为 0.917，大于统计学家 Kaiser 给出的 0.7 这一标准①，说明样本数据适合做因子分析。表 7-9 成分矩阵中显示了各题项的因子负荷量，它表示题项与公因子的相关程度。从表中数据可知，各题项的因子负荷量均大于 0.45 这一标准。各题项通过效度检验，说明它们所测度的行为或心理特质具有一致性。

表 7-9　成分矩阵[a]

题项	成分	题项	成分
	1		1
总体满意度	0.755	完整性质量满意度	0.685
相对于需求的满意度	0.736	文献数量权重	0.646
文献数量感知	0.735	文献全文率感知	0.613
感知价值二	0.728	学科覆盖率权重	0.600
感知价值一	0.713	文献全文率权重	0.591
相对于期望的满意度	0.700	时间跨度权重	0.588
学科覆盖率感知	0.689	时间跨度感知	0.582

7.3.2.2　模型检验

这里使用结构方程模型分析软件——AMOS 17.0 进行模型的分析与验证。AMOS 采用的是一种协方差结构分析，结合了传统的一般线性模型与共同因素分析的技术，可进行各种 SEM 模型的分析。对于 SEM 模型估计法的选择，这里根据数据样本大小、正态性与独立性等因素选择采用极大似然法进行参数估计。

首先，利用 AMOS 17.0 软件画出完整性质量满意度的结构方程模型图，然后导入数据，对模型进行路径分析并计算估计值，得到模型

① 甘利人，等. 图书馆网站用户满意度模型的构建与应用 [J]. 情报学报，2010 (2).

的路径系数图、有效性和适配度指标等。

（1）模型的标准化路径系数图，如图 7－8 所示。首先，根据图中右上角关于整体模型适配度的描述判断模型与样本数据适配与否。模型的卡方值为 78.782，自由度为 61，其显著性概率值为 0.062，大于 0.05，未达显著水平，接受虚无假设，表示整体模型与样本数据达到适配。

图 7－8 中，潜变量与观测变量之间的路径系数相当于因子分析中的因子负荷量，表示观测变量对于潜变量的相对重要性。由图 7－8 中的路径系数可以看出，各潜变量与对应的观测变量间的因子负荷量介于 0.62～0.83 之间，这表示模型的基本适配度良好，这些观测变量能有效反映其要测得的构念特质。

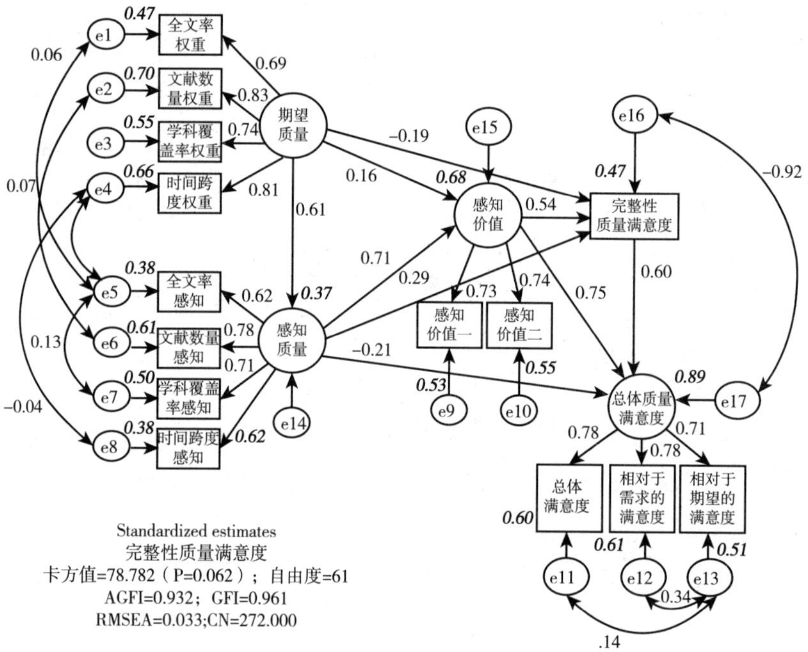

图 7－8　完整性质量满意度模型的标准化路径系数图

图 7－8 中，观测变量和潜变量边上的斜体加粗数字是各变量的多元相关平方，表示观测变量被其潜在变量解释的变异量，或潜在变量

被其他变量解释的变异量。该值通常被视为信度的最小界限估计值，其值若大于0.5，则表示模型的内在质量检验良好。本模型中，大部分的解释变异量大于0.5，说明模型的内在质量检验较好。

图7－8中，各潜变量之间（包括观测变量“完整性质量满意度”）的路径系数表示变量间的标准化回归系数，数值符号表示正向相关或负向相关，数值大小表示因变量对果变量的影响程度。表7－10为标准化回归系数的检验结果，这一检验是确定路径回归系数估计值是否等于0。路径系数的显著性概率值若大于0.05，则表示回归系数未达显著性，样本数据不支持这一路径关系；显著性概率值若小于0.05，则达显著性，数据支持这一路径关系。根据表7－10中的检验数据可知，有4条路径关系未达显著性（表中加粗行），表示样本数据不支持这4种影响关系。它们是期望质量对感知价值的影响关系、感知质量对完整性质量满意度的影响关系、完整性质量满意度对总体质量满意度的影响关系和感知质量对总体质量满意度的影响关系；尤其是后两种关系，其路径系数的显著性概率值远大于0.05，说明它们的影响关系更小，且这两种影响关系均与总体质量满意度有关。根据用户满意度模型理论可知，用户的感知质量通过与期望质量的不一致对比会对总体满意度产生影响，而完整性质量作为整体质量的一个方面，其质量满意度也会对总体质量满意度产生影响，这与样本数据的检验结果相矛盾。为了解决这一矛盾，本书将围绕“总体质量满意度”这一潜变量进行模型修正，以达到理论模型与数据模型的一致性。

表7－10　标准化回归系数的检验结果

模型中的关系路径	Estimate	P	检验结果
感知质量←—期望质量	0.612	* * *	支持
感知价值←—感知质量	0.712	* * *	支持
感知价值←—期望质量	**0.163**	**0.069**	**不支持**
完整性质量满意度←—感知价值	0.538	0.001	支持

续表

模型中的关系路径	Estimate	P	检验结果
完整性质量满意度←——期望质量	-0.187	0.019	支持
完整性质量满意度←——感知质量	**0.287**	**0.058**	**不支持**
总体满意度←——完整性质量满意度	**0.597**	**0.155**	**不支持**
总体满意度←——感知质量	**-0.207**	**0.293**	**不支持**
总体满意度←——感知价值	0.753	0.003	支持

（2）模型的适配度检验。卡方值易受到样本数大小的影响，因此也应考察其他适配度统计量。本模型中的其他主要适配度指标如表7-11所示。这些指标中包括绝对适配测试指标，如CMIN/DF、P值，它们是基于假设模型隐含的协方差矩阵和样本方差矩阵的指数；也包括相对适配测试指标，如GFI（拟合优度指标）、RMSEA（近似误差的均方根）、CFI（比较拟合指数）等指标。由表7-11中数据可知，这些指标均达到适配标准，因此可以认定该模型能够很好地拟合样本数据。上述检验结果和数据分析具有可信性。

表7-11　模型适配度检验摘要

适配度指数	适配标准	检验结果	是否适配
CMIN/DF	<3	1.292	是
GFI	>0.9	0.961	是
AGFI	>0.9	0.932	是
RMSEA	<0.05	0.033	是
PGFI	>0.5	0.558	是
CFI	>0.9	0.990	是
CAIC	理论模型值小于饱和模型值，且小于独立模型值	$368.785<692.054$；$368.785<1962.009$	是

7.3.2.3　模型修正

根据上述分析，本书将围绕“总体质量满意度”这一潜变量来修正概念。由于完整性质量满意度对总体质量满意度的影响关系这一路径不被样本数据支持，与理论模型假设明显存在矛盾，故本书从“总体质量满意度”这一潜变量与其观测变量之间的关系进行模型修正。“总体质量满意度”的观测变量包括总体满意度、相对于需求的满意度和相对于期望的满意度，其中，总体满意度与潜变量“总体质量满意度”最为接近，且其路径系数在三个观测变量中较大，故这里尝试用观测变量“总体满意度”替代潜变量“总体质量满意度”。二者的主要区别在于是否用“期望”和“需求”这两个比较标准来衡量满意度，修正后的总体满意度不包括比较标准，仅仅是对用户总体满意度的概括描述。利用 AMOS 17.0 软件对修正后的模型重新进行路径分析并计算估计值，得到模型的卡方值为 42.975，其显著性检验值为 0.516，大于 0.05，表示该模型与样本的整体适配度良好。查看其标准化路径系数的检验结果发现，有三条路径系数未通过检验，其中，感知质量对总体满意度的影响关系路径系数的检验值最大（0.451），且远大于 0.05 这一标准，说明这一关系显著不被支持。这一结果与权威性质量满意度模型中的结果一致，又一次证明了二者之间由于路径较长，很难产生直接影响。

于是，对模型进行第二次修正，删除感知质量对总体满意度的影响关系这一路径，利用 AMOS 17.0 软件再次进行计算，得到模型的路径系数图、有效性和适配度指标等。

修正后的标准化路径系数图如图 7－9 所示。图中右下角关于整体模型适配度的描述中，其卡方值为 43.600，自由度为 45，显著性概率值为 0.531，远大于 0.05，表示整体模型与样本数据适配度良好。

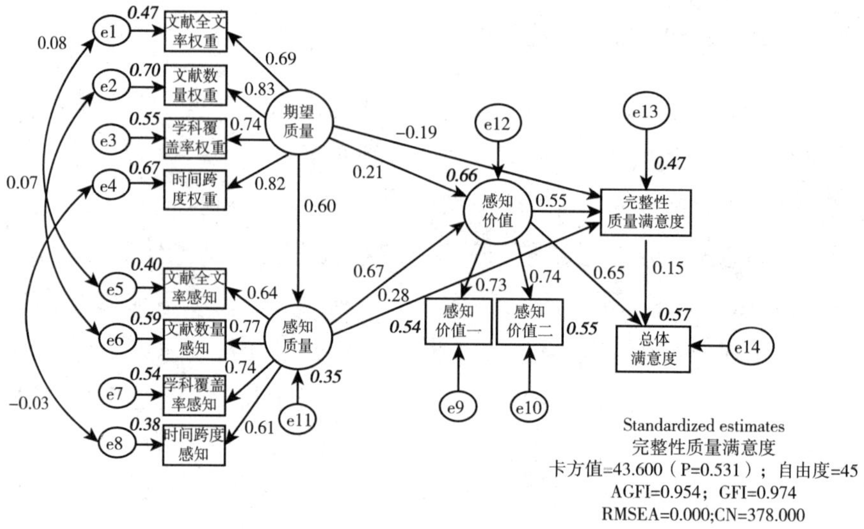

图 7－9　修正后的完整性质量满意度模型的标准化路径系数图

表 7－12 为模型中标准化路径回归系数的检验结果。由表中数据可知，这 8 条路径系数均通过检验，说明样本数据支持这些结构变量间的假设关系。图 7－8 中，潜变量与观测变量之间的路径系数，即因子负荷量介于 0.61～0.83 之间，表示模型的基本适配度良好，这些观测变量能有效反映其要测得的构念特质。

根据模型中变量边上的多元相关平方值（斜体加粗数字）可以看出，期望质量可以解释感知质量 35% 的变异量，期望质量和感知质量可共同解释感知价值 66% 的变异量，而期望质量、感知质量和感知价值可共同解释完整性质量满意度 47% 的变异量，完整性质量满意度和感知价值可共同解释 57% 的总体满意度的变异量。从这些数值大小来看，模型中感知价值和总体满意度两个变量可以被很好地解释，而感知质量和完整性质量满意度被解释的变异量较低，尤其是感知质量；原因可能是模型中仅考虑了期望质量一个比较标准，而未考虑其他影响感知质量的因素和比较标准。

表 7-12　标准化回归系数的检验结果

模型中的关系路径	Estimate	P	检验结果
感知质量←——期望质量	0.595	* * *	支持
感知价值←——感知质量	0.670	* * *	支持
感知价值←——期望质量	0.211	0.009	支持
完整性质量满意度←——感知价值	0.553	* * *	支持
完整性质量满意度←——期望质量	-0.192	0.012	支持
完整性质量满意度←——感知质量	0.280	0.033	支持
总体满意度←——完整性质量满意度	0.152	0.035	支持
总体满意度←——感知价值	0.648	* * *	支持

该模型的主要适配度指标检验如表 7-13 所示。这些指标均达到适配标准，因此可以认定修正的完整性质量满意度概念模型能够很好地拟合样本数据。

表 7-13　模型适配度检验摘要

适配度指数	适配标准	检验结果	是否适配
CMIN/DF	<3	0.969	是
GFI	>0.9	0.974	是
AGFI	>0.9	0.954	是
RMSEA	<0.05	0.000	是
PGFI	>0.5	0.562	是
CFI	>0.9	1.000	是
CAIC	理论模型值小于饱和模型值，且小于独立模型值	261.103<514.097；261.103<1490.660	是

7.3.3　结果讨论

根据上述修正模型的验证结果可以发现，变量间的影响关系和影响程度存在显著差异，现分析如下。

（1）研究结果验证了完整性质量的测评维度。从图 7 – 9 中可以看出，各观测变量与潜变量间的路径系数均在 0.5 以上，较好地解释了用户在完整性质量方面的感知与期望，说明本书对完整性质量的划分及质量筛选是合理的。从期望质量的 4 个观测维度来看，它们的路径系数差异不大，介于 0.69 ~ 0.83 之间，其中文献数量权重与期望质量的路径系数值最大；从感知质量的 4 个观测维度来看，路径系数值最大的是文献数量感知。由此说明，在完整性质量维度的 4 个指标中，文献数量指标最能表达完整性质量的含义。对于数据库生产者来说，在提高完整性质量时，应抓住主要指标——文献数量的完整性，以提高建设效率。

（2）完整性质量满意度受到用户期望质量的负向影响（ – 0.19），而受到感知质量与感知价值的正向影响。根据前文对期望质量含义的理解可知，用户期望质量包括两方面内容：一是用户根据自身需求，希望能满足需求而对质量的期望；这一期望通常会对质量满意度产生负向影响，即用户需求越高，越难以满足，那么就易于产生质量不满意。二是用户根据过去的使用经验而产生的质量期望，这一期望通常符合数据库的实际资源质量情况。以用户的经验而论，若数据库提供的信息资源质量较高，则用户倾向于产生高的期望质量；反之，其质量期望就会较低。模型中期望质量对完整性质量满意度产生负向影响，说明用户对质量的期望高于数据库资源的实际质量，从而产生负向影响。由这一关系可以看出，用户对完整性质量的需求和要求较高，数据库生产者应侧重于这一质量维度的建设与提高。

用户的感知质量与感知价值对完整性质量满意度产生正向影响，这与概念模型中的假设一致。从影响力的数值大小来看，用户感知价值的影响度（0.55）远高于感知质量的影响度（0.28），这说明用户在质量满意度评价上更侧重于从价值角度来衡量满意度。因此，数据库生产者在建设信息资源时，在提高资源质量的同时也要注意降低用户的使用成本。

（3）总体质量满意度受到完整性质量满意度和感知价值两方面的直接影响，其中，感知价值的影响度（0.65）远大于完整性质量满意度的影响程度（0.15）。究其原因，感知价值是用户对所获资源质量与成本之比的总体价值感知，而完整性质量满意度仅是总体质量满意度的一个方面，故有此结果。这一结果类似于权威性质量满意度模型，说明作为总体的感知价值对总体满意度的影响要大于某一质量维度满意度对总体满意度的影响。对比权威性质量满意度和完整性质量满意度对总体满意度的直接影响度可知，权威性质量满意度的影响（0.25）较大，这说明权威性质量在总体质量中比完整性质量的权重更大。

（4）期望质量作为外源潜变量，对感知质量和感知价值有直接的正向影响，验证了概念模型的假设；而期望质量对完整性质量满意度有直接的负向影响，与模型假设的正向相关不一致，其原因如上所述。用户的期望质量对这 3 个变量的影响度大小依次为感知质量（0.60）、感知价值（0.21）和完整性质量满意度（0.19），这反映了满意度模型的基本理论思想，即用户期望首先影响用户感知，其次是感知价值，最后是用户满意度。随着影响路径的逐渐伸长，其影响度逐渐降低。

（5）用户的感知质量对感知价值和完整性质量满意度有直接的正向影响，验证了模型假设；而对总体满意度没有直接影响，否定了模型假设。这一结果与权威性质量满意度类似，说明维度层面的质量感知由于传递路径较长而难以对总体质量满意度产生直接影响。

（6）对于感知价值的观测变量，从路径值中可以看出感知价值二的重要度（0.74）略大于感知价值一的重要度（0.73），这说明“相对于努力成本所获取的信息资源质量”更能代表用户的感知价值，即用户愿意付出努力以获取更高的信息资源质量。这一结果类似于权威性质量满意度模型，说明了用户对感知价值二的侧重。这对数据库生产者进行资源建设有一定的指导意义。

7.4 检索结果质量满意度模型及分析

本节将以信息资源质量划分的第 4 个维度——检索结果质量为内容，研究检索结果质量满意度的影响因素及其对总体质量满意度的影响。由前文对质量维度的划分可知，检索结果质量维度包括检索结果的检全率、检准率、相关性判断的描述信息和质量描述信息 4 个方面，本节将以此为观测变量构建检索结果的质量满意度模型。

7.4.1 检索结果质量满意度概念模型

这里基于前文提出的质量满意度概念模型和信息资源质量维度的划分来构建检索结果的质量满意度概念模型。借鉴权威性质量满意度模型和完整性质量满意度模型，本模型的构成要素也包括用户的期望质量、感知质量、感知价值、质量维度满意度（检索结果质量满意度）和总体质量满意度 5 个要素，它们之间的假设关系同前两个模型。根据前文的研究结果可知，经过数据检验的权威性质量满意度模型和完整性质量满意度模型之间最大的区别在于总体质量满意度，权威性质量满意度模型中将总体质量满意度作为潜变量，由 3 个观测变量——总体满意度、相对于期望的满意度和相对于需求的满意度来表示，而完整性质量满意度模型中以观测变量——总体满意度直接表示用户的总体满意度。基于这样两种不同的结论模型，本节在构建检索结果质量满意度概念模型时，选择构建两种概念模型，并通过实证数据分别检验，以确定适当的可以通过数据检验的满意度模型。

1. 概念模型一

本节选择最初形式的概念模型作为检索结果质量满意度的第一种概念模型，即将总体质量满意度作为潜变量，由 3 个观测变量来表示。模型中，结构变量间的假设关系同本书第 5.1.3 节中的质量满意度概念模型，感知价值由感知价值一和感知价值二表示。对于用户的期望质量和感知质量的观测变量，则由信息资源质量维度划分的检索结果质量的 4 个测量指标来表示。检索结果质量维度的 4 个质量指标包括检索结果的检全率、检准率、相关性判断的描述信息和质量判断的描述信息。

采用结构方程模型中的观测变量和潜在变量形式来描述各要素之间的影响关系，检索结果质量满意度概念模型一如图 7－10 所示。图中，观测变量用长方形表示，潜在变量用椭圆形表示；潜变量之间（包括“检索结果质量满意度”）的假设关系用有向线表示，由因变量指向果变量，且假设这些关系为正向相关。潜变量与观测变量间的有向线表示潜变量作为构念特质由观测变量来反映。

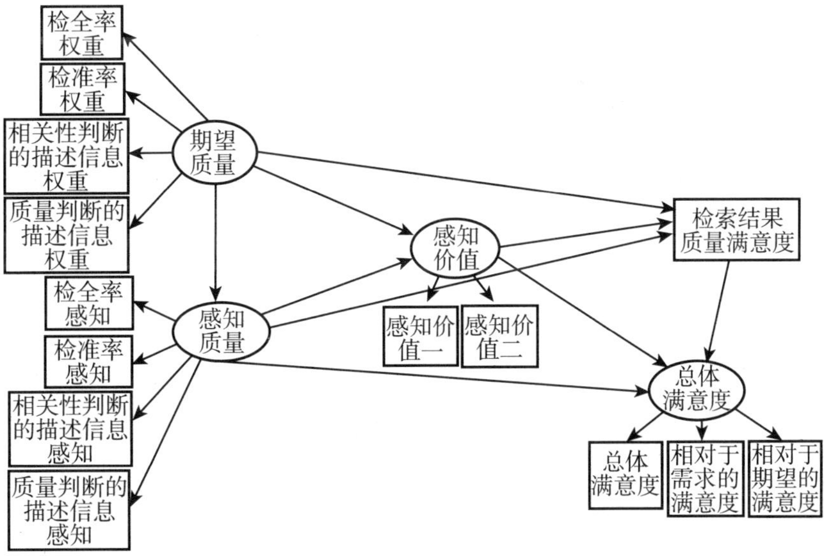

图 7－10　检索结果质量满意度概念模型一

概念模型一中的潜在变量和观测变量如表 7－14 所示。观测变量通过问卷中设计的题项来体现，每一个观测变量对应一个题项，并采用 Likert 5 级量表对其打分，通过问卷调查法来了解用户对各观测变量的认知。

表 7-14 概念模型一中的结构变量和观测变量

结构变量	观测变量	
用户期望质量	检索结果质量维度的期望质量	检全率权重； 检准率权重； 相关性判断的描述信息权重； 质量判断的描述信息权重
用户感知质量	检索结果质量维度的感知质量	检全率感知； 检准率感知； 相关性判断的描述信息感知； 质量判断的描述信息感知
感知价值	相对于所获取的信息资源质量的努力成本（感知价值一）	
	相对于努力成本所获取的信息资源质量（感知价值二）	
质量维度满意度	检索结果质量满意度	
总体质量满意度	总体满意度	
	相对于需求的质量满意度	
	相对于期望的质量满意度	

2. 概念模型二

本节所构建的第二种概念模型是借鉴完整性质量满意度模型的形式，即用户的总体质量满意度由观测变量——总体满意度来表示，而不再细分。其他部分同概念模型一。同样，用结构方程模型中的观测变量和潜在变量形式来描述各要素之间的影响关系，检索结果质量满意度概念模型二如图 7-11 所示。各潜变量之间与检索结果质量满意度、总体满意度之间的假设关系如图所示，且假设这些关系为正向相关。

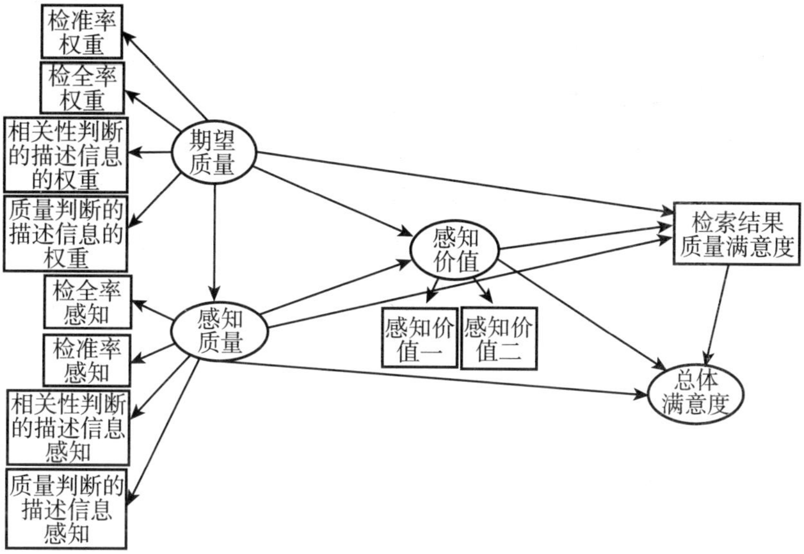

图7－11　检索结果质量满意度概念模型二

概念模型二中的潜在变量和观测变量如表7－15所示。观测变量值通过问卷调查的形式获取，用于验证该概念模型。

表7－15　概念模型二中的结构变量和观测变量

结构变量	观测变量	
用户期望质量	检索结果质量维度的期望质量	检全率权重； 检准率权重； 相关性判断的描述信息权重； 质量判断的描述信息权重
用户感知质量	检索结果质量维度的感知质量	检全率感知； 检准率感知； 相关性判断的描述信息感知； 质量判断的描述信息感知
感知价值	相对于所获取的信息资源质量的努力成本（感知价值一）	
	相对于努力成本所获取的信息资源质量（感知价值二）	
质量维度满意度	检索结果质量满意度	
总体质量满意度	总体满意度	

7.4.2　模型检验与修正

本实证研究的数据来源是通过对 CNKI 学术期刊数据库进行问卷调查收集到的 268 份有效问卷，研究方法采用结构方程模型分析及相关软件，通过检验与修正检索结果质量满意度模型，分析检索结果质量的影响因素和影响机制。

7.4.2.1　信度与效度检验

信度检验是对量表工具所测得结果的稳定性及一致性的检验，大多采用 Cronbach 系数表示。我们应用 SPSS 19.0 软件对概念模型中涉及的 14 个题项进行了信度检验，其 Cronbach 系数值为 0.883，大于 0.7 这一标准，说明这些题项具有良好的内部一致性。

效度检验是对量表能够测到所欲测心理或行为特质程度的检验。我们采用因子分析进行了效度检验。因子分析结果中，KMO 检验值为 0.899，大于统计学家 Kaiser 给出的 0.7 这一标准，说明样本数据适合做因子分析。表 7－16 成分矩阵中显示了变量的因子负荷量，它表示变量与公因子的相关程度。从表中数据可知，除“质量判断的描述信息感知”的因子负荷量（0.43）小于 0.45 这一标准外，其他变量均通过效度检验，说明它们所测度的行为或心理特质具有一致性。“质量判断的描述信息感知”这一题项由于未通过效度检验，考虑弃用。

表 7－16　成分矩阵[a]

题项	成分	题项	成分
	1		1
感知价值二	0.764	相关性判断的描述信息感知	0.643
相对于需求的满意度	0.747	检全率感知	0.629
总体满意度	0.745	检准率权重	0.546

续表

题项	成分	题项	成分
	1		1
感知价值一	0. 733	质量判断的描述信息权重	0. 539
相对于期望的满意度	0. 720	相关性判断的描述信息权重	0. 526
检索结果质量满意度	0. 704	检全率权重	0. 465
检准率感知	0. 647	质量判断的描述信息感知	0. 430

根据信度与效度检验结果，弃用“质量判断的描述信息感知”这一变量数据，故在上述概念模型中删除这一变量，并进行模型检验。

7. 4. 2. 2　概念模型一的检验与修正

这里使用结构方程模型分析软件——AMOS 17. 0 进行参数估计和模型验证。在构建概念模型一的基础上，导入数据，并根据样本大小、正态性与独立性等因素，选择采用极大似然法对模型进行路径分析并计算估计值。[①] 经过多次修正概念模型，最终得到模型与样本数据拟合良好的检索结果质量满意度模型图。

模型一的标准化路径系数图如图 7 - 12 所示。由图中右上角的整体适配数据可知，卡方值为 67. 335，其显著性概率值为 0. 089，大于 0. 05，表示模型的适配度良好。各潜变量与观测变量间的因子负荷量如图中它们之间的路径系数所示，表示观测变量对于潜变量的相对重要性。由路径系数值可知，因子负荷量均介于 0. 67 ~ 0. 89 之间，表示模型的基本适配度良好，这些观测变量能有效反映其要测得的构念特质。图中斜体加粗数字为各变量的多元相关平方，表示变量被解释的变异量。通常被视为信度的最小界限估计值大于 0. 5，表示模型的内在质量检验良好。模型中，大部分变量的解释变异量大于 0. 5，只有“感

① 吴明隆. 结构方程模型：AMOS 的操作与应用［M］. 重庆：重庆大学出版社，2009.

知质量”这一潜变量被解释的变异量（0.24）明显小于0.5，说明它被“期望质量”解释的变异量较低。模型的内在质量检验较好。

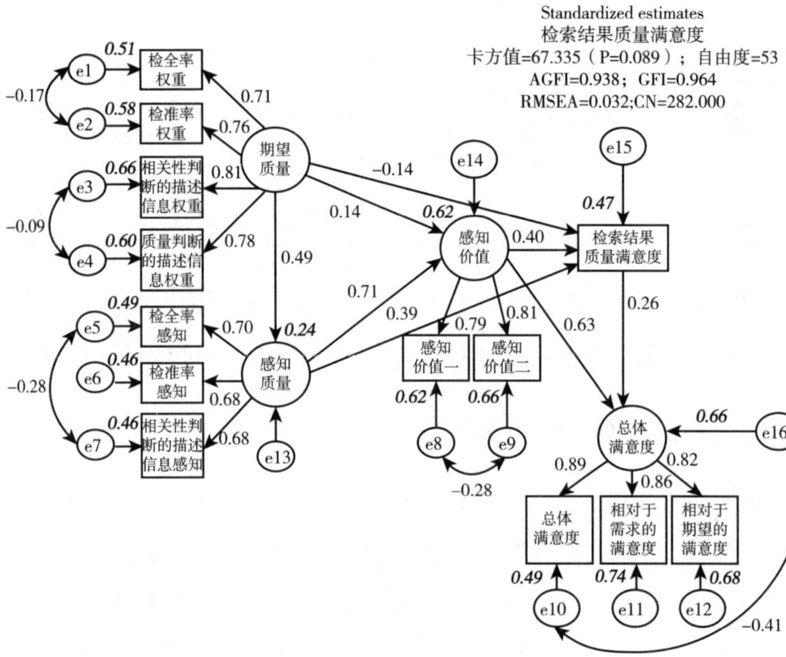

图7－12　模型一的标准化路径系数图

图7－12中，潜变量间（包括“检索结果质量满意度”这一观测变量）路径上的数值表示两个变量间的标准化回归系数，数值符号表示变量间的正向或负向相关关系，数值大小表示自变量对因变量的影响因素大小。对于这一路径系数值是否获得样本数据支持，需要进行显著性检验。表7－17为采用极大似然法所估计的标准化回归系数的检验结果，这一检验是确定回归路径系数估计值是否等于0。显著性概率值若小于0.05，则表示回归系数显著不等于0；若大于0.05，则表示回归系数未达显著性，样本数据不支持这一路径关系。“＊＊＊”符号表示显著性概率值小于0.001，即达到0.001显著水平，数据模型支持这一路径。由表7－17中数据可知，所有路径系数均通过检验，该模型通过数据验证。

表 7-17 标准化回归系数的检验结果

模型中的关系路径	Estimate	P	检验结果
感知质量←——期望质量	0.486	***	支持
感知价值←——期望质量	0.138	0.050	支持
感知价值←——感知质量	0.713	***	支持
检索结果质量满意度←——感知价值	0.401	0.004	支持
检索结果质量满意度←——期望质量	-0.139	0.030	支持
检索结果质量满意度←——感知质量	0.393	0.003	支持
总体满意度←——检索结果质量满意度	0.255	***	支持
总体满意度←——感知价值	0.628	***	支持

卡方值易受到样本数大小的影响，因此也应考察其他适配度统计量。本模型的其他主要适配指标如表 7-18 所示。这些指标中包括绝对适配测试指标，如 CMIN/DF、P 值，它们是基于假设模型隐含的协方差矩阵和样本方差矩阵的指数；也包括相对适配测试指标，如 GFI（拟合优度指标）、RMSEA（近似误差的均方根）、CFI（比较拟合指数）等指标。从检验结果与适配标准来看，这些适配指数均通过检验，因此可以认定该模型能够很好地拟合样本数据，上述检验结果具有可信性。

表 7-18 模型适配度检验摘要

适配度指数	适配标准	检验结果	是否适配
CMIN/DF	<3	1.270	是
GFI	>0.9	0.964	是
AGFI	>0.9	0.938	是
RMSEA	<0.05	0.032	是
PGFI	>0.5	0.561	是
CFI	>0.9	0.991	是
CAIC	理论模型值小于饱和模型值，且小于独立模型值	314.603 <599.780；314.603 <1713.426	是

由图 7 - 12 中的路径关系及系数值可知，感知价值的两个观测变量中，感知价值一和感知价值二呈负向相关，且相关度较高，说明二者逆向相互影响，其中感知价值二（相对于努力成本所获取的信息资源质量）更能有效反映感知价值的含义。在总体满意度中，其观测变量“相对于需求的满意度”的重要度大于“相对于期望的满意度”，这说明在用户质量满意度的比较标准选择中，需求标准更能体现用户的感知判断。

7.4.2.3 概念模型二的检验与修正

这里同样对概念模型二进行检验。运行 AMOS 17.0 软件，导入数据，并通过多次修正，最终得到与样本数据拟合良好的模型二标准化路径系数图，如图 7 - 13 所示。由图中右下角的整体适配数据可知，卡方值为 36.199，其显著性概率值为 0.412（大于 0.05），AGFI、GFI 均大于 0.9，RMSEA 等于 0.011（小于 0.05），这些指标表示模型的适配度良好。图中 3 个潜变量可被观测变量较好地反映其构念特质，总体满意度中 52% 的变异量可在模型中被解释，感知价值中 62% 的变异量可得到解释，表示模型的内在质量检验较好。

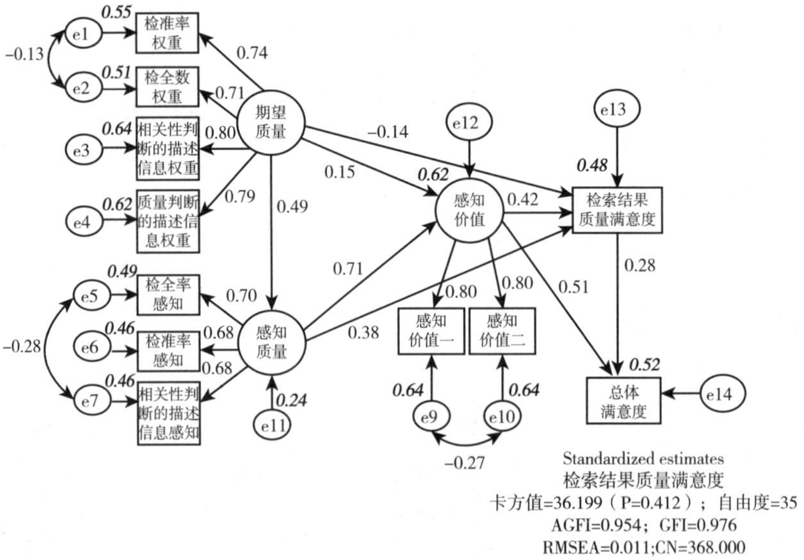

图 7 - 13 概念模型二的标准化路径系数图

表7－19为模型中标准化回归系数的检验结果，以确定回归路径系数估计值是否达到显著。由P值可以看出，所有路径系数均通过检验。根据模型中适配度检验指标可知，CMIN/DF＝1.034，PGFI＝0.517，CFI＝0.999，均达到适配标准，故模型的适配度良好。该模型通过数据验证。

表7－19 标准化回归系数的检验结果

模型中的关系路径	Estimate	P	检验结果
感知质量←—期望质量	0.489	＊＊＊	支持
感知价值←—感知质量	0.705	＊＊＊	支持
感知价值←—期望质量	0.148	0.040	支持
检索结果质量满意度←—感知价值	0.417	0.009	支持
检索结果质量满意度←—期望质量	－0.142	0.031	支持
检索结果质量满意度←—感知质量	0.383	0.007	支持
总体满意度←—检索结果质量满意度	0.281	＊＊＊	支持
总体满意度←—感知价值	0.510	＊＊＊	支持

7.4.3 检索结果质量的影响机制分析

根据以上两个概念模型的检验与修正，得到了两个经过数据验证的检索结果质量满意度模型，即图7－12和图7－13。这里通过对比两个模型来分析检索结果质量满意度模型的影响关系与机制。

对比图7－12和图7－13可知，二者变量间的路径关系大致相同，其不同之处在于总体满意度。模型一中总体满意度包含的内涵大于模型二，故模型一中的总体满意度被解释的变异量（0.66）高于模型二中总体满意度被解释的变异量（0.52），这说明模型一能更好地反映总体满意度的影响因素。从适配度指标来看，两个模型均达到了适配标准，但从P值大小来看，P值越大，说明模型与数据的适配度越高，故修正后的模型二与调研数据的适配度比模型一高，即模型二更接近于实际模型。

总之，由两个模型中潜变量之间的路径关系可知，“总体满意度”无论是作为潜变量还是观测变量，均受到感知价值和检索结果质量满意度两方面的直接影响，且感知价值的影响度远大于检索结果质量满意度的影响。而“检索结果质量满意度”受到期望质量较小的负向影响、感知价值和感知质量的正向影响，其中感知价值的影响程度均大于感知质量的影响程度，这说明感知价值具有重要地位。“感知价值”受到期望质量和感知质量两方面的影响，其中感知质量的影响程度远大于期望质量的影响程度，而期望质量对感知质量又产生较大的直接影响，因此，期望质量和感知质量共同影响着用户的感知价值，它们共同解释了感知价值62%的变异量。由图7－12和图7－13中潜变量与观测变量间的路径系数值可知，在“期望质量”的观测变量中，“相关性判断的描述信息”对潜变量的相对重要性较高；而在“感知质量”的观测变量中，3个指标的相对重要性差别不大，这说明了用户期望与用户实际质量感知的不一致性，在一定程度上体现了在检索结果设置上存在供需不一致现象。在“总体满意度”的3个观测变量中，“相对于期望的满意度”的相对重要性略低，说明用户更侧重于从需求角度来衡量满意度。值得注意的是，两个模型中感知价值一和感知价值二之间都存在较强的双向互动关系，且为逆向关系。两者作为感知价值的观测变量，具有相同或相近的因子负荷量，这说明用户既重视感知价值中的成本因素，又重视所获取的资源质量。

上述分析结果对数据库信息资源建设工作具有一定的实践意义，具体表现在：（1）数据库开发者在设置检索结果项目时，应以用户需求为导向，提供用户所需要的检索结果内容，以提高质量满意度。（2）在用户满意度的众多影响因素中，感知价值对质量满意度的影响程度最大，因此，数据库开发者应提高用户对信息资源检索结果的感知价值，即一方面减少用户获取信息资源的努力成本；另一方面提高信息资源检索质量。

7.5　讨论与小结

本章分别对数据库信息资源的权威性、完整性和检索结果 3 个质量维度进行了实证分析，探索了各维度质量满意度和总体质量满意度的影响机制，并构建了 3 个维度的质量满意度模型。对比 3 个模型可以发现，它们在影响关系方面存在许多共性，现进行总结，并对数据库信息资源建设提出建议。

（1）3 个模型均验证了本研究对信息资源质量维度和指标划分的合理性。根据模型中各指标的相对重要性不同，可得到各质量维度的关键指标要素。如，权威性质量维度中的权威性指标、完整性维度中的文献数量指标、检索结果质量中的“相关性判断的描述信息”等均为关键指标。数据库开发者在建设信息资源时，应首先抓住关键要素，以实现较高的资源建设效率。

（2）用户的总体质量满意度均受到感知价值和某一维度质量满意度两方面的影响，且感知价值的影响力远大于维度质量满意度的影响力。同时，各质量维度的满意度均受到感知质量和感知价值两个因素的正向影响，且感知价值的影响力大于感知质量的影响力。这两点说明了感知价值在质量满意度中的重要影响作用。因此，数据库开发者应注重信息资源质量的感知价值要素，即在提高信息资源质量的同时，减少用户获取信息资源的时间与努力成本，提高资源的易获取性。

（3）用户的期望质量对完整性和检索结果两个维度的质量满意度具有负向影响，这说明用户对其质量期望高于数据库资源的实际质量。数据库开发者应注重在信息资源完整性和检索结果质量方面的建设与提高，以达到用户期望，更好地满足用户需求。

（4）对比3个模型中各质量维度对总体满意度的影响力可以看出，它们的大小排序依次是检索结果质量满意度（0.28）、权威性质量满意度（0.25）和完整性质量满意度（0.15）。这一影响程度虽然会受到各维度质量指标设置的干扰，但模型的其他变量基本相同，故具有一定的可比性。由对比结果可知，检索结果质量对总体质量满意度影响最大，体现了资源利用的易获取原则；其次是权威性质量；完整性质量的影响力较小。这在一定程度上说明了作为高校用户的研究生群体对信息资源质量需求的特征。

总之，数据库信息资源质量直接影响科研人员的创新成果与产出，尤其是信息资源的权威性质量，它在一定程度上决定了科研人员创新起点的高低。本章从用户满意度模型出发，通过实证分析构建了权威性、完整性和检索结果的质量满意度模型，分析了它们的影响因素和影响机制，以及其对总体质量满意度的影响。对于数据库信息资源的及时性质量，由于其观测指标较少（只有两个），及时性质量满意度模型未通过数据检验。本研究由于处于探索性阶段，在观测变量选择、数据处理方法选择等方面仍需进一步完善。此外，用户个体特征和高校数据库购买情况也必然影响到信息用户满意度的形成。在以后的研究中，我们将进一步细化并完善研究工作，并对质量满意度的其他质量维度进行进一步研究。

第八章
微博信息内容质量评价研究

本章以微博信息内容质量为研究对象，从信息内容的客观属性方面来考察微博信息的客观质量。在客观信息质量方面，将微博信息内容质量分为元信息质量和页面信息质量两个层次，以全面评价微博信息内容质量。

8.1 微博信息内容质量的界定

本章对微博信息质量的界定主要着眼于微博信息内容，从客观与主观两个方面来考察。

一是客观信息质量，即基于产品角度，从信息内容的客观属性方面来考察微博信息内容质量，将其分为信息量、信息类型、信息真实性、信息热度和信息编辑质量 5 个方面。信息量表示一条微博信息所包含内容的多少，从量的角度来衡量微博信息质量。信息量越大，用户获取的信息越多，说明微博信息内容质量越高。信息类型指微博信息内容的类型，如新闻事件、生活记录、个人感悟、客观事实描述、娱乐信息等，对于不同类型的微博信息，其信息质量与信息价值不同，甚至相差很大。信息真实性指微博信息的真实可信性，是信息具有价值性的基础与前提。信息热度指信息的讨论热度，即微博信息是否参与某一热点话题的讨论，通常热点信息更能引起用户的兴趣，提高其信息利用价值。信息编辑质量是从信息编辑的正规性来衡量信息质量的，信息编辑与发布的专业性使信息更具可信性。

二是主观信息质量，即基于用户角度，由朱兰博士的“fit for use”的质量概念引申而来，从用户对信息的利用程度来衡量其信息质量。信息的用户利用率越高，意味着该信息得到了用户认可，则认为其信息质量较高。微博的主观信息质量主要从微博信息的用户认可度和用户关注度两个方面来衡量。在用户认可度方面，通常微博用户在认可某一微博信息的价值性和真实性的情况下才会收藏或转发微博，因此，一条微博被用户转发的次数和被收藏的次数在一定程度上反映了该微博信息的质量与价值。本书认为，转发次数和收藏次数越高，该微博的用户认可度越高，其信息质量也越高。在用户关注度方面，可由用户评论次数来反映。某一微博的评论数量在一定程度上反映了用户对该微博信息讨论的热度，评论数量越多，该信息的受关注程度越高，说明其信息质量也越高。

微博的客观信息质量和主观信息质量较为全面地反映了微博信息的内容质量，为微博信息内容质量评价及影响分析奠定了理论基础。在后期研究中，本书将以新浪微博数据为例，对其客观信息质量进行评价，并深入挖掘微博客观信息质量与主观信息质量之间的影响关系，找出影响微博信息利用的关键质量因素。

在界定微博信息内容质量的基础上，本书将微博的客观信息质量划分为两个层次——元信息质量和页面信息质量，以全面分析与评价微博信息内容的客观质量。元信息质量是指针对每一条微博内容的信息质量，它是微博信息质量评价的最小单元。页面信息质量指的是微博用户的页面信息质量，它反映了微博用户在某一段时期内所发布的微博信息总体质量。元信息质量的评价主要从微博信息内容的客观属性方面来考虑，即微博的信息量、信息内容类型、信息真实性、信息热度和信息编辑质量；页面信息质量主要考虑微博用户页面中某一时期内发布的微博信息质量指标平均值和总体质量平均值。元信息质量和页面信息质量共同反映了微博信息的客观质量，其稳定性较强。这一划分能够较为全面地评价微博信息内容的客观质量，且使质量评价更具有操作性。

8.2 微博信息质量描述指标分析

信息质量评价指标分析是通过对微博信息内容的分析构建评价微博信息质量的指标体系，它是建立质量评价模型、实现信息质量评价的前提与基础，选取合适的质量描述指标、构建合理的评价指标体系是信息质量评价的关键。

8.2.1 元信息质量指标

元信息质量是指微博用户所发布的每一条微博内容的信息质量，它是实现内容质量评价的最小单元。元信息质量作为每一条微博信息内容质量的表示，反映了微博信息内容的客观质量。其描述指标主要包括微博信息的信息量、信息内容类型、信息真实性、信息热度和信息编辑质量5个方面。

（1）信息量（A_1）。微博中的信息量大小反映了其所传递信息的多少，反映了微博信息质量中量的概念。信息论创始人香农提出信息熵的概念来描述信息量的大小，即采用对随机分布概率取对数的方法实现信息量的度量问题。本书考虑到微博信息质量评价的可操作性，将基于数量的概念从文本信息量、超链接信息量和图片信息量3个方面来反映微博的信息量特征。

一是微博中的文本信息量（A_{11}）。信息量的表示较为复杂，本书拟采用文本字数来衡量文本信息量以保证评价的可操作性。文本字数指一条微博信息正文的字数，特指微博用户的原创信息内容字数。若用户仅转发信息，而无原创内容，则其微博文本字数为0。通常规定微博信息字数限制在140字以内，当文本字数达到140字时，文本信息量达到最大。

二是图片信息量（A_{12}）。微博信息中的图片通常是为了更直观地表达文本内容，表现其真实性，故图片也包含一定的信息量。图片通常是对文本内容的重复表达，而且一条微博信息中每增加一张图片，其信息量递减。为了便于量化与计算，本书对图片信息量以微博信息中包含的图片数量来衡量。

三是超链接信息量（A_{13}）。通常超链接的网页中包含该微博信息的详细、深入报道，但由于受微博字数的限制，其内容不能直观表现于微博中，受到用户点击率的影响。微博中或包含1个或多个超链接（通常不超过3个），或不包含超链接，超链接信息量的大小可简化为微博信息中包含的超链接数量来体现。

（2）信息内容类型（A_2）。不同内容类型的微博信息价值与质量大不相同，而且其内容类型与微博平台提供的用户功能相关。微博平台作为Web 2.0应用模式的重要代表，主要有4个方面的功能：一是信息交流功能，即朋友、同学、同事等熟人圈内的交流与互动。二是个人生活记录或心情表达，是用户记录个人真实生活、表达个人心情的网络平台。三是热点事件的传播与评论，即对社会新闻、热点事件发表个人观点，或对某一事实、情境的说明与报道。四是文化知识的传播与交流，即以知识性为主要特征的微博信息，实现知识传播与共享。这些用户功能决定了微博信息内容主要包括个人生活记录、事件描述、事实报道、热点评论、知识与常识、人生感悟、互动交流、信息宣传、娱乐信息、系统信息等10种类型。个人生活记录是对发生在自己身边的生活、家庭方面的日常记录，以及对个人心情的记录。事件描述是讲述关于他人或自己身边的公共事件，以及对社会性新闻与事件的描述。事实报道是关于某一方面实际情况的报道与说明，通常是向别人提供事实性信息。热点评论是指对某一事件、现象、新闻等公共事件发表个人观点，具有明显的倾向性。知识与常识类微博主要包括名人名言、常识类信息、名人墓志铭等内容，可有效提高用户的知识储备。人生感悟是指用户自身经历后的感慨与心得，多是个人感悟，具有一定的哲理性。互动交流类信息是指用户回复他人、与他人之间的交流信息，以及相互之间的日常问候等。信息宣传是指对与用户自身相关的事件的宣传，以扩大影响力为主，如对企业活动、环保活动、安全活动、新产品发布等的宣传。娱乐信息指有关笑话、玩笑之类的信息，以娱乐为主。系统信息则指系统自动生成的信息，如“我正在抢‘鲜’体验#新版微博#，新版很给力功能很强大……”，这一类型信息的价值较低。

由以上 10 种类型微博信息可知，对于不同类型的信息内容，其信息质量与价值不同。在数据、信息、知识等相关概念中，知识是通过对信息的提炼和推理而获得的正确结论，是对客观世界与运动规律的认识与掌握，具有一定的真理性；信息是事物存在的方式和运动状态的表现形式，以及主体对这一事物的感知，有真假信息之分，故从价值角度来看，知识的质量与价值要高于信息。根据信息内容可将信息分为事实性信息、评论性信息、娱乐性信息、问候性信息等。事实性信息是对客观事件、事物的真实描述。评论性信息是对事实性信息持有的观点、看法等，是个体依据自身经验、知识及思维模式，经过头脑加工而产生的主观认知，是对事实性信息的深化，故评论性信息的质量与价值高于事实性信息。娱乐性信息具有一定的信息内容，但以娱乐大众为主，无实际价值与意义，故事实性信息的质量与价值高于娱乐性信息。问候性信息主要是个体之间的互动与交流，无实际信息内容，其价值最低。根据这一价值判别标准，本书将这 10 种类型微博信息从高到低依次分为 5 个等级：一级包括知识与常识，二级包括热点评论和人生感悟，三级包括事实报道、事件描述和信息宣传，四级包括个人生活记录和娱乐信息，五级包括互动交流和系统信息。本书将采用 5 分制对信息内容类型的得分进行赋值，即第 i 等级的信息类型，其得分为 $5-(i-1)$ 分。

（3）信息真实性（A_3）。信息真实性指某一条微博信息的真实可信性，是信息具有价值性的前提。其主要通过与他人互动来体现。互动性越强的信息，其虚假的概率越低。微博中用户之间的互动，通过@＊＊＊来实现，因此，微博信息中出现@的次数越高，表明该用户与好友之间的互动越强，在一定程度上说明了该用户与其发布的信息具有真实性。通常僵尸用户的好友很少，而且几乎不互动，其发布的信息难以确定真实性。信息真实性质量可由微博信息中包含的@数量来体现。

（4）信息热度（A_4）。信息热度指信息的讨论热度，即微博信息是否参与某一热点话题的讨论。热点信息更能引起用户的兴趣，提高其利用价值。有的微博信息中会包含话题（用#表示），这说明该微博参与了某一话题的讨论，尤其是热门话题的讨论，在一定程度上反映了该微博内容具有一定的热点关注度。信息热度可由微博信息中包含的话题数量来衡量。

（5）信息编辑质量（A_5）。信息编辑质量是从信息编辑格式的正规性来衡量的，信息编辑与发布的专业性可使信息更具可信性。其主要通过微博中是否包含标题（【】）来体现。通常媒体微博、机构微博发布的信息中会包含标题，反映了专业媒体发布信息的正规性。标题的包含与否在一定程度上反映了微博信息的编辑专业化程度，它能帮助读者快速了解信息内容。信息编辑质量可通过微博信息中包含的标题数量来衡量。

总之，这些质量描述指标是基于微博信息内容中可能包含的体现其信息质量的要素提出的，主要从微博信息内容角度来设置，为微博信息质量评价框架的构建及质量评价的实施提供了理论支持。

8.2.2　页面信息质量指标

页面信息质量指的是微博用户的页面信息质量，它反映了微博用户在一段时期内所发布的微博信息总体质量。页面信息质量主要取决于该用户发布的每一条微博信息的质量，可通过微博信息的各质量指标平均值和总体质量平均值来体现。

（1）页面信息单一质量指标：指微博用户页面信息中关于某一质量指标方面的平均值，它表现了用户页面信息在某一方面的质量情况，如页面信息的文本信息量，体现了页面信息中所包含的文本信息量大小，可由用户页面信息中包含的微博信息文本字数的平均值来表示。

（2）页面信息总体质量：指微博用户页面信息的总体质量，由用户页面中包含的微博信息的质量平均值表示。假设某一微博用户在某一时期内发布了 n 条微博信息，其中第 i 条微博信息质量为 Q_i，则该用户的页面信息总体质量为 $\overline{Q}=\frac{(Q_1+Q_2+\cdots+Q_n)}{n}$，即用微博信息的元信息质量平均值表示页面信息总体质量。元信息质量越高，对页面信息总体质量的影响越大，而页面信息总体质量是描述微博用户页面信息质量的重要指标。

页面信息质量评价可以帮助用户识别高质量微博信息页面，并通过关注关系更好地实现微博信息定制，使高质量信息得到充分传播与利用，同时过滤与打击低劣微博信息。

8.3 评价模型的构建

信息质量评价模型的构建主要包括 3 个步骤——评价指标的设定、指标权重的分配和评价模型的建立。对于页面信息质量的评价，在已知元信息质量的基础上，计算质量指标平均值和总体质量平均值即可实现质量评价。元信息质量评价模型的构建是本节的重点。

8.3.1　权重设置

在元信息质量评价指标确定的基础上，本节拟采用层次分析法（AHP）来确定各指标权重。层次分析法是一种定性与定量相结合的决策方法，它通过构建判断矩阵，对各层次指标的重要性两两对比，并采用1~9标度法进行打分，通过计算各矩阵的最大特征值和相应的特征向量进行一致性检查，最终得出各指标权重。

1. 构建判断矩阵

首先，根据上述评价指标的设定建立2个判断矩阵，它们分别是（A_1，A_2，A_3，A_4，A_5）和（A_{11}，A_{12}，A_{13}）中指标重要性的两两对比，以获取指标间的相对重要性。

其次，对评价指标的重要性进行小范围调研。根据评价指标设计调查问卷，调查微博用户对各指标重要性的认知。问卷主要包括微博信息的信息量和信息内容质量两部分，共计8个题项。问卷设置采用Likert 5级量表来表示重要程度。调查对象主要是在校大学生，包括本科生和硕士研究生。这类对象通常使用微博较为频繁，它已成为好友交流、及时获取信息的重要工具。在调查方法上，采用随机选取的方式进行问卷发放，共发放问卷100份，收回99份。在收回的问卷中，有些问卷的填写出现连续若干个问题答案相同的现象，我们将其视为无效问卷；另有3位调查对象“几乎没有登录过微博”，其填写的问卷也不宜采纳。剔除7份无效问卷，保留有效问卷92份。

从样本数据中调查对象的特征分布来看，他们的年龄大多在18~26岁，以本科生为主。其中，91.2%的用户使用微博时间超过一年，60.5%的用户每天登录微博的频率超过2次，由此可见调查对象对微博较为熟悉，保证了本次调研数据的有效性。在数据信度方面，其克隆巴赫系数值为0.693，接近于0.7这一标准，说明这组变量的内部一致性较好。

为了获取指标间的相对重要度，先计算其绝对重要度。本节依据调研数据，计算各指标变量的平均值，来表示绝对重要度。各指标的绝对重要度如表 8 - 1 所示。

表 8 - 1　评价指标的绝对重要度

评价指标	极小值	极大值	均值
信息内容类型 A_2	1	5	3.60
文本字数 A_{11}	1	5	3.45
信息量 A_1	1	5	3.38
@他人的次数 A_3	1	5	3.34
话题（#）A_4	1	5	3.30
超链接信息量 A_{13}	1	5	3.15
标题（【】）A_5	1	5	3.11
图片信息量 A_{12}	1	5	2.99

将指标的绝对重要度进行两两对比，并采用 1 ~ 9 标度法进行打分，得到判断矩阵值，如表 8 - 2、表 8 - 3 所示。

表 8 - 2　判断矩阵 1

横/纵	A_1	A_2	A_3	A_4	A_5
A_1	1	1/3	2	3	5
A_2		1	4	5	7
A_3			1	2	4
A_4				1	2
A_5					1

表 8 - 3　判断矩阵 2

横/纵	A_{11}	A_{12}	A_{13}
A_{11}	1	7	5
A_{12}		1	1/3
A_{13}			1

2. 指标权重的确定

在构建判断矩阵的基础上，计算各指标权重，具体步骤如下。

第一，计算判断矩阵 A_{n*n} 中每行的几何平均值①：$\overline{w_i} = \sqrt[n]{\prod_{n} a_{ij}}$，$i = 1,2,3,\cdots,n$，得到 $\overline{w} = (\overline{w_1},\overline{w_2},\cdots,\overline{w_n})$。

第二，归一化处理：$w_i = \dfrac{\overline{w_i}}{\sum_{i=1}^{n}\overline{w_i}}$，$i = 1,2,3,\cdots,n$，得到各指标权重：$w = (w_1,w_2,\cdots,w_n)$。

第三，一致性检验：$C.R. = \dfrac{\lambda_{\max} - n}{(n-1) \times R.I.}$，其中，$\lambda_{\max}$ 为矩阵 A 的最大特征值，$R.I.$ 为平均随机一致性指标，可通过查表得到其值。当 $C.R.$ 小于等于 0.10 时，判断矩阵具有一致性。表 8-2、表 8-3 中两个判断矩阵的 $C.R.$ 值分别为 0.0221、0.0624，均小于 0.1，故该判断矩阵具有一致性。

根据这 3 个步骤，计算出各指标权重，如表 8-4 所示。

表 8-4　元信息质量描述指标的权重

一级指标	权重	二级指标	权重
信息量指标	0.2318	文本信息量	0.1694
		图片信息量	0.0188
		超链接信息量	0.0437
信息内容类型	0.4895		
信息真实性	0.1462		
信息热度	0.0851		
信息编辑质量	0.0474		

① 郭亚军. 综合评价理论与方法 [M]. 北京：科学出版社，2002：30-35.

8.3.2 模型构建

根据评价指标的设置及其权重的计算，元信息质量评价模型如图8－1所示。模型中的数字表示评价指标相对于总目标（元信息质量评价）的权重，在实施评价时，给出各指标的得分，即可计算出每一条微博信息的质量得分，从而实现了微博信息质量评价的量化。

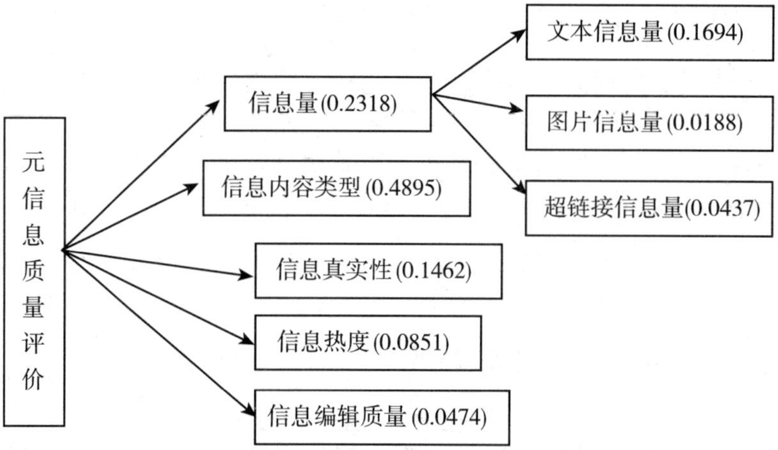

图8－1　元信息质量评价模型

根据图8－1中的评价指标权重，对指标的相对重要性进行分析，具体如下。

（1）在5个一级指标中，它们的权重差别较大。其中，信息内容类型和信息量指标的权重明显高于信息热度和信息编辑质量，这说明用户在评价一条微博信息质量时，主要以信息内容类型及其包含的信息量大小为参考指标，也反映了用户评价微博信息质量主要从个人需求出发，微博的讨论热度和编辑格式是否专业化对其质量评价影响不大。

（2）在信息量指标中，文本信息量对微博信息质量评价的影响程度最大，其次是超链接信息量和图片信息量，这在一定程度上反映了不同类型信息所包含的信息量大小不同。图片信息量的权重最小，其原因可能是图片信息是对文本内容的进一步补充与说明，相当于重复性信息，故其权重较小。

总之，微博信息质量的评价是用户获取高质量信息的前提和基础，客观准确地评价微博信息质量、发现影响微博信息利用的关键质量要素是实现微博质量控制、提高微博信息质量的重要基础。微博的元信息质量评价实现了对每条微博信息质量的量化评价，是进行微博用户页面信息质量评价的基础。微博页面信息质量评价是对微博页面信息质量的总体评价，可帮助用户识别高质量微博信息页面，提高用户获取的微博总体信息质量。

8.4　实证分析

在构建微博信息内容质量评价框架的基础上，可通过数据采集对实际的微博信息数据实施质量评价，以准确了解目前微博信息内容的质量状况，并通过对比分析总结不同领域用户群体的微博页面信息质量特征，为后期分析微博信息内容质量对用户利用的影响奠定基础。

8.4.1　数据采集

本节选取新浪微博平台作为研究样本的数据来源。新浪微博网站是目前国内注册用户最多的微博社区，根据互联网实验室、浙江传媒学院互联网与社会研究中心共同发布的《2012—2013 年微博发展研究报告》[①] 可知，2013 年上半年，新浪微博注册用户达到 5.36 亿，微博

① 中国超 5 亿微博用户逼近饱和［EB/OL］. 中国之星新闻网，http://www.chinastarnews.com/? p = 15381，2013 - 12 - 19.

用户总量接近饱和。2013 年第一季度，通过移动终端登录新浪微博的活跃用户为 3810 万，占总活跃用户比例为 76.2%。本节采集新浪微博数据研究微博信息内容质量具有一定的代表性。

目前微博数据的采集方式通常有两种：一是使用网页爬虫程序，爬取选定的微博页面，从中提取所需要的数据内容；二是利用微博开放平台所提供的 API（应用程序接口）来采集所需数据内容。这两种方式各有利弊，可结合使用。本节通过新浪微博开放平台提供的 API 接口来获取微博信息内容数据。新浪微博开放平台提供 API 接口，鼓励第三方开发人员开发应用软件实现与微博的无缝连接，以提升用户体验。

在微博信息数据的采集上，首先，本节从新浪微博认证的名人堂、政务厅、品牌馆等分类中选取了科技领域、公安领域、房地产领域和环保领域 4 个不同行业的微博用户代表，共计 152 个。科技领域微博用户多是以企业名义开通的微博账号，主要用于产品宣传、形象维护与用户沟通等，多是企业运营管理中的一个窗口。科技行业是发展迅速、在国民经济中比重日益增加的一个重要行业，而且科技企业的微博用户群体庞大，具有一定的代表性。公安领域微博用户是以公安机构名义开通的微博账号，是政务公开的一个重要渠道，代表了政府形象。公安机构具体包括公安局、派出所、消防机构、交管机构等，与人们生活较为贴近，而且全国各地开通的微博账号较多，用户群体庞大，具有一定的代表性。房地产领域微博用户多是以房地产领域的名人开通微博账号为主，他们在微博平台上较为活跃，而且用户群体较大，具有一定的代表性。环保领域微博用户主要由环保机构开通微博账号，如各种基金会、公益机构、公益项目、民间组织等机构开设的微博账号，以宣传环保活动、开展绿色环保事业为主，具有一定的代表性。这些用户都是经过新浪微博认证的用户，具有较高的可信度。科技、公安、房地产和环保是 4 个完全不同的领域，便于对其微博信息内容质量进行比较分析，以发现不同领域的微博信息质量特征及关键质量要素。在每一用户类型中，采用随机抽样的方法选取微博用户，避免某种主观倾向性，使抽取的样本用户能有效代表总体用户。

其次，确定微博用户页面中采集的微博信息数量。在进行数据采集时，采集的样本数据量越大，则数据分析结论越趋同于总体数据。然而考虑到样本数据量过大会对数据处理工作产生超额负荷，而且不同用户发布微博信息的密集度不同，在综合各方面因素的情况下，本节确定微博用户页面中采集的微博信息数量为 200 条，即针对选取的 152 个微博用户，采集每一个用户页面中的 200 条微博信息数据，这些数据在时间上是连续的，即用户在某一时间段内发布的 200 条微博数据。

最后，确定微博信息采集的起始点。一条微博信息在发布后，其信息内容、发布时间、发布者等客观属性不会发生改变（用户或系统删除的除外），但该条微博的转发次数和评论次数会随着时间的增长而不断增加。为了获取准确而稳定的微博转发和评论次数，我们选择较早时期的微博信息内容，以确保微博信息被利用情况的客观性。故本节确定微博数据采集的起始点为 2012 年 4 月 10 日 24 点，采集此时刻之前用户所发布的微博信息 200 条，即在用户页面时间轴上自此时刻起开始采集微博数据，并将时间不断向前推移，直至微博数据满 200 条为止。在数据采集过程中，对于用户页面中包含的微博信息不足 200 条的情况，则采集从起始点开始至其注册日这一期间内发布的所有微博信息。

综上所述，本节研究的样本数据为 2012 年 4 月 10 日 24 点之前的来自 4 个不同领域的 152 个微博用户的 200 条数据的总和，微博数据采集的字段如表 8 – 5 所示。在微博信息的利用数据方面，主要包括微博的转发次数和评论次数；而微博信息收藏次数方面的数据不完整，故无法采集这一数据。

表8－5 微博数据采集字段及说明

数据字段	字段说明	数据字段	字段说明
用户名	微博信息发布者的用户 ID	转发次数	该微博被转发的次数
时间	微博信息发布的时间	评论次数	该微博被评论的次数
微博内容	用户发表的微博信息内容		

根据前述元信息质量描述指标，可从信息质量角度将微博内容进一步细化，以体现其信息质量特征，微博信息内容的质量特征如表8－6所示。由于数据采集程序的限制，未能抓取到微博中包含的图片信息数据，故在进行质量评价时，信息量指标只包括文本信息量和超链接信息量，而未能包括图片信息量。

表8－6 微博信息内容的质量特征

质量特征	说明	质量特征	说明
信息内容类型	信息内容所属的10种类型之一	信息真实性	由与他人的交流互动频率（@出现的次数）来衡量
文本信息量	由文本字数表示	信息热度	由参与的话题（#）数量来衡量
超链接信息量	由超链接数量表示	信息编辑质量	由包含的概括性标题(【】)数量来衡量

根据上述设定的信息采集范围，利用新浪平台开放的API端口进行数据采集，并对原始数据进行预处理，剔除无效数据，共获得约2.5万条微博数据，其中，科技类数据约1万条，公安类约0.6万条，房地产类约0.5万条，环保类约0.4万条。本节将以这一数据集为样本，通过实证分析对微博信息内容质量进行评价研究。

8.4.2 统计分析方法

统计分析是在数据收集与整理的基础上进行统计与分析的定量研

究方法，主要包括描述统计分析和推断统计分析。描述统计分析①主要包括统计数据的收集、加工处理方法、显示方法、数据分布特征的概括与分析方法等；推断统计分析是在对样本数据描述的基础上，对统计总体的未知数量特征做出以概率形式表述的推断，本节主要采用描述统计分析法，具体包括数据的频数分析、集中与离散分析、数据的分布分析和指标对比分析等。

频数分布可以反映总体中各个单位在各组间的分布状态和分布特征，通常由两个要素构成②：一是总体按某变量所分的组，二是各组所出现的单位数，即频数，各组频数之和等于总体单位数。频率是各组频数与总体单位数之比，它反映了各组频数的大小对总体所起作用的相对强度。在集中与离散分析中，集中趋势是指一组数据向某一中心值靠拢的程度，它反映了该组数据中心点的位置所在，其主要统计指标通常被称为平均指标，用于反映总体单位所处的水平与状态。数据的离散分析用于反映同质总体内各单位标志值的差别与离散状况，通常称这类指标为变异指标，离散程度可反映各总体单位间差异的大小。数据的分布分析主要包括分布的对称程度和扁平程度，可由偏态系数和峰度系数来体现。这一分析可直观感受数据的分布状况。

指标对比分析是通过有关的指标对比来反映事物在数量上差异和变化的分析方法，可分为静态比较和动态比较分析。静态比较是同一时间条件下不同总体指标比较，如不同部门、不同地区、不同国家的比较，也叫横向比较；动态比较是同一总体条件、不同时期指标数值的比较，也叫纵向比较。进行对比分析时，可以单独使用总量指标或相对指标或平均指标，也可将它们结合起来进行对比。比较的结果可用相对数，如百分数、倍数、系数等，也可用相差的绝对数和相关的百分点来表示。指标对比分析是统计分析中最常用的方法之一。本节

---

① 李丽清. 统计与统计分析［M］. 长沙：中南大学出版社，2011：6.

② 王勇，等. 统计学原理［M］. 北京：中国传媒大学出版社，2011：59－60.

将利用这些统计分析方法进行微博信息内容质量的分析与评价，并通过对比分析总结质量特征。

8.4.3 微博信息内容质量评价

根据前文构建的信息质量评价模型，本节将从信息量、信息内容类型、信息真实性、信息热度和信息编辑质量 5 个方面，分别对企业科技微博、公安政务微博、房地产名人微博和环保公益微博 4 个群体用户的微博页面信息内容质量进行分析与评价。在采集的样本数据中，包含 60 个科技用户约 1 万条微博数据、38 个公安用户约 0.6 万条微博数据、30 个房地产名人用户约 0.5 万条微博数据、24 个环保用户约 0.4 万条微博数据，本节将以此数据为对象对其信息内容质量指标进行分析与评价。

8.4.3.1 信息量评价

根据采集到的样本数据，信息量指标包括文本信息量和超链接信息量，本节将以用户页面信息内容为评价单元，分别计算各页面信息内容中的信息量指标。

1. 文本信息量

文本信息量可由微博信息中作者原创内容的文本字数来衡量。一条微博的文本字数指该微博中用户自己原创的信息内容字数，不包括转发的微博信息内容字数。若用户仅转发信息，而无原创内容，则其微博文本字数为 0。科技用户微博页面信息的文本信息量如表 8 - 7 所示，表中文本信息量由微博用户发布微博的平均文本字数来表示，并采用四舍五入的方法取整数。

表 8－7　科技微博页面信息的文本信息量分布

用户	文本信息量	用户	文本信息量	用户	文本信息量	用户	文本信息量	用户	文本信息量
U1	52	U13	38	U25	39	U37	32	U49	63
U2	34	U14	76	U26	64	U38	33	U50	23
U3	18	U15	49	U27	36	U39	50	U51	18
U4	53	U16	37	U28	40	U40	23	U52	54
U5	43	U17	40	U29	46	U41	27	U53	36
U6	66	U18	28	U30	32	U42	47	U54	22
U7	47	U19	39	U31	43	U43	44	U55	18
U8	20	U20	57	U32	19	U44	47	U56	29
U9	34	U21	56	U33	50	U45	34	U57	20
U10	13	U22	33	U34	57	U46	42	U58	22
U11	18	U23	26	U35	67	U47	64	U59	67
U12	51	U24	31	U36	33	U48	114	U60	100
总平均数				42					

（1）由表 8－7 中数据可知，科技用户微博页面信息的平均文本字数介于13～114 之间，差距较大，这说明不同微博用户页面的文本信息量相差较大，存在不平衡性。页面信息文本字数的总平均值为 42，相比于新浪微博设定 140 字数的限制规则，其字数较少，说明微博页面信息的总体文本信息量不大。在这 60 个科技类微博用户中，平均文本字数为 18 的用户最多，其次为 33、34 和 47，平均文本字数超过 70（140 个字数的一半）的只有 3 个页面，分别为 76、100 和 114，这些数字说明大部分用户页面的文本字数较少。微博信息以短小精悍而著称，通常是一些简单的交流互动、生活感悟或个人观点等，故文本字数较少，验证了其碎片化特征。

（2）在公安用户微博群体中，其文本信息量分布如表 8－8 所示，表中数据采用四舍五入的方法取整数。由表中数据可知，公安用户微博页面信息中原创内容的文本字数介于2～117之间，其中，字数少于20的用户页面有10个，字数介于30～80之间的用户页面有24个，字数大于100的用户页面有3个。这些数据说明公安类用户微博中文本字数在用户分布上存在很大的不平衡性，其中63%的页面文本字数介于30～80之间，相比于140个字数的限制，其值较高，说明公安类微博中大部分用户的原创文本内容较为丰富，只有少数用户文本字数较少，文本信息量较低。从公安类用户群体的文本字数总平均数（50.05）来看，该群体原创微博的文本信息量处于中等水平。

表8－8　公安微博页面信息的文本信息量分布

用户	文本信息量	用户	文本信息量	用户	文本信息量	用户	文本信息量	用户	文本信息量
U1	62	U9	54	U17	53	U25	79	U33	41
U2	80	U10	78	U18	10	U26	39	U34	9
U3	101	U11	43	U19	9	U27	117	U35	19
U4	104	U12	71	U20	70	U28	75	U36	76
U5	86	U13	35	U21	2	U29	55	U37	68
U6	7	U14	5	U22	34	U30	68	U38	51
U7	10	U15	65	U23	47	U31	59		
U8	33	U16	12	U24	16	U32	59		
平均数				50.05					

（3）在房地产名人用户微博中，其页面信息的平均文本字数如表8－9所示。由表中数据可知，房地产类用户微博页面信息的平均文本字数介于4～77之间，其中，平均字数小于40的用户页面有23个，占总页面数的77%，可见多数用户发布的微博信息字数不超过40个字，相对于140个字数的限制，其字数较少。房地产类用户页面字数的总平均值为33，数量较少，凸显了微博的碎片化特征。

表 8－9　房地产微博页面信息的文本信息量分布

用户	文本信息量	用户	文本信息量	用户	文本信息量	用户	文本信息量	用户	文本信息量
U1	18	U7	22	U13	77	U19	6	U25	20
U2	36	U8	30	U14	33	U20	55	U26	14
U3	31	U9	22	U15	37	U21	11	U27	56
U4	61	U10	22	U16	22	U22	59	U28	4
U5	37	U11	49	U17	33	U23	20	U29	28
U6	39	U12	69	U18	15	U24	38	U30	19
总平均数				33					

（4）在环保公益微博用户群体中，其页面信息的平均文本字数如表8－10 所示。由表中数据可知，环保类微博用户页面信息中包含的文本字数介于 10～107 之间，这说明不同用户发布的微博信息在文本信息量上的差距很大，具有较大的不均衡性。其中，文本字数小于 50 的用户页面有 16 个，占总数的 67%；而文本字数大于 90 的用户页面有 3 个，占总数的 12.5%。这说明大部分用户发布的文本字数不超过 50 个，只有极少数的用户文本字数较多。环保类微博用户群体的总体平均文本字数为 46 个，相比于 140 个字数的限制，其原创文本信息量不高，处于一般水平。

表 8－10　环保微博页面信息的文本信息量分布

用户	文本信息量	用户	文本信息量	用户	文本信息量	用户	文本信息量	用户	文本信息量
U1	90	U6	29	U11	17	U16	63	U21	46
U2	58	U7	24	U12	79	U17	10	U22	45
U3	17	U8	47	U13	19	U18	29	U23	13
U4	29	U9	67	U14	107	U19	92	U24	39
U5	84	U10	41	U15	45	U20	21		
总平均数				46					

2. 超链接信息量

微博页面中超链接信息量可由用户页面中所发布的微博包含的超

链接总数量来表示。超链接数量代表了用户引用其他网站信息即外部信息的频率和数量，是对微博平台字数限制的扩展，可有效增加微博内容的信息量。

（1）科技微博用户页面信息的超链接信息量如表 8－11 所示。由表中数据可知，这些科技微博页面信息的超链接数量介于 0～136 之间，数量差距很大。这说明超链接在不同页面之间的分布存在严重不均衡现象，也反映了不同用户在使用超链接上的偏好不同。用户发布的微博信息超链接数量的平均值为 14.3，其中，包含的超链接数量为 1 和 6 的用户页面最多，其次是 2、11、0、8 和 10，这些超链接数量值均不高，而超链接数量为 136、116、66、49 等高数值的用户页面只有 1 个。这说明只有个别用户页面包含较多的超链接，而大多数用户对超链接的使用率不高。超链接数量代表了用户引用其他网站信息即外部信息的频率和数量，是对微博平台字数限制的扩展，可有效增加微博内容的信息量。由表中数据可知，科技用户对外部信息的引用频率不高。当然，这一现象也会受到用户习惯偏好的影响。

表 8－11　科技微博页面信息的超链接信息量分布

用户	超链接信息量	用户	超链接信息量	用户	超链接信息量	用户	超链接信息量	用户	超链接信息量
U1	5	U13	11	U25	17	U37	6	U49	6
U2	5	U14	11	U26	35	U38	8	U50	2
U3	9	U15	9	U27	11	U39	8	U51	0
U4	12	U16	2	U28	136	U40	6	U52	0
U5	10	U17	4	U29	19	U41	3	U53	8
U6	25	U18	48	U30	1	U42	49	U54	10
U7	16	U19	6	U31	10	U43	9	U55	3
U8	6	U20	116	U32	6	U44	11	U56	1
U9	20	U21	0	U33	8	U45	15	U57	1
U10	1	U22	11	U34	10	U46	2	U58	1
U11	6	U23	2	U35	18	U47	1	U59	66
U12	2	U24	4	U36	1	U48	29	U60	0
平均数				14.3					

（2）在公安微博用户群体中，其页面信息的超链接信息量如表 8－12所示。由表中数据可知，公安用户微博页面信息中包含的超链接信息量介于0～194 之间，其中，超链接数量小于 10 的用户页面有22 个，数量大于 50 的用户页面有 6 个。这些数据说明超链接数量在用户分布上存在严重不均衡现象，其中，大部分用户（近 58%）页面信息中包含的超链接数量小于 10 个，同时有少量用户页面包含大量的超链接，最多可达 194 个，这种不均衡现象尤为严重。从平均值来看，其数值较大，说明公安用户群体页面信息中包含的超链接信息量较大，对外部信息资源的共享率较高。

表 8－12　公安微博页面信息的超链接信息量分布

用户	超链接信息量	用户	超链接信息量	用户	超链接信息量	用户	超链接信息量	用户	超链接信息量
U1	80	U9	36	U17	109	U25	147	U33	8
U2	4	U10	1	U18	1	U26	12	U34	1
U3	0	U11	15	U19	4	U27	194	U35	0
U4	6	U12	0	U20	31	U28	30	U36	3
U5	69	U13	11	U21	2	U29	98	U37	3
U6	0	U14	2	U22	3	U30	40	U38	20
U7	4	U15	7	U23	46	U31	0		
U8	4	U16	24	U24	3	U32	0		
平均数				26. 79					

（3）在房地产名人用户微博中，其页面信息的超链接信息量如表 8－13 所示。由表中数据可知，房地产用户微博页面信息的超链接数量介于0～32 之间，其中，超链接数量小于 10 的微博页面有 27 个，占总数的 90%，由此可知大多数房地产用户发布微博信息时包含的超链接数量较少。房地产类用户页面信息中包含的超链接平均数量为 6 个，这说明房地产用户群体对超链接使用的总体数量较低，体现了房地产用户的群体偏好。

表 8-13　房地产微博页面信息的超链接信息量分布

用户	超链接信息量	用户	超链接信息量	用户	超链接信息量	用户	超链接信息量	用户	超链接信息量
U1	7	U7	3	U13	15	U19	3	U25	26
U2	2	U8	1	U14	2	U20	6	U26	8
U3	1	U9	7	U15	32	U21	3	U27	3
U4	1	U10	2	U16	6	U22	7	U28	0
U5	3	U11	6	U17	2	U23	1	U29	4
U6	4	U12	9	U18	5	U24	5	U30	6
平均数				6					

（4）在环保微博用户群体中，其页面信息的超链接信息量如表 8-14 所示。由表中数据可知，环保用户微博页面信息中的超链接数量介于1～136 之间。其中，超链接数量小于 30 的用户页面有 16 个，占总数的 67%；数量介于 30～60 之间的用户页面有 6 个，占总数的 25%；数量大于 100 的用户页面有 2 个，为 118 和 136，占总数的 8%。这些数据说明，大部分用户使用超链接的数量不高，即对外部信息的推荐与共享程度不高，只有少数用户经常利用超链接分享外部信息资源。环保用户页面信息中超链接的总体平均数量为 29 个，相比于其他行业领域的数量较高，这说明环保领域用户对外部资源的共享与利用率较高。

表 8-14　环保微博页面信息的超链接信息量分布

用户	超链接信息量	用户	超链接信息量	用户	超链接信息量	用户	超链接信息量	用户	超链接信息量
U1	50	U6	15	U11	12	U16	3	U21	6
U2	136	U7	5	U12	5	U17	15	U22	43
U3	1	U8	60	U13	7	U18	6	U23	1
U4	10	U9	3	U14	57	U19	20	U24	54
U5	25	U10	40	U15	118	U20	6		
总平均数				29					

8.4.3.2　信息内容类型

不同的内容类型代表的信息质量和信息价值不同。前文将信息内容类型分为10种类型，这里依据这10种类型对微博用户页面中发布的每一条微博信息进行分类，将其分别归入这10类中，并对其进行统计分析。

在进行微博信息内容类型的归类工作中，本书采用人工方式，选取10名研究生参与分类工作，这些同学均是该研究的参与者，具有一定的专业能力和科研基础。在实施分类之前，先对其进行训练，一方面帮助其准确了解各类型的范围和界限，同时对内容类型进行讨论而使之优化，直至分类人员能够熟练掌握各类型特点和分类技巧。其次，进行实验性分类，检查分类人员之间的信度，进行统一与协调，以提高分类工作的一致性。最后，使用标准化表格，简化分类工作。信息内容的分类只针对用户发布的原创微博信息内容，不包括转发信息。若用户只是转发信息，则将其信息类型设置为0，归入“其他信息”这一类型（“其他信息”包括系统信息、转发信息，以及这9种类型以外的信息）。在分类工作完成的基础上，对不同群体用户的每个微博页面信息类型进行统计，统计数据及其分析如下。

（1）科技用户微博页面信息内容类型的分布如表8－15所示。由表中数据可知，这10种类型微博信息的数量从高到低依次为人生感悟、热点评论、生活记录、互动交流、信息宣传、其他信息、事实报道、事件描述、知识与常识、娱乐信息，其中最高数量（3517）的微博信息是最低数量（82）的近43倍，说明微博信息的内容类型具有明显的倾向性。数量较高的人生感悟类、热点评论类和生活记录类微博信息说明用户在使用微博时，主要围绕个人的生活、思想、心情而进行记录，多是对人生或经历某一事件后的感悟、对热点事件的个人观点与评论、对个人生活中有意义的事情的记录，这些更像是用户的随笔，以议论和抒情两种为主。微博信息内容的这一特征由微博平台的便捷性和开放性所决定，它有效激发了用户情感抒发和参与热点事件讨论的主动性。数量较低的娱乐类、知识与常识类、事件描述类微博信息说明科技用户微博的娱乐性、知识性和事件报道性较弱，凸显了科技用户的群体偏好。而互动交流类、宣传类、事实报道类及其他信息数量介于中间，说明微博平台在信息交流、宣传、报道等方面的功能具有一定的影响力。微博信息内容类型的这些特征一方面反映了微博平台所固有的特征与功能，另一方面反映了科技信息用户在某些微博功能上的群体偏好。

表 8－15　科技微博页面信息内容类型的分布

用户	生活记录	事件描述	事实报道	热点评论	知识与常识	人生感悟	互动交流	信息宣传	娱乐信息	其他信息
U1	2	18	15	84	1	37	3	27	0	9
U2	0	10	3	98	2	0	79	3	0	0
U3	0	3	44	90	0	42	12	4	0	0
U4	0	7	2	79	0	2	17	39	0	0
U5	0	6	61	38	0	48	30	14	0	0
U6	0	28	30	2	35	63	27	10	0	0
U7	0	0	28	63	0	65	34	10	0	0
U8	0	0	1	44	0	95	4	2	0	0
U9	0	26	2	68	10	49	35	4	0	0
U10	0	0	4	13	0	20	9	3	0	0
U11	11	2	6	36	1	82	0	7	3	1
U12	4	2	0	13	2	67	4	21	0	1
U13	5	13	0	14	10	72	20	11	2	2
U14	24	1	1	4	18	140	11	1	0	0
U15	55	4	0	20	8	89	9	2	8	4
U16	75	0	0	2	7	62	3	0	0	1
U17	60	0	0	30	14	82	9	0	1	2

续表

用户	生活记录	事件描述	事实报道	热点评论	知识与常识	人生感悟	互动交流	信息宣传	娱乐信息	其他信息
U18	45	0	0	5	2	88	4	5	1	46
U19	10	0	0	11	0	35	3	4	1	10
U20	9	4	0	100	1	57	14	1	1	11
U21	77	0	2	16	13	79	10	0	0	0
U22	27	3	3	20	2	78	13	2	1	1
U23	49	0	0	22	4	109	7	0	9	0
U24	41	9	0	38	11	89	8	1	0	3
U25	9	1	0	30	6	128	2	2	13	9
U26	13	2	0	27	1	36	3	110	2	6
U27	23	1	0	71	4	70	1	27	0	3
U28	5	2	0	1	0	38	0	21	0	133
U29	14	0	0	12	1	47	2	11	0	13
U30	29	1	0	42	0	123	1	0	2	1
U31	19	1	0	33	8	54	2	84	0	0
U32	6	0	0	81	0	85	10	2	0	2
U33	9	0	0	30	3	150	3	4	0	1
U34	38	1	0	36	0	29	5	33	0	8
U35	52	0	0	53	1	74	12	2	2	2
U36	21	15	0	17	4	62	0	0	0	0
U37	23	4	0	66	3	98	2	2	0	1
U38	33	1	0	62	7	89	1	0	0	0
U39	6	2	0	83	0	52	5	0	0	1
U40	6	0	0	7	2	70	13	2	0	0
U41	16	3	0	5	1	65	2	2	1	2
U42	4	4	0	82	1	107	0	0	0	1
U43	9	1	0	30	0	58	1	0	0	1

续表

用户	生活记录	事件描述	事实报道	热点评论	知识与常识	人生感悟	互动交流	信息宣传	娱乐信息	其他信息
U44	9	2	0	87	0	56	7	30	0	2
U45	2	15	0	47	1	125	0	0	0	0
U46	30	0	0	35	2	67	2	63	1	0
U47	6	5	0	69	8	50	11	0	1	0
U48	16	3	137	12	4	26	0	0	0	1
U49	10	3	3	60	1	18	1	1	0	3
U50	8	5	1	6	0	5	7	6	0	16
U51	10	9	0	26	5	3	8	3	7	79
U52	14	3	0	36	0	5	6	0	0	0
U53	22	4	1	39	0	19	28	11	4	9
U54	40	10	7	78	0	11	13	0	0	38
U55	47	12	10	74	0	29	1	0	0	27
U56	74	0	14	46	1	34	22	0	0	9
U57	40	0	4	71	0	39	3	1	0	36
U58	18	0	1	60	0	16	35	0	0	17
U59	5	6	10	41	63	28	7	14	22	2
U60	0	17	4	135	0	1	30	0	0	0
总计	1180	269	394	2600	268	3517	611	602	82	514

（2）公安用户微博页面信息内容类型的分布如表 8－16 所示。由表中数据可知，公安用户微博页面信息内容类型的分布从高到低依次为其他信息、热点评论、知识与常识、事件描述、事实报道、信息宣传、生活记录、互动交流、人生感悟、娱乐信息。其中，热点评论、知识与常识、事件描述这 3 种内容类型在公安微博信息中分布较广，说明公安用户微博较多关注社会热点事件，发表评论并传播知识与常识，具有较高的知识性；而互动交流、人生感悟和娱乐信息方面的微

博信息内容较少，说明公安类微博与他人互动较少，记录个人思想活动的内容及娱乐信息较少，此类用户微博多以官方微博形式存在，侧重于工作与整体形象的宣传与报道，而较少涉及个人事件。在“其他信息”类型中，转发微博有1540条，说明公安微博在传播与分享信息方面的功能较强。总之，这一微博信息内容类型的分布凸显了公安类微博作为官方微博的公共属性及其行业特征。

表8-16　公安微博页面信息内容类型的分布

用户	生活记录	事件描述	事实报道	热点评论	知识与常识	人生感悟	互动交流	信息宣传	娱乐信息	其他信息
U1	3	48	29	19	40	0	10	24	0	29
U2	17	17	13	10	4	19	10	103	0	8
U3	0	0	24	0	154	0	12	8	0	3
U4	17	42	31	8	53	19	5	20	1	4
U5	29	14	18	14	42	22	19	31	3	14
U6	0	0	1	0	0	1	0	3	0	46
U7	7	4	1	21	0	0	3	6	0	62
U8	37	12	17	23	19	15	16	39	1	24
U9	28	67	10	26	7	18	13	15	0	18
U10	107	6	10	24	4	12	18	11	0	9
U11	55	18	8	19	13	18	6	19	3	40
U12	2	71	2	0	42	1	0	23	0	10
U13	48	6	21	11	17	14	16	40	3	28
U14	14	1	13	15	4	5	2	6	0	141
U15	9	6	12	1	85	4	1	4	26	53
U16	0	18	6	5	0	0	0	0	0	170
U17	0	136	8	3	0	0	0	1	0	50
U18	8	2	4	3	3	0	3	3	0	75
U19	1	2	0	4	2	0	3	4	0	86

续表

用户	生活记录	事件描述	事实报道	热点评论	知识与常识	人生感悟	互动交流	信息宣传	娱乐信息	其他信息
U20	1	35	23	55	47	0	0	3	0	35
U21	2	0	2	1	0	0	0	1	0	195
U22	3	7	9	159	3	0	13	1	0	3
U23	1	51	17	7	1	0	1	15	0	64
U24	0	1	5	133	0	0	22	1	0	35
U25	0	76	89	12	1	3	1	6	0	7
U26	2	30	12	13	5	6	19	58	0	57
U27	0	10	4	2	174	0	1	5	4	0
U28	1	48	24	31	37	7	9	18	3	25
U29	0	33	29	13	46	3	0	25	1	52
U30	1	15	4	57	22	62	17	11	2	13
U31	1	1	62	19	9	1	11	10	0	37
U32	0	1	0	32	52	0	1	1	0	14
U33	0	10	53	41	20	3	3	5	0	67
U34	0	2	6	145	1	0	3	1	0	43
U35	0	2	0	66	0	9	0	3	0	21
U36	0	11	35	56	25	12	0	5	0	6
U37	1	38	32	83	2	1	18	8	1	18
U38	0	2	43	59	7	3	16	42	1	26
总计	395	843	677	1190	941	258	272	579	49	1588

（3）房地产用户微博页面信息内容类型的分布如表 8 – 17 所示。由表中数据可知，房地产用户微博信息内容类型的数量从高到低依次为热点评论、生活记录、其他信息、互动交流、人生感悟、事件描述、事实报道、知识与常识、信息宣传和娱乐信息。其中，数量最多的热点评论（1582）是数量最少的娱乐信息（85）的 18.6 倍，说明房地产

用户微博页面信息内容在类型分布上存在严重不均衡现象。热点评论、生活记录及其他信息这 3 类微博信息较多，说明该领域用户倾向于利用微博平台关注热点信息并进行评论，以及记录个人的日常生活，发挥网络日记功能。其他类信息的数量较多则说明该领域用户发布的微博信息内容具有多样性，这 9 种信息类型远不能概括。娱乐信息、信息宣传和知识与常识类这 3 类微博信息数量较少，说明该领域微博信息内容的知识性不强，所发挥的娱乐功能和宣传功能较少。通过这一类型分析可知，对于房地产微博用户来说，微博平台首先是关注热点与评论、记录日常生活的工具，其次是增强交流互动、获取信息的有效途径。

表 8－17　房地产微博页面信息内容类型的分布

用户	生活记录	事件描述	事实报道	热点评论	知识与常识	人生感悟	互动交流	信息宣传	娱乐信息	其他信息
U1	33	12	16	12	7	3	11	0	0	44
U2	10	23	22	77	12	27	2	0	15	1
U3	61	44	5	40	0	10	0	0	16	22
U4	62	35	12	39	18	33	3	0	0	0
U5	0	23	10	119	2	13	2	0	0	24
U6	26	30	3	61	0	45	0	0	4	28
U7	23	24	2	41	1	11	68	0	2	28
U8	9	22	8	33	1	5	5	0	1	10
U9	57	19	3	23	2	9	25	0	2	58
U10	1	0	7	72	0	2	3	0	0	104
U11	10	8	3	44	5	37	9	0	1	66
U12	12	40	56	58	5	17	6	0	0	6
U13	28	25	40	21	4	27	8	41	4	1
U14	45	3	23	32	19	18	36	15	4	2
U15	21	12	23	46	26	35	15	9	1	11

续表

用户	生活记录	事件描述	事实报道	热点评论	知识与常识	人生感悟	互动交流	信息宣传	娱乐信息	其他信息
U16	45	8	14	34	9	11	45	17	5	12
U17	26	11	5	27	45	18	25	1	0	19
U18	57	8	20	38	21	10	16	14	0	15
U19	5	4	11	24	24	9	32	13	2	63
U20	22	2	22	39	35	12	36	23	3	6
U21	19	15	22	23	21	15	37	13	5	11
U22	16	39	15	91	10	2	15	6	3	1
U23	73	10	4	70	2	6	13	9	1	12
U24	19	0	3	47	0	2	11	16	2	0
U25	71	6	3	75	1	6	9	4	3	20
U26	26	9	2	110	1	4	11	5	8	19
U27	11	11	3	59	0	13	17	26	0	10
U28	16	0	0	52	0	6	8	6	3	59
U29	31	2	4	88	3	45	9	9	0	9
U30	38	0	2	87	0	3	8	8	0	3
总计	873	445	363	1582	274	454	485	235	85	664

（4）环保用户微博页面信息内容类型的分布如表 8－18 所示。由表中数据可知，环保用户微博信息内容类型的分布从高到低依次为生活记录、信息宣传、互动交流、其他信息、事实报道、热点评论、事件描述、人生感悟、娱乐信息、知识与常识。其中，最高数量的微博类型（828）与最低数量的微博类型（29）相差近 29 倍，说明环保微博信息在内容类型分布上存在严重不均衡现象。数量较高的生活记录和信息宣传说明环保用户在使用新浪微博时主要以记录日常生活和宣传环保活动等为主，这在其生活与工作中起到了良好的辅助作用。数量较低的知识与常识和娱乐信息则说明环保用户微博的知识性和娱乐

性较低。互动交流、事实报道、热点评论等类型的微博数量处于中间位置。这些类型分布特征说明环保用户较多地关注本行业的宣传、报道，以及个人生活记录和与他人的交流互动，而对与个人和行业相关性不高的知识常识、娱乐信息的关注度不高。这一用户特征与环保领域自身的特点有关，很多环保活动需要大力宣传，取得大众支持，才能更好地开展环保事业。

表 8－18　环保微博页面信息内容类型的分布

用户	生活记录	事件描述	事实报道	热点评论	知识与常识	人生感悟	互动交流	信息宣传	娱乐信息	其他信息
U1	7	101	35	14	0	2	2	24	0	15
U2	16	19	40	0	0	27	0	76	0	22
U3	2	0	0	0	0	0	0	0	0	1
U4	99	4	1	15	0	13	26	29	0	12
U5	78	9	71	4	0	6	4	27	0	1
U6	92	6	6	3	1	14	38	4	4	31
U7	6	3	0	6	0	4	13	2	2	11
U8	60	16	2	17	4	16	13	27	6	32
U9	0	0	1	1	0	0	0	2	0	0
U10	66	14	19	21	2	26	22	1	7	15
U11	67	2	0	10	3	28	21	8	4	57
U12	9	7	27	39	0	7	6	1	0	4
U13	9	4	0	11	0	1	22	1	0	4
U14	42	6	7	67	7	20	0	36	1	14
U15	51	0	4	2	0	1	2	73	0	63
U16	28	0	4	13	2	22	0	5	0	3
U17	10	0	29	64	0	5	25	14	0	53
U18	66	0	11	14	3	13	4	7	0	31

续表

用户	生活记录	事件描述	事实报道	热点评论	知识与常识	人生感悟	互动交流	信息宣传	娱乐信息	其他信息
U19	7	0	0	4	1	0	3	149	0	6
U20	26	0	1	5	0	1	5	4	0	3
U21	30	38	62	16	1	12	19	3	4	13
U22	23	5	26	8	3	5	51	11	0	18
U23	13	0	8	2	0	8	149	0	3	17
U24	21	18	54	5	2	5	53	15	1	26
总计	828	252	408	341	29	236	478	519	32	452

8.4.3.3 信息真实性

信息真实性由微博信息中出现@的次数来衡量，可采用@出现的平均数量作为衡量信息真实性的指标，其数值采用四舍五入的方式，保留小数点后两位。@出现的频率越高，说明用户与他人的互动性越强，从而反映其所发布微博信息的真实性。不同微博用户群体的信息真实性质量统计分析如下。

（1）科技微博页面信息中@出现的频率如表8－19所示。由表中数据可知，科技微博用户发布信息使用@的平均频率值介于0.01～2.18之间，其平均值为0.77。这说明用户发布一条微博信息时使用@的概率为0.77，接近于1，反映了科技用户发布微博信息时与他人的互动性较强，其微博信息具有一定的真实性。在这60个科技用户页面中，@的平均频率值小于0.5的用户页面有13个，数值介于0.5～1.0之间的有32个，数值介于1.0～2.0之间的有14个，数值大于2.0的只有1个（2.18）。这些数字说明，有一半的用户使用@的平均频率为0.5～1，其他用户平均分布在两端，近似符合正态分布。

表 8－19　科技微博页面信息中@出现的频率

用户	@出现的频率	用户	@出现的频率	用户	@出现的频率	用户	@出现的频率	用户	@出现的频率
U1	0.65	U13	1.02	U25	0.57	U37	0.70	U49	0.50
U2	1.30	U14	0.22	U26	0.71	U38	1.38	U50	1.20
U3	1.02	U15	0.72	U27	0.62	U39	0.91	U51	1.22
U4	0.28	U16	0.25	U28	0.32	U40	2.18	U52	0.55
U5	0.63	U17	0.28	U29	0.74	U41	1.23	U53	1.12
U6	0.72	U18	0.71	U30	0.82	U42	1.16	U54	0.73
U7	1.09	U19	0.30	U31	0.62	U43	0.67	U55	0.58
U8	0.90	U20	0.79	U32	1.78	U44	1.23	U56	0.55
U9	0.99	U21	0.39	U33	0.48	U45	0.82	U57	0.59
U10	0.76	U22	1.13	U34	0.38	U46	0.47	U58	1.97
U11	0.56	U23	0.95	U35	0.40	U47	0.55	U59	0.01
U12	0.97	U24	0.61	U36	0.54	U48	0.12	U60	0.58
平均数				0.77					

（2）公安用户微博页面信息中@出现的频率如表 8－20 所示。表中数据表示用户所发布的微博信息中包含的@的平均数量，其数值采用四舍五入的方式，保留小数点后两位。由表中数据可知，公安类微博页面信息中@出现的频率介于 0～2.03 之间。其中，频率小于 0.5 的用户页面有 22 个，占总数的 58%；频率大于 1 的用户页面有 7 个，占总数的 18%。这说明公安类微博用户中一半以上的页面信息包含@的概率小于 0.5，只有少数用户页面信息中@出现的概率大于 1，@的频率分布在用户之间存在很大的不平衡性。该领域用户页面信息中@出现的平均概率为 0.58，处于用户区间的较低水平，这说明公安类用户微博总体上使用@的频率较低，用户之间的互动交流性不强。

表 8-20 公安微博页面信息中@出现的频率

用户	@出现的频率	用户	@出现的频率	用户	@出现的频率	用户	@出现的频率	用户	@出现的频率
U1	0.20	U9	0.35	U17	0.31	U25	0.69	U33	0.15
U2	0.95	U10	0.66	U18	0.44	U26	0.34	U34	0.23
U3	0	U11	0.57	U19	0.79	U27	0	U35	0.23
U4	0.05	U12	0.11	U20	0.31	U28	0.41	U36	0.11
U5	1.82	U13	0.15	U21	2.03	U29	0.19	U37	0.70
U6	0.5	U14	0.98	U22	1.45	U30	1.05	U38	0.59
U7	1.27	U15	0.27	U23	0.25	U31	0.33		
U8	1.05	U16	0.48	U24	1.68	U32	0.53		
平均数				0.58					

（3）房地产微博页面信息中@出现的频率如表 8-21 所示。表中数据表示微博用户页面信息中包含的@的平均数量，其数值采用四舍五入的方式，保留小数点后两位。由表中数据可知，房地产用户微博页面信息中出现@的频率介于 0.18～2.77 之间。其中，数值小于 1 的用户页面有 16 个，占总数的 53%；数值介于 1～2 之间的用户页面有 11 个；数值大于 2 的页面信息只有 3 个。这说明一半以上的用户使用@的频率小于 1，只有极少数用户使用@的频率较大，平均每条微博出现@的频率超过 2。根据新浪平台使用经验可知，@出现频率较多的情况有两种：一是记录个人生活中的有趣事件与多位好友互动，形成朋友圈内交流，这种多是非正式的交流；二是通过@知名人士或相关用户，达到信息宣传的目的。在这两种情况下，微博信息均具有较强的真实性。房地产用户页面信息中@出现的总平均频率为 1.074，即从整体来看平均每条微博信息中都会出现一次@，这说明房地产微博信息的用户互动与交流性较强，其所发布的信息具有较强的真实性。

表 8－21　房地产微博页面信息中@出现的频率

用户	@出现的频率	用户	@出现的频率	用户	@出现的频率	用户	@出现的频率	用户	@出现的频率
U1	0. 18	U7	1. 51	U13	0. 70	U19	1. 28	U25	0. 63
U2	1. 45	U8	1. 12	U14	2. 77	U20	0. 49	U26	2. 13
U3	0. 57	U9	0. 89	U15	0. 83	U21	1. 51	U27	0. 28
U4	0. 31	U10	0. 47	U16	1. 02	U22	1. 89	U28	0. 9
U5	0. 78	U11	1. 08	U17	1. 17	U23	1. 85	U29	0. 76
U6	0. 33	U12	0. 26	U18	0. 89	U24	2. 76	U30	1. 41
平均数				1. 074					

（4）环保微博页面信息中@出现的频率如表 8－22 所示。表中数据表示微博用户页面信息中包含的@的平均数量，其数值采用四舍五入的方式，保留小数点后两位。由表中数据可知，环保类用户页面信息中@出现的频率介于 0～3. 75 之间。其中，频率值小于 0. 5 的用户页面有 11 个，占总数的 45. 8%；频率值大于 3 的用户页面有 2 个，占总数的 8. 3%；其他用户页面介于 0. 5～3 之间。这说明，近一半的用户微博信息中使用@的频率小于 0. 5，数值较低，这些用户与他人互动性不强；仅有极少数用户与他人互动较多，平均人次超过 3 人，这些用户互动交流的人数较多，反映了其微博信息具有较高的真实性。环保类用户页面信息中使用@的平均频率值为 0. 93，这说明用户发布的微博信息中，平均每条微博与他人互动的概率为 0. 93，接近于 1，互动性较强，反映了该用户群体中整体微博信息的真实性较高。

表 8-22　环保微博页面信息中@出现的频率

用户	@出现的频率	用户	@出现的频率	用户	@出现的频率	用户	@出现的频率	用户	@出现的频率
U1	0.2	U6	1.14	U11	1.27	U16	0.29	U21	0.15
U2	0.11	U7	1.36	U12	0.27	U17	3.75	U22	0.53
U3	0	U8	1.03	U13	1.22	U18	0.42	U23	1.84
U4	1.77	U9	0	U14	0.03	U19	0.13	U24	1.33
U5	0.36	U10	1.32	U15	0.74	U20	3.04		
总平均数				0.93					

8.4.3.4　信息热度

用户微博的信息热度可由该微博所参与话题讨论的数量来衡量，即微博页面信息中所包含的话题数量。参与讨论的话题数量越多，说明该微博用户页面的信息热度越高。

（1）科技用户微博页面的信息热度如表 8-23 所示，表中数据表示微博用户所发布的微博信息中包含的话题总数。由表中数据可知，科技用户参与讨论的话题数量介于 0~162 之间。其中，参与话题数为 0 的用户页面有 14 个，话题数量介于 1~3 之间的用户页面有 22 个，话题数量介于 4~10 之间的有 13 个，话题数量大于 10 的有 11 个。由此可知，大部分用户参与讨论的话题数量小于 10 个，只有少数用户参与讨论的话题数量多，如 162、47、38、28 等，这些用户通常是微博平台的活跃用户，经常活跃于各大热门话题讨论中，发表个人观点与见解。有 14 个用户没有参与任何话题的讨论，占用户总数的 23%，这类用户可能更多关注个人社交圈，而对热点事件关注较少。科技用户参与讨论的话题总平均数为 8.45，这一数值会受到数据采集时间段内所发生的社会热点事件数量的影响，这一时期内社会热点事件越多，则用户微博参与讨论的话题数会增加，反之则会减少。

表 8-23 科技微博用户页面的信息热度分布

用户	参与讨论的话题数量	用户	参与讨论的话题数量	用户	参与讨论的话题数量	用户	参与讨论的话题数量	用户	参与讨论的话题数量
U1	9	U13	5	U25	10	U37	3	U49	2
U2	1	U14	162	U26	12	U38	1	U50	0
U3	4	U15	0	U27	2	U39	0	U51	4
U4	1	U16	1	U28	4	U40	3	U52	0
U5	6	U17	1	U29	11	U41	2	U53	2
U6	0	U18	18	U30	38	U42	0	U54	8
U7	22	U19	3	U31	13	U43	1	U55	3
U8	3	U20	2	U32	0	U44	2	U56	0
U9	5	U21	1	U33	47	U45	4	U57	5
U10	1	U22	0	U34	21	U46	3	U58	2
U11	0	U23	4	U35	7	U47	0	U59	0
U12	0	U24	18	U36	2	U48	28	U60	0
平均数				8.45					

（2）公安用户微博页面信息中参与讨论的话题数量如表 8-24 所示。由表中数据可知，公安微博用户参与讨论的话题总数介于 0～176 之间。其中，话题数量小于 5 的用户页面有 18 个，占总数的 47%；这说明近一半的用户参与讨论的话题数不超过 5 个，数量较少，反映了这部分用户对热点话题的关注度不高。话题数量超过 50 的用户页面有 6 个，其中有 2 个用户页面参与讨论的话题数达到 110 和 176；这说明有少数用户为活跃用户，积极参与各种热点话题的讨论，但这种用户所占比例不高。公安微博用户参与讨论的话题总平均数为 24，数量较多，这说明该用户群体总体活跃度较高，其微博页面信息热度较高。

表 8-24　公安微博用户页面的信息热度

用户	参与讨论的话题总数	用户	参与讨论的话题总数	用户	参与讨论的话题总数	用户	参与讨论的话题总数	用户	参与讨论的话题总数
U1	55	U9	2	U17	2	U25	10	U33	2
U2	176	U10	49	U18	3	U26	1	U34	6
U3	0	U11	33	U19	3	U27	4	U35	4
U4	0	U12	78	U20	13	U28	27	U36	83
U5	8	U13	4	U21	37	U29	36	U37	59
U6	8	U14	14	U22	4	U30	110	U38	1
U7	1	U15	3	U23	4	U31	0		
U8	36	U16	12	U24	24	U32	0		
平均数				24					

（3）房地产用户微博页面的信息热度如表 8-25 所示，表中数据表示微博用户页面信息中所包含的话题总数。由表中数据可知，房地产用户页面信息中参与讨论的话题数量介于 0～30 之间。其中，话题数量为 0 的用户页面有 10 个；话题数量不超过 10 的用户页面有 27 个，占总数的 90%。这说明房地产领域的大多数用户在 3 个月内参与讨论的话题数量少于 10，其中有 1/3 的用户未参与任何话题的讨论。只有 1/10 的用户参与讨论的话题数较多，为 15、20 和 30，这说明房地产领域有极少数活跃用户，他们积极参与各热点的话题讨论，而大多数用户的活跃度不高。房地产用户群体参与讨论话题的总体平均数为 4.37，相比于科技类用户群体的平均值（8.45），其数值不高，这说明房地产领域的整体用户活跃度不及科技类用户群体的活跃度。

表 8－25　房地产微博用户页面的信息热度

用户	参与讨论的话题数量	用户	参与讨论的话题数量	用户	参与讨论的话题数量	用户	参与讨论的话题数量	用户	参与讨论的话题数量
U1	3	U7	15	U13	10	U19	0	U25	20
U2	1	U8	0	U14	3	U20	4	U26	9
U3	1	U9	7	U15	2	U21	0	U27	0
U4	30	U10	0	U16	3	U22	9	U28	0
U5	2	U11	1	U17	1	U23	2	U29	0
U6	0	U12	2	U18	6	U24	0	U30	0
平均数				4.37					

（4）环保微博用户页面的信息热度如表 8－26 所示，表中数据表示微博用户页面信息中所包含的话题总数。由表中数据可知，环保用户参与讨论的话题数量介于 0～70 之间，这说明不同用户间的差别很大，具有很大的不平衡性。其中，话题数量不超过 2 个的用户页面有 12 个，占总数的 50%；话题数量大于 50 的用户页面有 3 个，占总数的 12.5%。这说明总体用户中有一半的用户参与讨论的话题数量很少，其活跃度很低；仅有 12.5% 的用户尤其活跃，参与讨论的话题数量很多；其他用户处于一般水平。从整个用户群体参与讨论的话题数量平均值来看，平均每个用户参与讨论的话题数为 16.29 个，数值较高，说明环保用户群体所发布的微博信息热度较高，整体活跃度较高。

表 8-26　环保微博用户页面的信息热度

用户	参与讨论的话题总数	用户	参与讨论的话题总数	用户	参与讨论的话题总数	用户	参与讨论的话题总数	用户	参与讨论的话题总数
U1	70	U6	1	U11	11	U16	1	U21	1
U2	59	U7	0	U12	2	U17	9	U22	2
U3	0	U8	31	U13	0	U18	2	U23	2
U4	62	U9	0	U14	2	U19	33	U24	8
U5	35	U10	34	U15	20	U20	6		
总平均数				16.29					

8.4.3.5　信息编辑质量

信息编辑质量可通过微博中包含的概述性标题来体现，具体由微博用户页面信息中包含的标题平均数量表示，它反映了用户发布微博信息时包含概述性标题的概率。数据值采用四舍五入的方式，保留小数点后 3 位。

（1）科技用户微博页面信息中标题平均数量如表 8-27 所示。由表中数据可知，科技用户发布微博信息时使用标题的概率介于 0 ~ 0.133 之间。其中，标题数量为 0 的用户页面有 15 个，介于 0.001 ~ 0.01 之间的用户页面有 17 个，介于 0.011 ~ 0.02 之间的用户页面有 14 个，大于 0.02 的用户页面有 14 个，较为均匀地分布在各数值段。这说明科技用户群体在使用概述性标题时无明显偏好。科技用户使用标题的总平均数为 0.021，数值较低，说明从整体来看用户发布微博信息时使用标题的概率较低。这一结果与用户的特征有关，科技用户不同于新闻工作者，也非正式出版发行机构，他们大多从事科技行业，没有受到过新闻编辑、出版发行等专业训练，故概述性标题的使用率较低。

表 8-27　科技微博页面信息中标题的平均数量

用户	标题平均数量	用户	标题平均数量	用户	标题平均数量	用户	标题平均数量	用户	标题平均数量
U1	0.02	U13	0.007	U25	0.025	U37	0	U49	0
U2	0.005	U14	0.025	U26	0.01	U38	0.010	U50	0
U3	0.010	U15	0.015	U27	0.01	U39	0.007	U51	0.133
U4	0.014	U16	0.007	U28	0.065	U40	0.01	U52	0
U5	0	U17	0.020	U29	0.09	U41	0.010	U53	0.013
U6	0.015	U18	0.121	U30	0.005	U42	0.010	U54	0.010
U7	0.015	U19	0.027	U31	0.055	U43	0.01	U55	0.015
U8	0	U20	0.020	U32	0.027	U44	0.026	U56	0.015
U9	0.127	U21	0.015	U33	0	U45	0.021	U57	0.005
U10	0	U22	0.013	U34	0.06	U46	0	U58	0.014
U11	0.007	U23	0.005	U35	0	U47	0.013	U59	0
U12	0	U24	0.095	U36	0	U48	0	U60	0
平均数				0.021					

（2）公安用户微博页面信息中标题的平均数量如表 8-28 所示。由表中数据可知，公安用户微博页面信息中标题的平均数量介于 0~0.52 之间。其中，平均数量小于 0.01 的用户页面有 12 个，占总数的 32%；介于 0.01~0.1 之间的用户页面有 20 个，占总数的 53%；大于 0.1 的用户页面有 6 个，占总数的 15%。这些数据说明，85% 的用户页面信息中标题的平均数量不超过 0.1，近 1/3 的用户页面信息中标题的平均数量不超过 0.01，即大部分用户使用标题的概率较低，只有少数用户使用标题稍多。公安用户微博使用标题的总体平均数量为 0.062，数值较小，这说明该用户群体发布微博信息时的专业编辑能力不高。

表 8－28　公安微博页面信息中标题的平均数量

用户	标题平均数量	用户	标题平均数量	用户	标题平均数量	用户	标题平均数量	用户	标题平均数量
U1	0.127	U9	0.005	U17	0.005	U25	0.01	U33	0.045
U2	0.215	U10	0.025	U18	0	U26	0.015	U34	0.005
U3	0.005	U11	0.07	U19	0.03	U27	0.005	U35	0
U4	0.005	U12	0	U20	0.44	U28	0.245	U36	0
U5	0.01	U13	0.03	U21	0.025	U29	0.095	U37	0.015
U6	0.06	U14	0	U22	0.02	U30	0.115	U38	0.015
U7	0.02	U15	0.52	U23	0.033	U31	0.013		
U8	0.08	U16	0.035	U24	0.035	U32	0		
平均数				0.062					

（3）房地产微博页面信息中使用标题的平均数量如表 8－29 所示。表中数据表示微博用户页面信息中包含的标题平均数量，反映了用户发布微博信息时包含概述性标题的概率。数据值采用四舍五入的方式，保留小数点后 3 位。由表中数据可知，房地产用户微博页面信息中使用标题的平均数量介于 0～0.131 之间。其中，标题数量小于等于 0.01 的用户页面有 21 个，占总数的 70%；其中未使用过标题的用户页面有 8 个，占总数的 27%。这说明大多数用户在发布微博信息时使用标题的概率很低。使用标题的平均数量大于 0.1 的用户页面只有 1 个，占总数的 3.3%。总体用户使用标题的平均数量为 0.0204，数值很低，这说明房地产用户群体使用标题的整体概率较低。这一结果与房地产用户的群体特征有关，他们没有接受过专业培训，也非出版发行领域，故发表信息时对标题的使用概率较低。

表 8 - 29　房地产微博页面信息中标题的平均数量

用户	标题平均数量	用户	标题平均数量	用户	标题平均数量	用户	标题平均数量	用户	标题平均数量
U1	0	U7	0.01	U13	0.050	U19	0.005	U25	0.010
U2	0.085	U8	0.011	U14	0.005	U20	0	U26	0.010
U3	0.010	U9	0.01	U15	0.095	U21	0	U27	0.007
U4	0.055	U10	0	U16	0.015	U22	0.131	U28	0
U5	0.010	U11	0.005	U17	0	U23	0.005	U29	0.005
U6	0	U12	0.005	U18	0	U24	0.06	U30	0.013
平均数				0.0204					

（4）环保微博页面信息中使用标题的平均数量如表 8 - 30 所示。由表中数据可知，环保用户微博页面信息中包含的标题平均数量介于 0 ~ 0.295 之间。其中，未使用过标题的微博用户页面有 8 个，占总数的 1/3；标题平均数量大于 0.1 的用户页面有 4 个，占总数的 1/4；所有用户的总平均值为 0.038。这些数据说明，环保用户群体发布微博信息时使用标题的概率很低，有 1/3 的用户从未使用过标题，反映出该用户群体在微博编辑质量上较弱。

表 8 - 30　环保微博页面信息中标题的平均数量

用户	标题平均数量	用户	标题平均数量	用户	标题平均数量	用户	标题平均数量	用户	标题平均数量
U1	0.015	U6	0.020	U11	0.02	U16	0	U21	0.005
U2	0.295	U7	0	U12	0	U17	0.005	U22	0.02
U3	0	U8	0.031	U13	0	U18	0.007	U23	0.01
U4	0.005	U9	0	U14	0.01	U19	0.171	U24	0
U5	0.135	U10	0.015	U15	0.145	U20	0		
总平均数				0.038					

8.4.4 微博信息内容质量特征分析

在对4个领域用户微博的信息内容质量进行量化分析与评价的基础上，这里将利用微博信息内容质量评价模型实现总体质量的量化评估，并通过对比分析挖掘各领域用户微博的信息内容质量特征。

8.4.4.1 微博信息内容质量的量化评估

根据前文对元信息质量和页面信息质量评价模型的构建，并结合上一节中对信息内容质量描述指标的量化计算，可实现微博信息内容质量的量化评估。这里将以微博用户页面信息为单元来计算微博信息内容质量。

根据前文中构建的信息内容质量评价模型，信息内容质量评价指标主要包括信息量、信息内容类型、信息真实性、信息热度和信息编辑质量5个方面，其中，信息量包括文本信息量、图片信息量和超链接信息量。由于本书采集到的微博数据中不包含图片信息，故在实施质量评价时不包括图片信息量，将其权重平均分配到文本信息量和超链接信息量中，并采用四舍五入的方式保留小数点后两位。信息内容质量评价指标的权重分配如下：文本信息量（0.18）、超链接信息量（0.05）、信息内容类型（0.49）、信息真实性（0.15）、信息热度（0.08）、信息编辑质量（0.05）。

前文已对4个领域用户微博页面信息中的文本信息量、超链接信息量、信息真实性、信息热度和信息编辑质量这些指标值进行了计算，为信息内容质量的量化评估提供了基础。对于微博用户页面中的信息内容类型，也需要进行赋值与计算。前文在描述信息内容类型时，从信息质量角度将其分为5个等级，并采用5分制进行赋值，详见本书第8.2.1节。根据这一赋值规则可知，知识与常识类微博赋值为5分，热点评论和人生感悟类微博赋值为4分，事实报道、事件描述和信息宣传类微博赋值为 3 分，生活记录和娱乐信息类微博赋值为 2 分，互动交流和其他信息类微博赋值为 1 分。根据这一计分规则，计算每一个用户页面中的信息内容类型得分，其分值由该用户页面微博信息内容类型总得分除以微博数量，即微博信息内容类型的平均值来表示。微博用户页面信息内容类型的得分如表 8－31 所示（部分数据），各信息内容类型对应的列中数据表示用户页面信息中出现该类型内容的微博信息条数，最后 3 列分别表示用户页面信息的微博总数量、总得分以及平均分值。这里以“平均得分”的数值作为用户页面信息内容类型的分值，其值介于 1～5 之间。

表 8－31　微博用户页面信息内容类型量化得分（部分数据）

科技类用户	生活记录	事件描述	事实报道	热点评论	知识与常识	人生感悟	互动交流	信息宣传	娱乐信息	其他信息	微博数量	总得分	平均得分
U1	2	18	15	84	1	37	3	27	0	9	196	685	3.49
U2	0	10	3	98	2	0	79	3	0	0	195	529	2.71
U3	0	10	3	98	2	0	79	3	0	0	195	529	2.71
U4	0	7	2	79	0	2	17	39	0	0	146	485	3.32
U5	0	6	61	38	0	48	30	14	0	0	197	617	3.13
U6	0	28	30	2	35	63	27	10	0	0	195	666	3.42
U7	0	0	28	63	0	65	34	10	0	0	200	660	3.3
U8	0	0	1	44	0	95	4	2	0	0	146	569	3.9
U9	0	26	2	68	10	49	35	4	0	0	194	649	3.35
U10	0	0	4	13	0	20	9	3	0	0	49	162	3.31
U11	11	2	6	36	1	82	0	7	3	1	149	551	3.7
U12	4	2	0	13	2	67	4	21	0	1	114	412	3.61
U13	5	13	0	14	10	72	20	11	2	2	149	502	3.37

续表

科技类用户	生活记录	事件描述	事实报道	热点评论	知识与常识	人生感悟	互动交流	信息宣传	娱乐信息	其他信息	微博数量	总得分	平均得分
U14	24	1	1	4	18	140	11	1	0	0	200	734	3. 67
U15	55	4	0	20	8	89	9	2	8	4	199	633	3. 18
U16	75	0	0	2	7	62	3	0	0	1	150	445	2. 97
U17	60	0	0	30	14	82	9	0	1	2	198	651	3. 29
U18	45	0	0	5	2	88	4	5	1	46	196	539	2. 75
U19	10	0	0	11	0	35	3	4	1	10	74	231	3. 12
U20	9	4	0	100	1	57	14	1	1	11	198	693	3. 5
U21	77	0	2	16	13	79	10	0	0	0	197	615	3. 12
U22	27	3	3	20	2	78	13	2	1	1	150	496	3. 31
U23	49	0	0	22	4	109	7	0	9	0	200	667	3. 34
U24	41	9	0	38	11	89	8	1	0	3	200	686	3. 43
U25	9	1	0	30	6	128	2	2	13	9	200	726	3. 63
U26	13	2	0	27	1	36	3	110	2	6	200	632	3. 16
U27	23	1	0	71	4	70	1	27	0	3	200	718	3. 59
U28	5	2	0	1	0	38	0	21	0	133	200	368	1. 84
……													

至此，微博用户页面信息内容质量的评价指标均实现了量化计算，而且各指标权重已确定，故用户页面信息内容质量的计算公式为：

微博用户页面信息内容质量 =0. 18 × 文本信息量 +0. 05 × 超链接信息量 +0. 49 × 信息类型质量 +0. 15 × 信息真实性质量 +0. 08 × 信息热度 +0. 05 × 信息编辑质量

在前文中，文本信息量由文本字数衡量，超链接信息量由超链接数量衡量，信息类型则分为5个等级进行量化，信息真实性由@出现的频次衡量，信息热度由参与讨论的话题数量衡量，信息编辑质量由微博信息中包含标题的频率衡量。这些指标在量化过程中采用的计分标准不同，需要经过归一化处理后才能加入信息内容质量计算公式中进行计算。

对于数值的归一化处理，可使用常见的数学函数进行归一化，如对数归一、指数归一、三角或反三角函数归一等，归一的目的是使得没有可比性的数据变得具有可比性，同时又能保持数据之间的相对关系。这里所采用的归一化处理方法如下：假设待归一化处理的数值数据有 n 个，其数值分别为 x_1，x_2，…，x_n，则第 i 个数据 x_i 经过归一化处理后的数值 $y_i = \frac{x_i}{(x_1 + x_2 + \cdots + x_n)}$，它表示第 i 个数据值在总数据值中所占的比例。

经过这一归一化处理后，文本信息量、超链接信息量、信息类型质量、信息真实性质量、信息热度和信息编辑质量这些指标值可以转化为0~1之间的数值，而且这些数值具有可比性。归一化处理后的数据采用统一的赋值规则，可加入信息内容质量计算公式中对微博用户页面信息内容质量进行计算，实现信息质量的量化评价。

微博信息内容质量指标归一化后的数值及微博用户页面信息质量值如表8-32所示。各质量指标对应的列中数据表示归一化处理后的指标值，结合各指标权重，代入信息内容质量计算公式，即可得到微博用户页面信息内容质量值，详见表8-32中的“信息内容质量”一列。

表 8-32　归一化处理后的质量指标值及页面信息质量值（部分数据）

科技用户	文本信息量(0.18)	超链接信息量(0.05)	信息类型质量(0.49)	信息真实性质量(0.15)	信息热度(0.08)	信息编辑质量(0.05)	信息内容质量
U1	0. 020684169	0. 005827506	0. 017682525	0. 014057093	0. 017751479	0. 015974441	0. 017006367
U2	0. 013524264	0. 005827506	0. 013730557	0. 028114187	0. 001972387	0. 00399361	0. 014028315
U3	0. 007159905	0. 01048951	0. 013730557	0. 022058824	0. 007889546	0. 00798722	0. 012880579
U4	0. 021081941	0. 013986014	0. 016821199	0. 006055363	0. 001972387	0. 011182109	0. 014361638
U5	0. 017104216	0. 011655012	0. 01585854	0. 013624567	0. 01183432	0	0. 014422625
U6	0. 026252983	0. 029137529	0. 017327861	0. 015570934	0	0. 011980831	0. 017607747
U7	0. 018695306	0. 018648019	0. 016719866	0. 023572664	0. 043392505	0. 011980831	0. 020096632
U8	0. 007955449	0. 006993007	0. 019759842	0. 019463668	0. 00591716	0	0. 014856877
U9	0. 013524264	0. 023310023	0. 016973198	0. 021410035	0. 009861933	0. 1014377	0. 02098908
U10	0. 005171042	0. 001165501	0. 016770533	0. 016435986	0. 001972387	0	0. 011829812
U11	0. 007159905	0. 006993007	0. 018746517	0. 012110727	0	0. 005591054	0. 012920388
U12	0. 020286396	0. 002331002	0. 01829052	0. 020977509	0	0	0. 015877083
U13	0. 015115354	0. 012820513	0. 01707453	0. 022058824	0. 009861933	0. 005591054	0. 01610564
U14	0. 030230708	0. 012820513	0. 018594518	0. 004757785	0. 319526627	0. 019968051	0. 042468067
U15	0. 019490851	0. 01048951	0. 016111871	0. 015570934	0	0. 011980831	0. 014862327

续表

科技用户	文本信息量(0.18)	超链接信息量(0.05)	信息类型质量(0.49)	信息真实性质量(0.15)	信息热度(0.08)	信息编辑质量(0.05)	信息内容质量
U16	0.014717582	0.002331002	0.01504788	0.005406574	0.001972387	0.005591054	0.011387506
U17	0.015910899	0.004662005	0.0166692	0.006055363	0.001972387	0.015974441	0.013129788
U18	0.011137629	0.055944056	0.013933222	0.015354671	0.035502959	0.096645367	0.021604961
U19	0.015513126	0.006993007	0.015807874	0.006487889	0.00591716	0.021565495	0.013412702
U20	0.022673031	0.135198135	0.017733191	0.017084775	0.003944773	0.015974441	0.023207336
U21	0.022275259	0	0.015807874	0.008434256	0.001972387	0.011980831	0.013777375
U22	0.013126492	0.012820513	0.016770533	0.024437716	0	0.010383387	0.015406182
U23	0.010342084	0.002331002	0.016922531	0.020544983	0.007889546	0.00399361	0.014182757
U24	0.012330947	0.004662005	0.017378528	0.013192042	0.035502959	0.075878594	0.019581122
U25	0.015513126	0.01981352	0.018391853	0.01232699	0.019723866	0.019968051	0.017220407
U26	0.025457438	0.040792541	0.016010539	0.015354671	0.023668639	0.00798722	0.019063183
U27	0.014319809	0.012820513	0.018189188	0.013408304	0.003944773	0.00798722	0.014857482
U28	0.015910899	0.158508159	0.009322592	0.006920415	0.007889546	0.051916933	0.019622512
U29	0.018297534	0.022144522	0.016061205	0.01600346	0.021696252	0.071884984	0.020001241
U30	0.012728719	0.001165501	0.018493185	0.017733564	0.07495069	0.00399361	0.020266876

续表

科技用户	文本信息量(0.18)	超链接信息量(0.05)	信息类型质量(0.49)	信息真实性质量(0.15)	信息热度(0.08)	信息编辑质量(0.05)	信息内容质量
U31	0.017104216	0.011655012	0.017226529	0.013408304	0.025641026	0.043929712	0.018361522
U32	0.007557677	0.006993007	0.018898515	0.03849481	0	0.021565495	0.017822801
U33	0.019888624	0.009324009	0.019506511	0.010380623	0.09270217	0	0.02257761
U34	0.022673031	0.011655012	0.015250545	0.008217993	0.041420118	0.047923323	0.019079138
U35	0.026650756	0.020979021	0.016415869	0.008650519	0.013806706	0	0.016291977
U36	0.013126492	0.001165501	0.017986523	0.011678201	0.003944773	0	0.013301752
U37	0.012728719	0.006993007	0.018797183	0.015138408	0.00591716	0	0.014595573
U38	0.013126492	0.009324009	0.018594518	0.029844291	0.001972387	0.00798722	0.016974078
U39	0.019888624	0.009324009	0.019202513	0.019679931	0	0.005591054	0.016686926
U40	0.009148767	0.006993007	0.017682525	0.047145329	0.00591716	0.00798722	0.018605399
U41	0.010739857	0.003496503	0.017631859	0.026600346	0.003944773	0.00798722	0.015452605
U42	0.018695306	0.057109557	0.019911841	0.025086505	0	0.00798722	0.020139772
U43	0.017501989	0.01048951	0.018999848	0.014489619	0.001972387	0.00798722	0.015715354
U44	0.018695306	0.012820513	0.018239854	0.026600346	0.003944773	0.020766773	0.018287682
U45	0.013524264	0.017482517	0.019810508	0.017733564	0.007889546	0.016773163	0.017145499

续表

科技用户	文本信息量(0.18)	超链接信息量(0.05)	信息类型质量(0.49)	信息真实性质量(0.15)	信息热度(0.08)	信息编辑质量(0.05)	信息内容质量
U46	0.016706444	0.002331002	0.017023864	0.01016436	0.00591716	0	0.01346343
U47	0.025457438	0.001165501	0.018797183	0.011894464	0	0.010383387	0.016154572
U48	0.045346062	0.033799534	0.015909206	0.002595156	0.055226824	0	0.022455198
U49	0.025059666	0.006993007	0.018341187	0.010813149	0.003944773	0	0.015785126
U50	0.009148767	0.002331002	0.011146577	0.025951557	0	0	0.011117885
U51	0.007159905	0	0.010082586	0.026384083	0.007889546	0.106230032	0.016129528
U52	0.021479714	0	0.016365202	0.011894464	0	0	0.013669467
U53	0.014319809	0.009324009	0.013629224	0.024221453	0.003944773	0.010383387	0.014190055
U54	0.008750994	0.011655012	0.013831889	0.015787197	0.015779093	0.00798722	0.012965323
U55	0.007159905	0.003496503	0.015199878	0.012543253	0.00591716	0.011980831	0.011865451
U56	0.011535402	0.001165501	0.013831889	0.011894464	0	0.011980831	0.011295484
U57	0.007955449	0.001165501	0.014997213	0.012759516	0.009861933	0.00399361	0.011741453
U58	0.008750994	0.001165501	0.013629224	0.042603806	0.003944773	0.011182109	0.015577032
U59	0.026650756	0.076923077	0.019050514	0.000216263	0	0	0.018010481
U60	0.039777247	0	0.017277195	0.012543253	0	0	0.017507218
……							

经过以上操作与计算，可得到4个领域各用户页面的信息内容质量值，如表8－33所示。信息内容质量数值采用四舍五入的方式，保留小数点后4位。数值后面的“+”表示舍，“-”表示入，便于数值的排序。

表8－33　微博用户页面信息内容质量值

企业科技用户							
用户	信息质量	用户	信息质量	用户	信息质量	用户	信息质量
U1	0.0170+	U16	0.0114-	U31	0.0184-	U46	0.0135-
U2	0.0140+	U17	0.0131+	U32	0.0178+	U47	0.0162-
U3	0.0129-	U18	0.0216+	U33	0.0226-	U48	0.0225-
U4	0.0144-	U19	0.0134+	U34	0.0191-	U49	0.0158-
U5	0.0144+	U20	0.0232+	U35	0.0163-	U50	0.0111+
U6	0.0176+	U21	0.0138-	U36	0.0133+	U51	0.0161+
U7	0.0201-	U22	0.0154+	U37	0.0146-	U52	0.0137-
U8	0.0149-	U23	0.0142-	U38	0.0170-	U53	0.0142-
U9	0.0210-	U24	0.0196-	U39	0.0167-	U54	0.0130-
U10	0.0118+	U25	0.0172+	U40	0.0186+	U55	0.0119-
U11	0.0129+	U26	0.0191-	U41	0.0155-	U56	0.0113-
U12	0.0159-	U27	0.0149-	U42	0.0201+	U57	0.0117+
U13	0.0161+	U28	0.0196+	U43	0.0157+	U58	0.0156-
U14	0.0425-	U29	0.0200+	U44	0.0183-	U59	0.0180+
U15	0.0149-	U30	0.0203-	U45	0.0171+	U60	0.0175+
房地产名人用户							
U1	0.0202+	U9	0.0269-	U17	0.0304-	U25	0.0425-
U2	0.0414-	U10	0.0196-	U18	0.0281+	U26	0.0387-
U3	0.0250+	U11	0.0316-	U19	0.0218+	U27	0.0303-
U4	0.0539-	U12	0.0364+	U20	0.0338+	U28	0.0184-
U5	0.0328+	U13	0.0489+	U21	0.0257-	U29	0.0293-

续表

房地产名人用户							
用户	信息质量	用户	信息质量	用户	信息质量	用户	信息质量
U6	0.0274 +	U14	0.0377 +	U22	0.0566 -	U30	0.0310 -
U7	0.0343 +	U15	0.0473 -	U23	0.0300 -		
U8	0.0289 +	U16	0.0277 +	U24	0.0435 -		
政务公安用户							
U1	0.0328 -	U11	0.0247 +	U21	0.0226 -	U31	0.0200 +
U2	0.0475 +	U12	0.0300 -	U22	0.0307 -	U32	0.0277 -
U3	0.0297 +	U13	0.0178 -	U23	0.0196 -	U33	0.0189 -
U4	0.0265 +	U14	0.0160 -	U24	0.0300 +	U34	0.0180 +
U5	0.0390 -	U15	0.0340 -	U25	0.0342 +	U35	0.0189 +
U6	0.0116 -	U16	0.0134 -	U26	0.0179 -	U36	0.0323 +
U7	0.0188 +	U17	0.0242 +	U27	0.0427 -	U37	0.0308 +
U8	0.0280 +	U18	0.0110 -	U28	0.0335 +	U38	0.0237 -
U9	0.0225 +	U19	0.0133 +	U29	0.0302 +		
U10	0.0278 -	U20	0.0362 -	U30	0.0435 +		
环保公益用户							
U1	0.0590 -	U7	0.0304 +	U13	0.0292 -	U19	0.0578 -
U2	0.0721 +	U8	0.0471 +	U14	0.0492 -	U20	0.0441 -
U3	0.0169 +	U9	0.0385 -	U15	0.0504 +	U21	0.0318 +
U4	0.0493 +	U10	0.0473 -	U16	0.0384 -	U22	0.0327 +
U5	0.0544 +	U11	0.0331 +	U17	0.0513 -	U23	0.0266 -
U6	0.0309 +	U12	0.0421 +	U18	0.0282 +	U24	0.0391 -

由表8-33中数据可知，科技微博用户页面信息内容质量值介于0.0111~0.0425之间。其中，83%的用户页面信息质量值小于0.02，15%的用户页面信息质量介于0.020~0.023之间，其余1个用户页面质量值为0.0425。这说明大部分科技用户页面信息质量值较低，不超

过0.02；其总体平均质量值为0.0167。

房地产微博用户页面信息质量值介于0.0184~0.0566之间。其中，70%的用户页面信息质量值介于0.020~0.040之间，23%的用户页面质量值大于0.040，其余2个用户页面信息质量值小于0.02。这说明大部分房地产用户页面信息质量值大于0.02，高于科技类用户页面质量；其总体质量平均值为0.0333。

公安微博用户页面信息内容质量值介于0.011~0.0475之间。其中，数值不大于0.020的用户页面有12个，数值介于0.02~0.03之间的用户页面有11个，数值介于0.03~0.04之间的用户页面有12个，数值大于0.04的用户页面有3个。这说明用户页面质量值较为均匀地分布在0.01~0.04之间，只有少数页面信息质量大于0.04；其页面总体质量平均值为0.0263。

环保微博用户页面信息内容质量值介于0.0169~0.0721之间。其中，83%的用户页面质量值大于0.03，这说明大部分用户页面质量值较高；其总体质量平均值为0.0417。

对比这4个领域用户群体的页面信息质量值，从总体质量的平均值来看，其页面质量值从高到低依次为环保用户、房地产用户、公安用户、科技用户。从页面质量值分布范围来看，环保用户页面质量差异最大——最高质量值达0.0721，科技用户页面信息质量值差异最小，多数用户质量值均较低；这一质量差异与用户群体所处的行业和领域相关，而且受到用户个体特征的影响。

8.4.4.2 不同用户群体微博页面信息内容质量特征分析

这里在分别分析不同领域内用户微博页面信息质量指标的基础上，对不同领域的用户群体微博页面信息质量进行对比分析，以挖掘不同用户群体在所发布的微博信息质量上的独有特征与偏好。

根据本书第8.4.3节中的数据计算与分析，这里将各领域用户群体的微博页面信息内容质量描述指标平均值列举出来以进行对比分析，如表 8 -34 所示。

表 8 -34　4 个领域用户微博页面信息内容质量描述指标平均值

质量指标 / 用户领域	信息量指标		信息内容类型	信息真实性	信息热度	信息编辑质量	信息内容质量
	文本信息量	超链接信息量					
科技领域	42	14.3	3.31	0.77	8.45	0.021	0.0167
房地产领域	33	6	2.88	1.074	4.37	0.0204	0.0333
公安领域	50.05	26.79	2.88	0.58	24	0.062	0.0263
环保领域	46	29	2.42	0.93	16.29	0.038	0.0417

由表 8 -34 中的数据对比分析可知，信息内容质量值最高的是环保领域的用户群体微博页面信息，该用户群体在超链接信息量方面显著高于其他领域用户群体。这说明环保用户群体大量引入外部信息资源，有效扩展了微博平台对字数的限制，充实了微博信息内容，大大提高了外部信息的传播与共享。该用户群体微博页面信息在内容类型上的分值最低，根据信息内容类型的赋值规则可知，低分值意味着该用户群体微博内容的知识性和原创性不强，而互动性和记录性较强。从这两点来看，环保用户群体在微博平台上具有较高的开放性和互动性，他们所发布的微博信息以个人生活记录和宣传信息为主，具有很强的互动性和共享性。

信息内容质量值处于第 2 位的是房地产领域用户群体微博页面信息。由表中数据可知，房地产领域用户群体在微博信息内容真实性方面分值最高。这说明该用户群体与他人互动性较强，平均达到 1 人次以上，反映了其用户微博页面信息具有较强的互动性和真实性。同时，该用户群体微博页面信息在文本信息量、超链接信息量和信息编辑质量方面分值最低，这说明其微博信息的原创性以及对外部信息资源的借鉴性较低，信息编辑的专业化水平较低。总之，房地产用户群体微博页面信息的互动性和真实性较强，而原创性、借鉴性和编辑专业性较弱。

信息内容质量值处于第3位的是公安领域用户群体微博页面信息。由表中数据可知，公安领域用户群体所发布的微博信息在文本信息量、信息热度和信息编辑质量方面分值较高，这说明公安用户微博页面信息的原创性较高、信息编辑的专业化水平较高；同时，该用户群体积极参与微博平台中社会热点话题的讨论，发表个人观点与见解，具有很高的活跃度。而该领域用户在信息真实性方面的分值较低，这说明该用户群体与他人的互动性不强，体现了政务微博的特点。总之，公安用户群体微博页面信息的原创性、热点性和信息编辑的专业性较强，而互动性较弱。

信息内容质量值最低的是科技领域用户群体微博页面信息。由表中数据可知，科技用户群体所发布的微博信息在信息内容类型方面的分值最高，这说明其微博信息具有较高的知识性和原创性，内容以人生感悟和热点评论为主，具有一定的内容深度。而其在文本信息量、超链接信息量、信息真实性、信息热度、信息编辑的专业化方面分值较低，这说明该用户群体微博页面信息具有较强的知识性和一定的内容深度，而在其他质量指标方面较弱。

通过上述分析可知，不同领域的用户群体在发布微博信息时体现出不同的页面信息质量特征，这说明用户所处的行业领域及个人特征对其微博页面信息内容质量具有显著的影响作用。

第九章
信息内容质量对微博利用的影响分析

前文在对微博信息质量进行界定时，将其分为客观信息质量和主观信息质量。其中，客观信息质量主要从微博信息内容的客观属性方面考虑，其描述指标包括信息量、信息类型、信息真实性、信息热度和信息编辑质量5个方面；主观信息质量则是基于用户角度，从用户对信息的利用程度来衡量，微博信息的利用主要包括用户转发与用户评论两个方面。那么微博信息的客观质量与主观质量之间的关系如何？是否存在客观质量高的微博信息的利用率就高这一正向关系呢？本章拟通过实证研究分析微博信息客观质量与主观质量之间的关系，探讨微博信息内容客观质量描述指标对微博转发与评论的影响，挖掘影响微博信息利用的关键质量指标因素。

本章将以微博信息内容质量描述指标为自变量，以微博转发和微博评论为因变量，通过实证研究分析信息内容质量对微博转发和评论的影响。微博的转发率反映了用户对该条微博质量与价值的认可，可由微博转发次数表示。微博评论反映了用户对微博信息的关注度和参与度，在一定程度上说明了微博信息的质量与讨论热度。一条微博的转发率与评论数量会受到该微博信息内容质量的影响，同时也会受到微博用户的好友、粉丝的数量与质量的影响。好友和粉丝的数量越多、质量越高（即用户的好友或粉丝又有很多粉丝），微博传播范围越广，则被转发的概率也就越高。微博用户的好友、粉丝数量与质量会受到该用户所处的行业领域、个人知名度等方面的影响。因此，本章在内容的组织上，将根据微博用户所属的领域，从信息质量角度分别分析科技用户、房地产用户、公安用户和环保用户这4个用户群体微博中信息内容质量对微博转发和评论情况的影响，以通过实证数据挖掘不同类型微博中的关键质量影响因素。

9.1　微博利用的影响因素分析

微博利用主要包括用户对微博信息的转发与评论，它会受到微博信息内容、微博发布者特征等方面的影响。目前关于微博利用的影响因素研究，多从技术角度提出微博转发的预测模型，分析其关键特征。加州大学洛杉矶分校的 Bandari 等人①提出了一种预测算法，它根据文章内容推断在 Twitter 上可获得的点击和转发数量，这一推断主要基于文章类别、客观程度、提及的人物和地名、文章来源等 4 个特征，通过回归算法得到这 4 个特征与转发量之间的关系式，其预测准确度达到了 84%。张旸等人②针对 Twitter 用户的转发行为提出了一种基于特征加权的预测模型。其在特征提取中，通过大量数据分析发现，微博信息中包含 URL 的比例、包含 hashtag 的比例、提及他人的比例、回复的比例、微博长度（单词数）等是影响微博是否被转发的重要文本特征，且用户特征和文本特征在影响微博转发上几乎同等重要。李英乐等人③提出了基于发布用户的影响力、接收用户的活跃度、接收用户的兴趣相似度、微博信息内容重要性和用户亲密程度 5 个特征进行转发行为预测的 SVM 算法，并提出了传播规模预测的评价方法，其预测精度达到 86.63%。张胜兵等人④从微博用户网络的连接关系类型角度研

---

① Bandari R, Asur S, Huberman B. The pulse of news in social media: forecasting popularity [C]. Proc of AAAI Conference, 2012.

② 张旸，路荣，杨青. 微博客中转发行为的预测研究 [J]. 中文信息学报，2012，7 (4): 109－114，121.

③ 李英乐，于洪涛，刘力雄. 基于 SVM 的微博转发规模预测方法 [J]. 计算机应用研究，2013，9 (9): 2594－2597.

④ 张胜兵，蔡皖东. 用户关系特征对微博转发行为影响分析研究 [J]. 计算机工程与应用，2014 (3).

究用户转发行为，分析了微博用户同质性差异、微网络结构、地理距离以及用户性别等特征对微博用户转发行为的影响及其产生的内在原因。也有一些学者基于心理学角度分析了微博转发与评论的动因，并对微博评论内容进行了舆论分析。冷婷等人[①]分析了网络受众在突发公共事件中转发微博的典型心理特征，主要包括群体性心理、参与心理、求真心理、从众心理和逆反心理，并基于案例分析提出合理建议。王首程[②]通过对微博评论的个案分析发现，大多数评论内容具有情绪化、娱乐性倾向，而且微博评论中的立场表达与用户是否实名、是否加"V"关联度较低。臧永亮[③]指出，通过微博评论可形成网络舆论，进而构建网络舆论空间。微博评论中网络舆论的形成是一个"问题出现——社会讨论——合意达成"的过程，它深刻影响着政府的施政行为和网民观念。总之，微博转发与评论的数量会受到各方面因素的影响，本章主要从微博信息内容质量角度分析质量特征对微博利用的影响。

不同的微博信息内容在用户利用上表现出不同的特征，即对于不同的微博信息内容，其转发数量和评论数量不同。有的微博信息转发数量很高，但评论数量很少；而有的评论数量很多，但转发数量很少；或者转发数量与评论数量都很高或很低。微博信息的这一用户利用特征既与微博信息本身的特征有关，又会受到用户需求的影响。

（1）微博信息特征。微博信息特征包括内容特征和描述性特征。本书将微博信息内容质量特征划分为5个方面，即信息量特征、信息内容类型、信息真实性、信息热度和信息编辑质量，这些质量特征决定了微博信息的总体质量，直接影响到用户对微博信息的价值感知与认可度，而只有得到用户认可的微博信息，其利用率才会提高。在微博评论方面，通常热门话题与敏感性信息会引起用户围观并参与评论。

---

① 冷婷，等. 公共事件中微博转发的受众心理探析［J］. 今传媒，2014（1）：56－57.

② 王首程. 情绪记忆与娱乐本性对微博表达的影响——一项关于微博评论的个案分析［J］. 广州大学学报（社会科学版），2013，10（10）：32－36.

③ 臧永亮. 微博评论对网络舆论空间的建构［D］. 沈阳：辽宁大学，2012.

在微博信息描述性特征方面，通常包括微博信息发布时间的早晚、发布者的权威性等。微博信息发布时间越早，其引起用户围观的可能性越大。发布者的权威性越高，则信息的可信度越高，用户参与微博转发与评论的概率越高。总之，微博信息特征是影响微博利用的重要因素。

（2）微博用户需求。用户对微博信息的需求可以归纳为信息性需求、互动性需求、求知性需求、娱乐性需求等方面，这些需求也会影响用户对微博信息的利用。信息性需求是用户对新闻事件、社会热点等信息的需求，通常对此类信息的时效性要求较高。互动性需求则是用户通过微博平台实现与好友、名人的信息互动，信息的互动性是满足用户这一需求的主要因素。求知性需求是用户对微博信息内容的知识性的要求，即通过微博信息浏览达到增长知识的目的。这一需求的满足主要取决于微博信息内容类型和信息量两个方面。娱乐性需求的满足取决于微博信息内容类型，而且通过微博平台可有效聚集具有相同需求的用户群。微博信息只有满足了用户的某一项需求，才有可能引起用户的广泛利用。

总之，不同的微博用户具有不同的信息需求，且这些需求通常是多方面的。微博信息只有满足了用户的某一需求才能实现其价值，提高信息利用率。本章主要基于微博信息内容质量，从信息量、信息内容类型、信息真实性、信息热度和信息编辑质量 5 个方面分析其对微博利用的影响作用。

9.2　相关性分析

本章拟采用相关性分析研究微博信息客观质量与主观质量之间的关系，探讨微博信息内容客观质量对微博转发与评论的影响。相关性分析是针对变量间的关系进行分析，若仅是两个变量间的相关关系，则称为简单相关；若是分析多个变量间的相关关系，则称为复杂相关。本章主要分析各质量指标与微博转发和评论之间的相关关系，属于简单相关。要了解变量间的简单相关关系，通常有两种方式①，一是绘制数据的散点分布图；二是计算简单相关系数，用于表示相关程度大小及正负。本章将采用相关系数的方式分析两个变量间的相关性，相关系数计算拟采用积差相关方法，该方法适用于两个连续变量之间相关性的分析，可应用于本章样本数据的分析。积差相关方法由统计学家 K. Pearson 创建，又称为 Pearson 相关系数，两个变量的 Pearson 积差相关系数等于两个变量的协方差除以两个变量标准差的乘积，即 $Rx, y = COV(x, y)/SxSy$。② 相关系数值为正，则说明两个变量为正相关，值为负则为负相关，其绝对值大小表示变量间关联性的强弱，一般的判断如表 9－1 所示。

表 9－1　相关系数的判别规则

相关系数绝对值 **R**	关联程度	决定系数（R^2）
$R<0.40$	低度相关	$R^2<0.16$
$0.40\leqslant R\leqslant 0.70$	中度相关	$0.16\leqslant R^2\leqslant 0.49$
$R>0.70$	高度相关	>0.49

本章将利用 SPSS 19.0 软件进行变量间的相关性分析，通过双变量相关分析，计算变量间的 Pearson 积差相关系数和相关系数显著性检验的 *P* 值。相关系数的显著性检验是当 *P* 值小于 0.05，会在相关系数旁加注“（*）”，若显著性 *P* 值小于 0.01 或 0.001，会在相关系数旁加注“（* *）”，这两种情况均表示这一相关系数值达到显著水平，即两个变量显著相关。若相关系数值达不到显著水平，则两个变量间的

① 积差相关概述［EB/OL］. http://www.docin.com/p－398361982.html，2014－01－12.
② 吴明隆. 问卷统计分析实务——SPSS 操作与应用［M］. 重庆：重庆大学出版社，2010：328－331.

相关性不显著。通过这一相关性分析，可挖掘微博信息内容质量对微博利用的影响及其影响程度，分析微博信息主客观质量之间的关系。

采集的样本数据主要包括科技领域、公安领域、房地产领域和环保领域的用户微博数据，本章将分别分析各领域用户微博信息内容质量对微博转发和利用的影响，挖掘关键影响因素。在影响因素分析中，主要以质量指标为自变量、微博转发和评论数量为因变量，通过变量间的相关性分析研究各质量指标对微博利用的影响作用。

9.3　实证研究

本章在采集到的新浪微博样本数据中选取了60个企业科技微博，包含约1万条微博信息；选取了30个房地产领域用户的微博信息，每个用户页面中的微博信息条数介于70～200之间；选取了38个公安领域的用户微博，这些用户页面发布的微博信息条数介于50～200之间，其中只有一个用户页面中微博信息数量为50条，其他页面中微博信息数量均不少于100条，这些微博信息数据量可满足进行相关性分析的数据要求，在一定程度上保证了用户微博页面信息中相关系数计算的准确性和客观性。在样本数据中，选取了24个环保用户，用户页面中的微博信息条数介于3～200之间，其中小于100条的用户页面有6个，分别为3、4、47、50、79、49。由于变量间相关系数的计算需要足够的数据点参与才能保证其准确性，故删去3条和4条微博信息的用户页面，保留22个用户页面微博信息。本章将基于这些样本数据，分析用户页面中微博信息的信息量、信息类型质量、信息真实性质量、信息热度和信息编辑质量对微博转发和评论的影响作用。

9.3.1 信息内容质量对微博转发的影响分析

信息内容质量对微博转发的影响分析是以微博信息内容质量描述指标为自变量，以微博转发率为因变量，通过变量间的相关性关系分析其影响作用。微博的转发率反映了用户对该条微博质量与价值的认可，可由微博转发次数表示。本章将分别分析微博信息量、信息类型、信息真实性、信息热度和信息编辑质量与转发次数之间的相关性，以研究信息质量对微博转发的影响作用。由于微博转发率会受到用户特性（如好友数量、粉丝数量）的影响，故本章以微博用户为单位，分别计算不同领域用户群体中每个用户发布的微博信息中信息质量指标与转发率之间的影响关系，并以平均值作为该领域的整体影响程度。影响程度由变量间的相关系数表示，系数值越高，说明变量间的影响关系越显著。

9.3.1.1 微博信息量

微博信息量主要包括文本信息量和超链接信息量。其中，文本信息量由微博信息中包含的文本字数表示，超链接信息量由微博信息中的超链接数量表示。微博转发率由转发次数表示，它们的计量单元是用户发布的一条条微博信息。微博信息量对转发情况的影响可通过文本字数和超链接数量与微博转发率之间的相关关系来反映。

以科技用户 U1 为例，其微博信息的文本信息量和超链接信息量与微博转发率之间的相关性如表 9－2 所示。N 表示参与计算的微博信息数量为 200 条，即有 200 个数据值参与计算两变量的相关性。这一数量越大，计算所得的相关系数越准确。由表中数据可知，文本字数与转发数之间的相关系数为 0.272，在 0.01 水平上显著相关；超链接数与转发数之间的相关系数为－0.005，二者的相关性不显著，由相关系数为负可知超链接与转发数之间为负相关，且为低度相关。因此，在用户 U1 中，文本信息量与微博转发率的关系是正向显著相关，超链接信息量与转发率的关系是负向低度相关。

表 9－2　某一用户中信息量与微博转发率之间的相关性

相关性		文本字数	超链接数	转发数
转发数	Pearson 相关	0.272**	－0.005	1
	显著性（双侧）	0.000	0.947	
	N	200	200	200

＊＊表示在 0.01 水平（双侧）上显著相关。

运用同样方法计算样本数据中所有用户微博的文本信息量和超链接信息量与转发率之间的 Pearson 相关系数，以分析文本信息量和超链接信息量对用户转发的影响作用。

（1）企业科技微博页面信息中信息量与转发率之间的相关性分析。如表 9－3 所示。表中数据从用户 U1 到用户 U60 横向排列，共计 15 行。这 60 个用户微博页面信息中包含的微博信息条数介于 49～200 之间，其中 92% 的微博页面中包含超过 100 条的微博信息，这说明大多数页面信息中有超过 100 个数据值参与 Pearson 相关系数的计算，这在一定程度上保证了相关系数值的准确性。表中，“＊＊”表示相关系数在 0.01 水平上显著相关；“＊”表示相关系数在 0.05 水平上显著相关；“—”表示因超链接数量全部为 0，变量成为一个常量，所以无法进行计算。

表 9－3　企业科技微博信息量与转发率之间的相关性

文本信息量与转发率之间的 Pearson 相关系数				超链接信息量与转发率之间的 Pearson 相关系数			
0.272**	0.002	0.412**	0.277**	－0.005	－0.010	－0.008	－0.008
0.082	0.255**	0.026	－0.078	－0.016	－0.017	－0.094	－0.074
0.221**	－0.007	－0.068	0.332**	－0.074	－0.015	0.248**	－0.051
0.161	0.029	0.243**	－0.073	－0.016	－0.012	－0.044	－0.034
0.286**	0.080	0.282*	0.219**	－0.080	－0.024	－0.060	－0.149*

续表

文本信息量与转发率之间的 Pearson 相关系数				超链接信息量与转发率之间的 Pearson 相关系数			
0.325**	0.418**	0.275**	0.303**	—	0.241**	-0.014	-0.009
-0.009	0.106	0.112	0.100	-0.030	-0.049	-0.019	0.090
0.224**	0.338**	0.134	0.202**	0.152	-0.012	0.247**	0.146*
0.331**	0.379**	0.131	0.043	0.066	0.157	0.283**	0.249**
0.212**	0.203**	0.048	0.067	-0.055	0.002	0.175*	-0.001
0.070	-0.163*	0.364**	0.188**	-0.184	-0.274**	0.078	-0.048
0.299**	0.133	0.284**	-0.043	-0.025	-0.010	-0.041	0.081
0.137	0.195	0.402**	0.364**	0.159	-0.038	—	—
-0.072	-0.096	0.152*	0.386**	0.104	-0.171*	-0.104	-0.006
-0.002	-0.092	0.097	0.153*	0.847**	-0.019	-0.076	—
正相关系数平均值		0.211		负相关系数平均值		-0.051	

由表9-3中数据可知，在文本信息量与转发率之间的Pearson相关系数中，有49个系数值为正，占总数的82%，其中有27个系数值在0.01水平上显著相关，3个系数值在0.05水平上显著相关，其余相关系数值未达显著性。这说明，科技类用户中50%的用户微博页面信息的文本信息量与转发率之间存在正向显著相关。在总体数据中，有11个相关系数值为负，占总数的18%，其中只有1个系数值达到0.05显著水平。这一数据分布说明，科技用户群体微博页面信息中文本信息量与转发率之间的相关关系以正向相关为主，而且有50%的系数值达到显著水平。正向相关系数值的总体平均值为0.211，达到显著相关水平。综上分析，科技用户微博页面信息中的文本信息量与转发率之间总体上存在正向显著相关，即文本信息量对微博转发率具有正向的显著影响作用。

由表9-3中超链接信息量与转发率之间的Pearson相关系数值可知，有39个系数值为负，占总数的65%，其中有3个数值达到显著负相关，其余相关性均不显著。总体数据中系数值为正的有17个，占总数的28%，其中有8个系数值达到显著相关。总体数据中有11个系数值达到显著相关，其中73%为显著正相关。这一数据分布说明，科技用户群体微博页面信息中超链接信息量与转发率之间的相关关系以负向相关为主，但大部分未达显著性水平，而在相关性较为显著的系数值中则以正向相关为主。这一结果反映了科技用户页面中大部分页面的超链接信息量与转发率之间存在负向的弱相关关系，只有少量用户页面中超链接信息量与转发率之间存在正向显著相关关系。总体数据中负的相关系数平均值为 -0.051，表示负向弱相关。本章以多数用户页面中的相关关系为准，即科技用户微博页面信息中超链接信息量与转发率之间总体上存在负向弱相关关系，超链接信息量对微博转发率具有负向影响作用，这一影响程度较弱。

（2）房地产用户微博页面信息中信息量与转发率之间的相关性分析。如表9-4所示，表中数据为两变量间的 Pearson 相关系数值。数据从用户1到用户30横向排列，共计8行。“**”表示相关系数在0.01水平上显著相关；“*”表示相关系数在0.05水平上显著相关；“—”表示微博用户页面信息中不包含任何超链接，其数值为0这一常量，故不能进行相关系数计算。

表9-4　房地产微博信息量与转发率之间的相关性

文本信息量与转发率之间的 Pearson 相关系数				超链接信息量与转发率之间的 Pearson 相关系数			
0.348**	0.658**	0.129	0.095	-0.095	-0.029	-0.032	-0.013
-0.131	0.060	0.040	0.256*	0.003	-0.080	-0.058	-0.048
0.349**	0.195**	-0.015	0.104	-0.042	0.524**	0.069	0.410**
0.165*	0.197**	0.127	-0.195**	0.349**	-0.060	0.178*	-0.083
-0.073	-0.044	-0.055	0.309**	0.025	-0.079	-0.049	0.075
0.419**	0.189**	-0.217**	0.311**	-0.017	-0.023	-0.048	-0.092
-0.047	0.016	0.432**	-0.119	-0.240**	-0.129	0.072	—
-0.136	0.370**			-0.097	0.306**		
正相关系数平均值		0.2385		负相关系数平均值		-0.0692	

由表9－4中数据可知，在文本信息量与转发率之间的相关系数中，系数值为正的用户页面有20个，占总数的67%，其中有13个相关系数值为显著相关；系数值为负的用户页面有10个，占总数的33%，其中有2个系数值为显著相关。这一数据分布说明，房地产用户群体微博页面信息中文本信息量与转发率之间的相关关系以正向相关为主，而且有65%的数值达到显著相关，正的相关系数的平均值为0.2385，达到显著相关水平，反映了房地产用户群体微博页面信息中文本信息量与转发率之间存在显著的正向相关关系，即文本信息量对微博转发具有正向的显著影响作用。

在超链接信息量与转发率之间的Pearson相关系数中，系数值为正的用户页面有10个，占总数的33%，其中达到显著相关的系数值有5个；系数值为负的用户页面有19个，占总数的63%，其中达到显著相关的有1个。这一数据分布说明，近2/3的用户页面信息中超链接信息量与转发率之间存在负向相关，但这一相关关系不显著；有1/3的用户页面信息中超链接信息量与转发率之间存在正向相关，其中有45%的系数值达到显著相关。负的相关系数的平均值为－0.0692，根据表9－1中的判别规则可知，这一平均值为低度相关。因此，房地产用户群体微博页面信息中超链接信息量与转发率之间存在负向低度相关，即微博信息中的超链接信息量对微博转发具有负向弱影响。

（3）公安用户微博页面信息中信息量与微博转发率之间的相关性分析。如表9－5所示，表中数据为两变量间的Pearson相关系数值。数据从用户1到用户38横向排列，共计10行。数据中，“＊＊”表示相关系数在0.01水平上显著相关；“＊”表示相关系数在0.05水平上显著相关；“—”表示微博用户页面信息中不包含任何超链接，其数值为0这一常量，故不能进行相关系数计算。

表 9－5　公安微博信息量与微博转发率之间的相关性

文本信息量与转发率之间的 Pearson 相关系数				超链接信息量与转发率之间的 Pearson 相关系数			
0.051	0.287**	0.154*	－0.098	－0.052	0.029	—	－0.024
0.091	－0.047	0.508**	0.381**	－0.005	—	－0.034	0.039
0.027	0.318**	0.282**	－0.026	－0.056	0.020	0.043	—
0.168*	0.394**	0.089	0.444**	－0.006	0.056	0.113	0.090
－0.042	0.112	0.311**	0.245**	－0.096	－0.058	0.150	－0.028
－0.100	0.369**	0.121	0.076	0.034	－0.006	－0.082	0.057
0.086	0.168*	－0.016	0.267**	－0.075	－0.023	－0.231**	0.166*
0.063	0.349**	－0.050	0.062	－0.112	－0.097	—	—
0.142*	0.535**	0.623**	0.269**	0.187**	－0.027	—	0.300**
0.063	0.005			－0.012	0.161*		
正相关系数平均值		0.2277		负相关系数平均值		－0.05689	

由表 9－5 中数据可知，在文本信息量与转发率之间的相关系数中，系数值为正的用户页面有 31 个，占总数的 82%，其中有 19 个系数值达到显著相关；有 7 个系数值为负值，占总数的 18%，且均未达到显著相关。这一数据分布说明，公安用户微博页面信息中文本信息量与转发率之间的相关关系以正向相关为主，正的相关系数平均值为 0.2277，为显著相关，故公安用户群体微博页面信息中文本信息量对微博转发具有正向显著影响。

在超链接信息量与转发率之间的 Pearson 相关系数中，系数值无法计算的用户页面有 6 个，占总数的 16%；系数值为正的用户页面有 14 个，占总数的 37%；负值有 18 个，占总数的 47%。总体数据中，系数值达到显著相关的有 5 个，其中正值有 4 个，负值有 1 个。这一数据分布说明，公安用户微博页面信息中超链接信息量与转发率之间的相关关系以负向相关为主，但其所占比例未达 50%，这一群体趋势不太显著。而正的相关系数值中达到显著相关的比例较高，正的相关系数平均值为0.1032，负的相关系数平均值为－0.05689，这说明正向相关关系比负向相关关系更为显著。本章取多数用户页面表现出的负向相关关系为该群体在两变量间的相关关系，即公安用户群体微博页面信息中超链接信息量与微博转发率之间的相关关系以负向低度相关为主，反映了超链接信息量对微博转发具有负向影响，而且影响程度较低。

（4）环保用户微博页面信息中微博信息量与转发率之间的相关性分析。如表9－6所示，表中数据为两变量间的Pearson相关系数值，值为正表示正向相关，值为负表示负向相关。数据值从用户1到用户22横向排列，共计6行。表中，“＊”表示系数值达到显著相关水平，“—”表示两变量中有一个变量为0，这一常量使相关系数值无法计算。

表9－6　环保微博信息量与转发率之间的相关性

文本信息量与转发率之间的Pearson相关系数				超链接信息量与转发率之间的Pearson相关系数			
0.157*	0.215**	0.308**	0.043	－0.024	0.183**	0.224**	0.309**
0.029	—	0.138	0.224**	0.152*	—	－0.008	0.135
0.360**	0.176	－0.089	0.156*	0.224**	0.032	－0.022	－0.151*
0.123	0.139	0.608**	0.276**	0.108	0.542**	0.201**	0.019
0.163*	－0.062	0.304**	0.145	0.262**	－0.143	－0.004	0.185*
0.030	0.347**			－0.051	0.224**		
正相关系数平均值		0.2074		负相关系数平均值		0.2	

由表9－6中数据可知，在文本信息量与转发率之间的相关系数中，系数值无法计算的用户页面有1个，占总数的5%；系数值为正的用户页面有19个，占总数的86%，其中显著相关系数值有11个；系数值为负的用户页面有2个，占总数的9%，均未达到显著相关。这一数据分布说明，环保用户群体微博页面信息中文本信息量与转发率之间的相关关系以正向相关为主，正的相关系数平均值为0.2074，为显

著相关，故环保用户群体微博页面信息中文本信息量对微博转发具有正向的显著影响作用。

在超链接信息量与转发率之间的相关系数中，有 1 个系数值无法计算，所占比例为 5%；系数值为正的用户页面有 14 个，占总数的 64%，其中有 11 个为显著相关系数；系数值为负的用户页面有 7 个，占总数的 31%，其中有 1 个达到显著相关水平。这一数据分布说明，环保用户群体微博页面信息中超链接信息量与转发率之间的相关关系以正向相关为主，正的相关系数平均值为 0.2，为显著相关，故环保用户群体微博页面信息中超链接信息量对微博转发具有正向的显著影响作用。

9.3.1.2　微博信息类型

前文将微博信息类型分为 10 种类型，并从信息质量角度对其进行了分级并赋值，根据用户页面信息中微博信息类型值与转发率之间的相关关系，可分析微博信息类型对转发率的影响关系。

（1）企业科技微博用户页面信息中信息内容类型与微博转发率之间的相关关系如表 9－7 所示，表中数据为两变量间的 Pearson 相关系数。系数值从用户 U1 到用户 U60 横向排列，共计 8 行。由表中数据可知，在信息类型与转发率之间的 Pearson 相关系数中，有 15 个数据值为负，占总数的 25%，其中有 2 个系数值达到显著相关水平；总体数据中有 75% 的相关系数值为正值，其中有 8 个系数值达到显著相关水平。这一数据分布说明，科技用户微博页面信息中信息类型与转发率之间的相关关系以正向相关为主，且有 18% 的正相关系数值达到显著水平。总体数据中，正的相关系数的平均值为 0.1044，根据判别规则可知为低度相关。因此，企业科技用户群体微博页面信息中信息内容类型与转发率之间存在正向低度相关，即信息内容类型对微博转发具有正向的影响，但影响程度较低。

表9-7　企业科技微博信息内容类型与转发率之间的相关性

信息类型与转发率之间的 Pearson 相关系数							
0.037	0.048	0.017	0.100	0.050	0.184**	0.107	-0.059
0.146*	0.194	0.156	0.032	-0.026	0.085	0.031	0.253**
0.189**	-0.061	0.128	0.147*	0.337**	0.054	0.055	0.054
0.038	-0.033	-0.204**	-0.146*	-0.169	0.062	-0.037	-0.095
0.044	0.105	0.082	0.137	-0.040	0.083	0.026	0.165
0.158	0.078	-0.082	0.153*	0.011	-0.056	-0.062	-0.041
0.095	0.139	0.028	0.186	0.048	0.059	0.071	0.197**
0.069	-0.154	0.158*	0.102				
正相关系数平均值				0.1044			

（2）房地产用户微博页面信息中信息内容类型与微博转发率之间的相关关系如表9-8所示，表中数据为两变量间的 Pearson 相关系数值。由表中数据可知，系数值为正的用户页面有22个，占总数的73%，其中达到显著相关水平的系数值有7个；总体数据中有8个系数值为负，占总数的27%，均未达到显著相关水平。这一数据分布说明，房地产用户群体页面信息中信息类型与转发率之间的相关关系以正向相关为主，而且有32%的用户页面系数值达到显著水平。正的相关系数平均值为0.119，为低度相关，故房地产用户群体微博页面信息中信息类型与转发率之间存在正向低度相关关系，即微博信息内容类型对微博转发具有正向的影响，但这种影响程度不高。

表9-8　房地产微博信息内容类型与转发率之间的相关性

信息类型与转发率之间的 Pearson 相关系数							
0.244**	0.374**	0.183*	0.074	-0.132	0.165	0.147*	0.082
0.067	0.136	0.031	0.070	0.009	-0.037	-0.086	0.260**
0.046	-0.035	-0.010	0.102	0.008	-0.030	0.079	0.022
0.042	-0.017	0.242**	-0.049	0.191**	0.047		
正相关系数平均值				0.119			

（3）公安用户微博页面信息中信息内容类型与微博转发率之间的相关关系如表 9－9 所示，表中数据为两变量间的 Pearson 相关系数值。由表中数据可知，系数值为正的用户页面有 24 个，占总数的 63%，其中显著相关系数值有 4 个；系数值为负的用户页面有 14 个，占总数的 37%，均未达到显著相关。这一数据分布说明，公安用户微博页面信息中信息内容类型与微博转发率之间的相关关系以正向相关为主，正的相关系数平均值为 0.105，为低度相关，故公安用户群体微博页面信息中信息内容类型对微博转发具有正向的影响，但影响程度较低。

表 9－9　公安微博信息内容类型与转发率之间的相关性

信息类型与转发率之间的 Pearson 相关系数							
－0.007	0.062	0.091	－0.070	－0.070	0.195	0.118	0.073
0.008	－0.019	0.107	0.135	－0.014	0.192**	0.119	0.359**
－0.076	0.222*	0.084	0.120	0.037	－0.064	0.161*	0.079
0.076	0.033	－0.015	0.131	－0.019	0.034	－0.022	－0.044
0.065	－0.014	0.014	－0.125	－0.004	0.014		
正相关系数平均值				0.105			

（4）环保用户微博页面信息中信息内容类型与微博转发率之间的相关关系如表 9－10 所示，表中数据为两变量间的 Pearson 相关系数值。由表中数据可知，系数值无法计算的用户页面有 1 个，占总数的 5%；系数值为正的用户页面有 17 个，占总数的 77%，其中显著相关系数值有 5 个；系数值为负的用户页面有 4 个，占总数的 18%，均未达到显著水平。这一数据分布说明，环保用户群体微博页面信息中信息类型与转发率之间的相关关系以正向相关为主，正的相关系数平均值为 0.0981，根据判别规则可知为低度相关，故环保用户群体微博页面信息中信息内容类型对微博转发具有正向的影响，但影响程度较低。

表 9－10　环保微博信息内容类型与转发率之间的相关性

信息类型与转发率之间的 Pearson 相关系数					
0.074	0.200**	0.106	－0.035	－0.022	—
0.185*	0.042	0.114	0.089	0.066	0.025
0.188**	0.041	0.141*	0.167*	0.071	－0.012
0.060	0.048	－0.062	0.050		
正相关系数平均值				0.0981	

9.3.1.3　信息真实性质量

信息真实性质量可由微博信息中@出现的频次来体现。一条微博信息中包含的@越多，说明该微博信息的真实性越强，故信息真实性质量对微博转发的影响可通过微博信息中的@数量与转发率之间的相关系数来体现。

（1）企业科技用户微博页面信息中信息真实性质量与转发率之间的相关关系如表 9－11 所示，表中数据为两变量间的 Pearson 相关系数值。由表中数据可知，系数值为负的有 46 个，占总数的 77%，其中达到显著相关的系数值有 4 个；有 14 个相关系数值为正，占总数的 23%，其中有 2 个系数值为显著相关；总体数据中共有 6 个相关系数值为显著相关，占总数的 10%。这一分布特征说明，科技用户群体微博页面信息中信息真实性与转发率之间的相关关系以负向相关为主，但这种相关关系较弱。总体来看，大多数相关系数值较小，未达显著相关，负的相关系数平均值为－0.0746，从相关判别规则来看属于低度相关，故企业科技用户群体微博页面信息中信息真实性质量对微博转发具有负向的影响，但影响程度较弱。

表 9－11　企业科技微博信息真实性与转发率之间的相关性

信息真实性与转发率之间的 Pearson 相关系数							
－0. 130	－0. 073	－0. 034	－0. 030	－0. 020	－0. 105	0. 015	0. 046
－0. 060	0. 197	0. 024	－0. 111	－0. 065	－0. 043	－0. 044	0. 000
－0. 038	－0. 080	－0. 071	－0. 141*	－0. 052	－0. 129	－0. 145*	－0. 043
－0. 039	－0. 012	－0. 018	－0. 082	－0. 106	0. 004	－0. 022	0. 089
－0. 036	－0. 116	－0. 057	－0. 002	0. 020	0. 072	－0. 196*	－0. 136
－0. 174	0. 033	－0. 048	－0. 033	－0. 050	0. 353**	－0. 190*	－0. 074
－0. 004	－0. 104	－0. 034	－0. 071	－0. 135	0. 229**	－0. 012	－0. 084
0. 003	0. 023	－0. 060	－0. 121				
负相关系数平均值				－0. 0746			

（2）房地产用户微博页面信息中信息真实性质量与转发率之间的相关关系如表 9－12 所示，表中数据为两变量间的 Pearson 相关系数值。由表中数据可知，系数值为正的用户页面有 13 个，占总数的 43%，其中达到显著相关的有 4 个。总体数据中有 17 个相关系数值为负，占总数的 57%，达到显著相关的有 3 个。这一数据分布说明，房地产用户微博页面信息中@数量与转发率之间的相关关系以负向相关为主，负的相关系数平均值为－0. 0891，为低度相关。综上分析可知，房地产用户群体微博页面信息中信息真实性质量对微博转发具有负向的影响，且这种影响程度较低。

表 9－12　房地产微博信息真实性与转发率之间的相关性

信息真实性与转发率之间的 Pearson 相关系数							
0. 070	－0. 230**	－0. 002	－0. 072	0. 095	－0. 097	－0. 153*	－0. 094
－0. 027	－0. 074	0. 155*	－0. 079	0. 177*	－0. 030	0. 074	0. 107
－0. 049	0. 233**	0. 100	－0. 092	－0. 051	－0. 076	0. 060	0. 307**
0. 009	0. 001	－0. 150	－0. 044	－0. 194**	0. 130		
负相关系数平均值				－0. 0891			

（3）公安用户微博页面信息中信息真实性质量与转发率之间的相关关系如表 9-13 所示，表中数据为两变量间的 Pearson 相关系数值。由表中数据可知，系数值无法计算的用户页面有 2 个，占总数的 5%；系数值为正的用户页面有 13 个，占总数的 34%，其中达到显著相关的有 4 个；系数值为负的用户页面有 23 个，占总数的 61%，达到显著相关的有 1 个。这一数据分布说明，公安用户群体微博页面信息中信息真实性质量与微博转发率之间的相关关系以负向相关为主，负的相关系数平均值为 -0.0633，为低度相关，故公安用户群体微博页面信息中信息真实性质量对微博转发具有负向的影响，但影响程度很低。

表 9-13　公安微博信息真实性与转发率之间的相关性

信息真实性与转发率之间的 Pearson 相关系数							
-0.025	0.067	—	-0.015	0.120	-0.144	-0.037	-0.100
-0.015	-0.052	-0.044	-0.020	0.070	0.178*	-0.205**	-0.039
-0.060	-0.059	0.051	-0.061	0.042	0.092	-0.081	0.044
-0.049	-0.023	—	-0.086	-0.034	0.303**	0.275**	-0.163
0.145*	0.108	-0.053	-0.055	-0.035	0.033		
负相关系数平均值				-0.0633			

（4）环保用户微博页面信息中信息真实性质量与转发率之间的相关关系如表 9-14 所示，表中数据为两变量间的 Pearson 相关系数值。由表中数据可知，相关系数值无法计算的用户页面有 1 个；零值系数有 1 个；系数值为正的用户页面有 10 个，占总数的 45%，其中显著相关系数值有 2 个；系数值为负的用户页面有 10 个，占总数的 45%，均未达到显著相关水平。这一数据分布显示正负系数值所占比例相等，说明环保用户群体微博页面信息中信息真实性质量对转发率的影响方向不明确。正的相关系数平均值为 0.0733，负的相关系数平均值为 -0.0512，数值均较低，说明正向、负向的影响程度均较弱。总之，环保用户群体微博页面信息中信息真实性质量对微博转发的影响方向不明确，影响程度较低。

表 9－14　环保微博信息真实性与转发率之间的相关性

信息真实性与转发率之间的 Pearson 相关系数					
0.000	0.053	－0.074	0.012	0.115	—
－0.014	－0.029	0.009	0.225*	－0.098	－0.045
0.052	－0.065	0.034	－0.063	－0.004	0.022
0.005	－0.097	0.206**	－0.023		
相关系数平均值				—	

9.3.1.4　信息热度

信息热度可由微博信息是否参与热点话题讨论和参与讨论的话题数量来表示，故用户微博中信息热度对微博转发的影响可通过该微博信息包含的话题数量与转发率之间的相关关系来体现。

（1）企业科技用户微博信息热度与转发率之间的相关关系如表 9－15 所示，表中数据为两变量间的 Pearson 相关系数值。“—”表示微博用户页面信息中不包含任何话题，其数值为 0 这一常量，故不能进行相关系数计算。由表中数据可知，无法进行相关系数计算的用户页面有 14 个，占总数的 23%；相关系数值为正的用户页面有 9 个，占总数的 15%，其中有 3 个为显著相关系数值；相关系数值为负的用户页面有 37 个，占总数的 62%，其中达到显著相关的系数值有 2 个。这一数据分布说明，在这 60 个科技用户微博页面信息中，只有 8% 的相关系数值为显著相关，而大部分用户页面中信息热度与转发率之间的相关性不显著。企业科技用户群体微博页面信息中信息热度与转发率之间的相关性以负向相关为主，负的相关系数平均值为 －0.05062，为低度相关，故科技用户页面信息中信息热度对微博转发具有负向影响，但影响程度较弱。

表 9-15 企业科技微博信息热度与转发率之间的相关性

信息热度与转发率之间的 Pearson 相关系数							
0.001	0.011	-0.042	-0.014	-0.015	—	0.074	0.130
-0.065	-0.015	—	—	-0.014	-0.193**	—	-0.063
-0.023	-0.063	-0.040	-0.040	-0.040	—	-0.049	-0.045
-0.022	-0.017	-0.025	-0.070	-0.015	-0.076	-0.001	—
0.378**	-0.008	0.026	-0.068	0.391**	-0.025	—	-0.072
0.048	—	-0.066	-0.040	-0.048	0.563**	—	-0.028
-0.085	—	-0.048	—	-0.022	-0.163*	-0.077	—
-0.055	-0.121	—	—				
负相关系数平均值				-0.05062			

（2）房地产用户微博页面信息中信息热度与转发率之间的相关关系如表 9-16 所示，表中数据表示两变量间的 Pearson 相关系数值。由表中数据可知，系数值无法计算的用户页面有 10 个，占总数的 33%；系数值为正的用户页面有 10 个，负值有 10 个，各占总数的 1/3。总体数据中，只有一个系数值达到显著水平，而且为负相关。这一数据分布说明，总体数据中话题数量与转发率之间的相关关系不显著，而且方向不一致。正的相关系数平均值为 0.0459，负的相关系数平均值为 -0.0499，这两个数值都很小，而且基本相等，故房地产用户群体微博信息中信息热度对微博转发的影响方向难以确定，但影响程度很低。

表 9-16 房地产微博信息热度与转发率之间的相关性

信息热度与转发率之间的 Pearson 相关系数							
0.000	-0.048	0.003	0.042	0.069	—	0.044	—
-0.034	—	0.041	-0.020	0.127	-0.037	0.059	-0.023
-0.011	-0.064	—	0.065	—	-0.022	0.009	—
-0.211**	-0.029	—	—	—	—		
相关系数平均值				—			

（3）公安用户微博页面信息中信息热度与转发率之间的相关关系如表9－17所示，表中数据为两变量间的 Pearson 相关系数值。由表中数据可知，系数值无法计算的用户页面有4个，占总数的11%；系数值为正的用户页面有18个，占总数的47%，其中显著相关系数值有7个；系数值为负的用户页面有16个，占总数的42%，均未达到显著相关。这一数据分布说明，公安用户群体微博页面信息中信息热度与转发率之间的相关关系以正向相关为主，但其所占比例未达50%，故该群体趋势不太显著。正的相关系数平均值为0.1532，虽未达显著相关，但相比于其他系数值较高，仍为低度相关。综上所述，公安用户群体微博页面信息中信息热度对微博转发具有正向低度影响。

表9－17　公安微博信息热度与转发率之间的相关性

信息热度与转发率之间的 Pearson 相关系数							
0.108	0.118	—	—	－0.012	－0.121	－0.021	0.096
－0.009	0.233**	0.240**	－0.053	－0.059	0.234**	－0.067	－0.034
－0.046	－0.029	0.255*	0.071	0.039	－0.004	－0.022	0.116
0.117	－0.010	0.122	0.198**	－0.047	0.236**	—	—
0.204**	－0.066	0.195	0.098	0.077	－0.028		
正相关系数平均值				0.1532			

（4）环保用户微博页面信息中信息热度与转发率之间的相关关系如表9－18所示，表中数据为两变量间的 Pearson 相关系数值。由表中数据可知，系数值无法计算的用户页面有2个，占总数的9%；系数值为正的用户页面有8个，占总数的36%，其中显著相关系数值有3个；系数值为负的用户页面有12个，占总数的55%，均未达到显著相关。这一数据分布说明，环保用户群体微博页面信息中信息热度与转发率之间的相关关系以负向相关为主，负的相关系数平均值为－0.04692，为低度相关，故环保用户群体微博页面信息中信息热度对微博转发具有负向影响，但影响程度不高。

表 9-18　环保微博信息热度与转发率之间的相关性

信息热度与转发率之间的 Pearson 相关系数					
-0.050	0.118	0.286**	0.060	-0.040	—
-0.050	-0.055	0.005	-0.080	—	-0.025
0.146*	-0.027	0.291**	-0.083	-0.008	0.017
-0.030	0.019	-0.072	-0.043		
负相关系数平均值				-0.04692	

9.3.1.5　信息编辑质量

信息编辑质量可由微博信息中包含的标题数量来表示，信息编辑质量与微博转发之间的影响关系可通过微博用户页面信息中标题数量与转发率之间的相关关系来体现。

（1）企业科技用户微博信息编辑质量与转发率之间的相关关系如表 9-19所示，表中数据为两变量间的 Pearson 相关系数值。由表中数据可知，总体用户中，不能进行 Pearson 相关系数计算的用户页面有 15 个，占总数的 25%；相关系数值为正的用户页面有 20 个，占总数的 33%，其中显著相关系数值有 6 个；相关系数值为负的用户页面有 25 个，占总数的 42%，这些系数值均未达到显著相关。这一数据分布特征说明，企业科技用户群体中有一部分用户微博页面信息编辑质量与转发率之间存在正向相关关系，但相关性不显著；另有一部分用户页面中这对变量间为负向相关关系，而且有 30% 达到显著相关；其余用户页面无法进行相关度计算。总体数据中，正的相关系数平均值为 0.115，负的相关系数平均值为 -0.06769，系数值均较小。综合以上数据可知，科技用户群体微博页面信息中，信息编辑质量与转发率之间不存在显著的、一致的相关关系，即信息编辑质量对转发率的影响难以确定。

表 9－19　企业科技微博信息编辑质量与转发率之间的相关性

信息编辑质量与转发率之间的 Pearson 相关系数							
－0.041	0.005	－0.024	－0.032	—	0.194**	－0.068	—
0.217**	—	－0.076	—	－0.007	0.203**	－0.018	0.022
0.049	－0.078	－0.021	0.110	－0.036	0.051	－0.026	0.244**
－0.018	－0.015	－0.023	－0.079	－0.040	0.086	－0.006	－0.009
—	－0.054	—	—	—	0.058	0.089	0.111
0.075	－0.052	0.382**	0.008	0.019	—	－0.012	—
—	—	0.306**	—	－0.041	－0.021	－0.041	0.004
－0.042	0.067	—	—				
相关系数平均值				—			

（2）房地产用户微博信息编辑质量与转发率之间的相关关系如表 9－20所示，表中数据为两变量间的 Pearson 相关系数值。由表中数据可知，系数值无法计算的用户页面有 8 个，占总数的 27%；系数值为正的用户页面有 11 个，负值有 11 个，说明两变量之间的相关关系中正负的比例相等，均不超过 50%，没有形成主要的相关关系方向。正的相关系数平均值为 0.0844，负的相关系数平均值为－0.037，说明总体上正相关系数平均值大于负相关系数平均值，但两个系数值均较小。综上分析，房地产用户微博页面信息中信息编辑质量对微博转发的影响方向不确定，影响程度均不显著。

表 9－20　房地产微博信息编辑质量与转发率之间的相关性

信息编辑质量与转发率之间的 Pearson 相关系数							
—	0.320**	0.015	－0.027	0.146*	—	－0.045	－0.015
－0.025	—	0.061	－0.015	0.091	0.021	0.090	－0.020
—	—	－0.039	—	—	0.084	0.017	－0.101
0.012	0.071	－0.039	—	－0.074	－0.007		
相关系数平均值				—			

（3）公安用户微博页面信息中信息编辑质量与转发率之间的相关关系如表9-21所示，表中数据为两变量间的Pearson相关系数值。由表中数据可知，系数值无法计算的用户页面有6个，占总数的16%；系数值为正的用户页面有13个，占总数的34%，其中显著相关系数值有3个；系数值为负的用户页面有19个，占总数的50%，均未达到显著相关。这一数据分布说明，公安用户群体微博页面信息中信息编辑质量与转发率之间的相关关系以负向相关为主，负的相关系数平均值为-0.0321，为低度相关，故公安用户群体微博页面信息中信息编辑质量对微博转发具有负向影响，但影响程度较低。

表9-21　公安微博信息编辑质量与转发率之间的相关性

信息编辑质量与转发率之间的 Pearson 相关系数							
-0.030	0.197**	-0.030	-0.012	-0.017	-0.070	-0.029	0.155**
0.008	0.118	0.054	—	-0.047	—	0.033	-0.021
-0.076	—	-0.013	0.127	0.089	0.023	-0.054	0.010
-0.028	-0.016	-0.037	0.047	-0.007	0.189**	-0.037	—
0.071	-0.027	—	—	-0.020	-0.038		
负相关系数平均值				-0.0321			

（4）环保用户微博页面信息中信息编辑质量与转发率之间的相关关系如表9-22所示，表中数据为Pearson相关系数值。由表中数据可知，环保用户微博页面信息中，系数值无法计算的用户页面有6个，占总数的27%；系数值为正的用户页面有4个，占总数的18%；系数值为负的用户页面有12个，占总数的55%；所有系数值均未达到显著相关水平。这一数据分布说明，环保用户群体微博页面信息中信息编辑质量与转发率之间的相关关系以负向相关为主，负的相关系数平均值为-0.054，为低度相关，故环保用户群体微博页面信息中信息编辑质量对微博转发具有负向影响，但影响程度较低。

表 9－22　环保微博信息编辑质量与转发率之间的相关性

信息编辑质量与转发率之间的 Pearson 相关系数					
－0. 064	－0. 069	－0. 016	－0. 090	0. 021	—
－0. 061	－0. 016	－0. 033	—	—	－0. 040
0. 025	—	0. 018	－0. 060	－0. 097	—
－0. 030	0. 094	－0. 072	—		
负相关系数平均值				－0. 054	

9. 3. 1. 6　对比分析与总结

本节将根据前面的数据计算与分析，对比不同领域用户群体的微博页面信息中信息质量指标对微博转发影响的异同，分析总体特征并挖掘深层原因，以深入研究微博信息质量与转发之间的影响关系。科技领域、房地产领域、公安领域和环保领域这 4 个领域用户群体微博页面信息中各质量指标对微博转发的影响作用如表 9－23 所示。

表 9－23　4 个领域用户群体微博信息质量指标对转发率的影响作用

质量指标 / 用户群体	信息量指标		信息内容类型	信息真实性质量	信息热度	信息编辑质量
	文本信息量	超链接信息量				
科技领域	0. 211	－0. 051	0. 1044	－0. 0746	－0. 05062	—
房地产领域	0. 2385	－0. 0692	0. 119	－0. 0891	—	—
公安领域	0. 2277	－0. 05689	0. 105	－0. 0633	0. 1532	－0. 0321
环保领域	0. 2074	0. 2	0. 0981	—	－0. 04692	－0. 054
平均值	0. 22115	—	0. 10663	－0. 07567	—	－0. 04305

由表中数据可知，在这 4 个领域用户群体微博页面信息中，文本信息量对微博转发的影响均为正向的，且影响程度均大于 0. 2，总体平均值为 0. 22115，相比于其他质量指标影响力最高。这一结论说明，文本信息量对微博转发具有正向影响作用。信息内容类型对微博转发的影

响均为正向的，其总体平均值为0.10663，仅次于文本信息量，为第二影响因素。信息内容类型对微博转发具有正向影响作用。信息真实性质量对微博转发的影响在总体上表现为负向影响，其平均值为-0.07567，是影响微博转发率的第三因素。这一负向影响的原因可能是代表信息真实性指标的@数量主要体现了微博信息的互动交流性，而这些信息通常隶属于某一子群，而且信息间连续性较强，对单条信息的转发率不高，故对微博转发具有负向影响作用，但这一影响作用较小。在超链接信息量对微博转发的影响作用中，环保领域用户表现为正向显著影响，其他领域则为负向弱影响，差别较大，难以在总体上形成一致的影响作用。这一研究结论的原因可能是环保用户微博信息中的超链接信息多是对环保活动的宣传，其利用率和转发率较高，故对微博转发具有正向显著影响；而其他领域用户微博信息中的超链接多以广告信息为主，反而引起用户反感，造成对微博转发的负向影响。超链接信息的质量直接影响其对微博转发产生正向或负向的影响作用。在信息热度对微博转发的影响作用中，公安领域用户群体微博中话题讨论信息对微博转发具有较强的正向影响，房地产领域的影响方向不明确，其他领域均表现为负向弱影响，差别较大，难以在总体上形成一致的影响作用。这一结论的原因可能是针对某一话题讨论的微博信息通常隶属于某一话题，具有较强的话题依附性，单条信息难以引起用户的大量转发，故对微博转发的影响较小。在信息编辑质量方面，两个领域均表现为方向不明确，其他两个领域则为负向弱影响，平均值为-0.04305，这一结论说明信息编辑质量对微博转发的影响很小，可忽略这一影响。

分析以上研究结果，主要是由这些质量指标自身的特性引起的，同时，在验证的过程中也可能存在选取的用户数量不充分、指标选取与设置有不当之处等方面的原因。综合这些数据可知，信息质量对微博转发的正向影响显著高于负向影响，即其影响作用在总体上表现为正向的。总之，从整体来看，影响微博转发的质量因素依次为文本信息量、信息内容类型和信息真实性质量，而超链接信息量、信息热度和信息编辑质量总体上对微博转发未形成统一的、显著的影响作用。

微博转发率反映了用户对该信息内容质量与价值的判断，是基于用户角度的信息质量与价值的衡量。文本信息量作为影响微博转发的第一影响因素，说明微博用户原创信息可有效吸引用户注意力，得到用户对其质量与价值的认可。信息内容类型作为第二影响因素，一方面验证了本书对信息内容类型分级与赋值的科学性，另一方面说明微博信息类型对用户衡量其质量与价值具有较大的影响力，从而影响微博信息的转发率。信息真实性质量作为第三影响因素，说明微博信息中包含的@数量是用户衡量其信息质量的又一因素。而超链接信息量、信息热度和信息编辑质量在用户判断信息质量与价值方面的影响力较弱，而且不稳定，非关键影响因素。

9.3.1.7　结果讨论

综合上述分析，在科技用户群体微博页面信息中，对微博转发产生正向影响的质量指标有文本信息量（0.211）和信息内容类型（0.1044），而信息真实性（-0.0746）、超链接信息量（-0.051）和信息热度（-0.05062）对微博转发具有负向的影响作用，它们的影响程度依次递减。信息编辑质量对微博转发的影响难以确定。超链接信息量的负向影响作用的原因可能是超链接信息中有很多广告信息，反而降低了信息质量，造成超链接信息对微博转发的负向影响。信息真实性的负向影响作用的原因可能是代表信息真实性指标的@数量主要体现了微博信息的互动交流性，而这些信息通常隶属于某一子群，且信息间连续性较强，对单条信息的转发率不高，故与微博转发之间具有负向影响作用。信息热度的负向影响作用的原因可能是针对某一话题讨论的微博信息通常隶属于某一话题，具有较强的话题依附性，单条信息难以引起用户的大量转发。信息编辑质量对微博转发的影响不显著，未形成明显的影响趋势。从总体影响程度来看，科技用户微博页面信息中信息质量对微博转发产生的正向影响显著高于负向影响，这一结论说明增加文本信息量、发布高质量类型的微博信息可有效提高科技用户微博信息的转发率；同时，用户间互动交流性微博信息、对内容扩展的超链接信息和参与话题讨论的微博信息不利于微博转发数量的增加，或者说微博信息中的互动交流性信息、超链接信息和话题讨论信息这 3 种信息的转发率不高。

在房地产用户微博页面信息中，文本信息量（0.2385）和信息内容类型（0.119）对微博转发具有正向影响作用，而信息真实性（-0.0891）和超链接信息量（-0.0692）对微博转发具有负向影响作用，它们的影响程度依次递减。信息热度和信息编辑质量对微博转发的影响难以确定，从正负方向的相关系数平均值来看，相关程度都很小，这说明这两个质量指标对微博转发的影响作用很弱。这一结论与科技用户群体页面信息中信息质量指标对微博转发的影响基本一致。在房地产用户群体微博中，文本信息量越大、内容类型质量越高，则微博转发率越高；同时，用户间互动交流信息和超链接信息对微博的转发具有负向影响，这在一定程度上是由这两种信息的特性（即连续性强、广告性信息）造成的。总之，房地产用户微博页面信息质量指标对转发率的正向影响显著高于负向影响，说明信息总体质量越高，微博转发率越高。

在公安用户群体微博页面信息中，文本信息量（0.2277）、信息热度（0.1532）和信息内容类型（0.105）对微博转发具有正向影响作用，而信息真实性质量（-0.0633）、超链接信息量（-0.05689）和信息编辑质量（-0.0321）对微博转发具有负向影响作用，它们的影响力依次递减，而且信息热度和超链接信息量对微博转发影响的群体趋势不太显著。这一结论说明，公安用户群体微博中互动交流性信息和超链接信息的转发率不高。微博中包含标题的情况通常是专业媒体公开发布的新闻性信息，标题数量对微博转发的负向影响在一定程度上反映了该类信息的转发率不高，说明微博用户对正式公开发布的信息的转发率不高，这也解释了微博中各种谣言、小道消息的广泛传播与泛滥。从总体影响程度来看，信息质量指标对微博转发的正向影响显著高于负向影响作用，这一结论说明在公安用户群体微博页面信息中，增加文本信息量、提高信息热度和发布高质量类型的信息内容可有效提高微博的转发率。

在环保用户群体的微博页面信息中，文本信息量（0.2074）、超链接信息量（0.2）和信息内容类型（0.0981）对微博转发具有正向的影响作用，信息编辑质量（-0.054）和信息热度（-0.04692）对微博转发具有负向的影响作用，它们的影响程度依次递减。信息真实性质量对微博转发的影响方向不明确，而且影响程度很低。从总体的影响作用来看，信息质量指标对微博转发的正向影响显著高于负向影响，这一结论说明，在环保用户群体微博页面信息中，提高微博信息内容质量可增加微博转发率，尤其是文本字数、超链接数量和信息类型方面，它们是影响微博转发的关键质量指标。信息编辑质量和信息热度对微博转发具有负向影响作用，这说明环保用户微博中正式报道信息和话题讨论信息的转发率不高。

9.3.2　信息内容质量对微博评论的影响分析

微博评论反映了用户对微博信息的关注度和参与度，在一定程度上说明了微博信息的质量与讨论热度。本节将以信息内容质量指标为自变量、微博评论数量为因变量，通过变量间的 Pearson 相关系数值来分析信息内容质量对微博评论的影响作用，以挖掘关键质量要素。在分析过程中，以科技用户、房地产用户、公安用户和环保用户这 4 个群体为对象，采用由积差相关方法计算的 Pearson 相关系数进行相关性分析，该方法适用于两个连续变量之间的相关性分析，符合样本数据特征。

9.3.2.1　微博信息量

微博信息量包括文本信息量和超链接信息量两个方面，分别由文本字数和超链接数量表示。微博评论由评论数量来表示，故微博信息量对微博评论的影响分析可通过文本字数和超链接数量与评论数量之间的相关性分析实现。

（1）企业科技用户微博页面信息中文本信息量和超链接信息量与微博评论数量之间的相关关系如表9-24所示，表中数据为两变量间的Pearson相关系数值。数据从用户1到用户60横向排列，共计15行。数值为正表示正向相关，负值为负向相关，"＊"表示系数值达到显著相关水平，"—"表示两变量中有一个变量值恒为0而使相关系数无法计算。

表9-24　企业科技微博页面信息量与评论数之间的相关性

文本信息量与评论数之间的 Pearson 相关系数				超链接信息量与评论数之间的 Pearson 相关系数			
0.126	0.009	0.455**	0.297**	-0.006	-0.019	0.001	-0.026
0.172*	0.280**	0.340**	0.099	-0.021	0.022	-0.078	-0.017
0.190**	0.079	0.303**	0.520**	-0.036	-0.058	0.296**	-0.077
0.176*	0.026	0.256**	0.249**	-0.002	0.037	-0.093	-0.063
0.350**	0.127	0.274*	0.071	-0.131	-0.046	-0.060	-0.173*
0.367**	0.432**	0.446**	0.338**	—	0.164*	0.093	0.001
0.243**	0.137	0.129	0.117	-0.049	-0.065	-0.026	0.031
0.210*	0.347**	0.151*	0.284**	0.060	-0.013	0.213**	0.326**
0.347**	0.244**	0.131	0.326**	0.061	-0.156	0.268**	0.036
0.241**	0.099	0.061	0.253*	-0.029	-0.033	0.011	-0.089
0.063	-0.051	0.060	0.280**	-0.142	-0.253**	-0.089	-0.014
0.351**	0.165*	0.117	-0.097	-0.004	-0.016	-0.030	0.035
0.186	0.310*	0.178*	0.353**	0.010	-0.083	—	—
0.080	0.206**	0.472**	0.414**	0.080	-0.038	-0.069	-0.050
0.198**	0.388**	0.113	0.245**	0.263**	-0.036	-0.072	—
正相关系数平均值		0.2324		负相关系数平均值		-0.06114	

由表 9－24 中数据可知，科技用户微博页面信息中文本信息量与评论数之间的相关系数中，系数值为正的用户页面有 58 个，占总数的 97%，其中显著相关系数值有 39 个；系数值为负的用户页面有 2 个，均未达到显著相关。这一数据分布说明，科技用户群体中文本信息量与评论数量之间的相关关系以正向相关为主，正的相关系数平均值为 0.2324，达到显著相关，故科技用户群体微博页面信息中文本信息量对微博评论具有显著的正向影响作用。

由表 9－24 中超链接信息量与评论数之间的 Pearson 相关系数值可知，系数值无法计算的用户页面有 4 个，占总数的 7%；系数值为正的用户页面有 19 个，占总数的 31%，其中显著相关系数值有 6 个；系数值为负的用户页面有 37 个，占总数的 62%，其中显著相关系数值有 2 个。这一数据分布说明，科技用户群体中超链接信息量与评论数之间的相关关系以负向相关为主，负的相关系数平均值为 －0.06114，为低度相关，故科技用户群体微博页面信息中超链接信息量对微博评论具有负向影响，但影响程度较低。

（2）房地产用户微博页面信息中文本信息量和超链接信息量与评论数量之间的相关关系如表 9－25 所示，表中数据为两变量间的 Pearson 相关系数值。数据从用户 1 到用户 30 横向排列，共计 8 行。表中，“—”表示用户页面中不包含任何超链接而使得相关系数值无法计算，“＊”表示系数值达到显著相关水平。

表 9－25　房地产微博信息量与评论数之间的相关性

文本信息量与评论数之间的 Pearson 相关系数				超链接信息量与评论数之间的 Pearson 相关系数			
0.193*	0.473**	0.341**	0.020	－0.128	－0.095	－0.036	－0.015
－0.134	0.329**	0.100	0.159	0.069	－0.160	－0.051	－0.074
0.498**	0.345**	0.296**	0.187**	0.010	0.162*	－0.081	0.423**
0.132	0.157*	0.052	0.243**	0.326**	－0.046	0.106	－0.139*
0.109	0.167*	0.090	0.286**	－0.003	－0.068	0.006	0.042

续表

文本信息量与评论数之间的Pearson 相关系数				超链接信息量与评论数之间的Pearson 相关系数			
0.443**	0.198**	0.368**	0.282**	-0.024	-0.024	-0.037	0.057
0.087	0.071	0.186*	0.061	0.179*	-0.092	0.003	—
0.164*	0.376**			0.024	0.292**		
正相关系数平均值		0.2211		负相关系数平均值		-0.0623	

由表9-25中数据可知，在文本信息量与评论数量之间的Pearson相关系数中，系数值为正的用户页面有29个，占总数的97%，其中显著相关系数值有19个；系数值为负的用户页面有1个，而且不显著相关。这一数据分布说明，房地产用户群体中文本信息量与评论数量之间的相关关系以正向相关为主，正的相关系数平均值为0.2211，为显著相关，故房地产用户群体微博页面信息中文本信息量对微博评论具有显著的正向影响作用。

在超链接信息量与评论数量之间的Pearson相关系数中，有1个系数值无法计算；系数值为正的用户页面有13个，占总数的43%，其中显著相关系数值有5个；系数值为负的用户页面有16个，占总数的53%，其中有1个为显著相关系数值；正的相关系数平均值0.03963，负的相关系数平均值为-0.0623。这一数据分布说明，房地产用户群体中超链接信息量与评论数量之间的相关关系以负向相关为主，而且负向相关系数平均值高于正向相关系数平均值，仍为低度相关，故房地产用户群体微博页面信息中超链接信息量对微博评论的影响是负向的，但影响程度较低。

（3）公安用户微博页面信息中文本信息量和超链接信息量与微博评论数量之间的相关关系如表9-26所示，表中数据为两变量间的Pearson相关系数值。数值从用户1到用户38横向排列，共计10行。表中，“—”表示用户页面中不包含任何超链接而使得相关系数值无法计算，“*”表示系数值达到显著相关水平。

表 9－26　公安微博信息量与评论数之间的相关性

文本信息量与评论数之间的 Pearson 相关系数				超链接信息量与评论数之间的 Pearson 相关系数			
0.054	0.282**	0.075	0.010	－0.060	0.063	—	－0.021
0.102	－0.055	0.409**	0.415**	－0.068	—	－0.030	0.059
－0.017	0.424**	0.192**	0.098	－0.056	－0.019	－0.056	—
0.080	0.354**	0.118	0.301**	－0.026	0.096	－0.046	－0.059
0.141*	0.061	0.096	0.147*	0.034	－0.038	－0.037	0.065
－0.023	0.427**	0.078	0.238**	－0.039	－0.049	－0.054	－0.033
0.129	0.198**	0.049	0.161*	0.038	0.003	0.052	－0.015
－0.029	0.226**	0.148	0.060	－0.078	－0.113	—	—
0.090	0.162*	0.162	0.241**	－0.030	－0.018	—	0.147
0.147*	0.121			－0.030	0.161*		
正相关系数平均值		0.1764		负相关系数平均值		－0.0443	

由表 9－26 中数据可知，在文本信息量与评论数之间的 Pearson 相关系数中，系数值为正的用户页面有 34 个，占总数的 89%；其中显著相关系数值有 17 个，占正向系数的 50%。系数值为负的用户页面有 4 个，占总数的 11%，而且均未达到显著相关。这一数据分布说明，公安用户群体微博页面信息中文本信息量与微博评论之间的相关关系以正向相关为主，正的相关系数平均值为 0.1764，为显著相关，故公安用户群体微博页面信息中文本信息量对微博评论具有显著的正向影响作用。

在超链接信息量与评论数之间的 Pearson 相关系数中，系数值无法计算的用户页面有 6 个，占总数的 16%；系数值为正的用户页面有 10 个，占总数的 26%；系数值为负的用户页面有 22 个，占总数的 58%；这些系数中，仅有 1 个正向相关系数达到显著水平。这一数据分布说明，超链接信息量与微博评论之间的相关关系以负向相关为主，而且均未达到显著水平。负的相关系数平均值为 －0.0443，为低度相关，故公安用户群体微博页面信息中超链接信息量对微博评论具有低度的负向度影响作用。

（4）环保用户微博页面信息量与评论数之间的相关关系如表 9－27 所示，表中数据为两变量间的 Pearson 相关系数值。数值由用户 1 到用户 22 横向排列，共计 6 行。表中，“＊＊”表示系数值为显著相关。

表 9－27　环保微博信息量与评论数之间的相关性

文本信息量与评论数之间的 Pearson 相关系数				超链接信息量与评论数之间的 Pearson 相关系数			
0.179*	－0.039	0.178*	－0.002	－0.179*	－0.066	0.187**	0.188**
0.083	－0.050	0.034	0.266**	0.033	－0.086	－0.125	0.144*
0.278**	0.148	0.011	0.238**	0.012	0.148	0.106	－0.198**
0.154*	0.015	0.613**	0.246**	0.000	0.383**	0.202**	－0.027
0.069	0.291*	0.229**	0.234**	0.207**	0.004	－0.071	0.015
0.270**	0.082			－0.049	－0.084		
正相关系数平均值		0.1904		正相关系数平均值		0.1358	

由表 9－27 中数据可知，在文本信息量与评论数之间的相关系数中，系数值为正的用户页面值有 19 个，占总数的 86%，其中显著相关系数值有 12 个；系数值为负的用户页面有 3 个，占总数的 14%，均未达到显著相关。这一数据分布说明，环保用户微博页面信息中文本信息量与评论数之间的相关关系以正向相关为主，正的相关系数平均值为 0.1904，为显著相关，故环保用户群体微博页面信息中文本信息量对微博评论具有显著的正向影响作用。

在超链接信息量与评论数之间的 Pearson 相关系数中，系数值为正的用户页面有 12 个，占总数的 55%，其中显著相关系数值有 6 个；系数值为负的用户页面有 9 个，占总数的 41%，其中显著相关系数值有 2 个；另有 1 个系数值为 0。这一数据分布说明，环保用户微博页面信息中超链接信息量与评论数之间的相关关系以正向相关为主，正的相关系数平均值为 0.1358，为显著相关，故环保用户群体微博页面信息中超链接信息量对微博评论具有显著的正向影响作用。

9.3.2.2 微博信息类型

前文将微博信息类型质量划分为 5 个等级，并实现了量化计算。信息类型对微博评论的影响分析可通过用户页面中信息类型值与微博评论数量之间的相关关系来体现。

（1）企业科技用户微博页面信息中信息内容类型与评论数之间的相关关系如表 9－28 所示，表中数据为两变量间的 Pearson 相关系数值。由表中数据可知，系数值为正的用户页面有 35 个，占总数的 58%，其中显著相关系数值有 4 个；系数值为负的用户页面有 25 个，占总数的 42%，其中显著相关系数值有 6 个。这一数据分布说明，科技用户群体中信息内容类型与微博评论之间的相关关系以正向相关为主，正的相关系数平均值为 0.0787，为低度相关，故科技用户群体微博页面信息中信息内容类型对微博评论具有正向影响作用，但影响程度较低。

表 9－28　企业科技微博页面信息类型与评论数之间的相关性

信息类型与评论数之间的 Pearson 相关系数							
0.059	0.059	0.012	0.080	0.032	0.195**	0.093	0.075
0.148*	0.026	-0.058	-0.001	-0.035	0.030	-0.061	-0.248**
0.090	-0.091	0.112	-0.001	0.130	0.020	-0.158*	0.048
0.022	-0.047	-0.273**	-0.149*	-0.134	0.063	-0.091	-0.236**
0.090	0.089	0.078	-0.067	-0.068	0.070	-0.002	0.128
-0.278**	-0.047	-0.053	0.091	0.024	-0.093	-0.037	0.019
0.056	0.024	-0.018	-0.065	0.112	0.138	-0.006	0.055
0.178*	0.035	0.132	0.142*				
正相关系数平均值				0.0787			

（2）房地产用户微博页面中信息内容类型与评论数之间的相关关系如表 9－29 所示，表中数据为两变量间的 Pearson 相关系数值。由表中数据可知，系数值为正的用户页面有 20 个，占总数的 67%，其中显著相关系数值有 4 个；系数值为负的用户页面有 10 个，均未达到显著

相关水平。这一数据分布说明，房地产用户群体中信息类型值与微博评论之间的相关关系以正向相关为主，正的相关系数平均值为0.0815，为低度相关，故房地产用户群体微博页面信息中信息内容类型对微博评论具有正向影响作用，但影响程度较低。

表9-29　房地产微博信息类型与评论数之间的相关性

信息类型与评论数之间的 Pearson 相关系数							
0.126	0.212**	0.123	0.006	0.061	0.021	0.065	0.022
0.185**	0.207**	0.189*	0.045	-0.015	-0.128	-0.072	0.024
0.035	-0.009	-0.031	0.021	-0.004	-0.028	-0.035	-0.105
-0.007	0.099	0.008	0.067	0.069	0.045		
正相关系数平均值				0.0815			

(3) 公安用户微博页面信息中信息内容类型与评论数之间的相关关系如表9-30所示，表中数据为两变量间的Pearson相关系数值。由表中数据可知，系数值为正的用户页面有24个，占总数的63%，其中有6个系数值达到显著相关；系数值为负的用户页面有13个，占总数的34%，其中有1个达到显著相关；另有一个系数值为0。这一数据分布说明，公安用户群体微博页面信息中信息内容类型与评论数之间的相关关系以正向相关为主，正的相关系数平均值为0.0934，为低度相关，故公安用户群体微博页面信息中信息内容类型对微博评论具有低度的正向影响作用。

表9-30　公安微博信息类型与评论数之间的相关性

信息类型与评论数之间的 Pearson 相关系数							
-0.012	0.066	-0.003	-0.066	-0.133	-0.036	0.081	-0.032
0.044	0.059	0.057	0.044	0.022	0.169*	0	0.357**
0.080	0.169	0.003	0.038	0.176*	-0.112	0.196*	-0.015
0.072	0.054	-0.013	0.178*	-0.075	-0.088	0.101	0.053
0.142*	-0.056	0.020	-0.168*	0.007	0.054		
正相关系数平均值				0.0934			

（4）环保用户微博页面信息内容类型与评论数之间的相关关系如表 9－31 所示，表中数据为两变量间的 Pearson 相关系数值。由表中数据可知，系数值为正的用户页面有 17 个，占总数的 77%，其中显著相关系数值有 5 个；系数值为负的用户页面有 5 个，占总数的 23%，均未达到显著相关。这一数据分布说明，环保用户微博页面信息中信息内容类型与评论数之间的相关关系以正向相关为主，正的相关系数平均值为 0.1082，为低度相关，故环保用户群体微博页面信息中信息内容类型对微博评论具有低度的正向影响作用。

表 9－31　环保微博信息类型与评论数之间的相关性

信息类型与评论数之间的 Pearson 相关系数							
0.025	0.112	－0.108	0.175*	－0.015	0.008	0.136	0.049
0.034	0.056	－0.105	－0.006	0.181*	－0.091	0.162*	0.221**
0.094	0.148	0.019	0.121	0.249**	0.050		
正相关系数平均值				0.1082			

9.3.2.3　信息真实性

微博信息真实性质量由微博页面信息中包含的@数量来衡量，故信息真实性质量对微博评论的影响分析可通过微博中的@数量与评论数量之间的相关关系来体现。

（1）企业科技用户微博页面信息中信息真实性与评论数量之间的相关关系如表 9－32 所示，表中数据为两变量间的 Pearson 相关系数值。由表中数据可知，系数值为正的用户页面有 3 个，占总数的 5%，其中有 1 个达到显著相关；系数值为负的用户页面有 57 个，占总数的 95%，其中有 12 个达到显著相关。这一数据分布说明，科技用户群体中信息真实性与评论数之间的相关关系以负向相关为主，负的相关系数平均值为－0.104，为低度相关，故科技用户群体微博页面信息中信息真实性对微博评论具有负向影响作用，但影响程度较低。

表 9-32 企业科技微博信息真实性与评论数之间的相关性

信息真实性与评论数之间的 Pearson 相关系数							
-0.073	-0.093	-0.110	-0.015	-0.007	-0.140*	-0.175*	-0.140
-0.101	-0.067	-0.177*	-0.149	-0.071	-0.058	-0.063	-0.150
-0.108	-0.159*	-0.076	-0.193**	-0.155*	-0.154	-0.163*	-0.053
-0.095	-0.044	-0.013	-0.070	-0.057	0.043	-0.035	-0.055
-0.028	-0.153	-0.082	-0.139	-0.016	-0.077	-0.148	-0.259**
-0.262**	0.003	-0.044	-0.109	-0.075	0.333**	-0.130	-0.033
-0.074	-0.094	-0.036	-0.134	-0.186*	-0.088	-0.083	-0.216**
-0.044	-0.130	-0.069	-0.195**				
负相关系数平均值				-0.104			

（2）房地产用户微博页面信息中信息真实性与评论数量之间的相关关系如表 9-33 所示，表中数据为两变量间的 Pearson 相关系数值。由表中数据可知，系数值为正的用户页面有 8 个，占总数的 27%，其中有 1 个达到显著相关；系数值为负的用户页面有 22 个，占总数的 73%，其中有 5 个达到显著相关。这一数据分布说明，房地产用户群体中信息真实性与微博评论之间的相关关系以负向相关为主，负的相关系数平均值为 -0.1181，为低度相关，故房地产用户群体微博页面信息中信息真实性对微博评论具有负向影响作用，但影响程度不高。

表 9-33 房地产微博信息真实性与评论数之间的相关性

信息真实性与评论数之间的 Pearson 相关系数							
-0.134	-0.209**	-0.068	-0.083	0.098	-0.243*	-0.273**	-0.003
-0.137	0.032	-0.120	-0.091	0.136	-0.224**	-0.052	-0.112
-0.133	-0.070	-0.009	-0.115	-0.061	-0.081	-0.144*	0.365**
0.121	0.065	-0.104	0.110	-0.131	0.123		
负相关系数平均值				-0.1181			

（3）公安用户微博页面信息中信息真实性与评论数之间的相关关系如表9－34所示，表中数据为两变量间的Pearson相关系数值。由表中数据可知，系数值无法计算的用户页面有2个；系数值为正的用户页面有10个，占总数的26%，其中有2个达到显著相关；系数值为负的用户页面有26个，占总数的68%，其中显著相关系数值有2个。这一数据分布说明，公安用户群体微博页面信息中信息真实性与评论数之间的相关关系以负向相关为主，负的相关系数平均值为－0.0581，为低度相关，故公安用户群体微博页面信息中信息真实性对微博评论具有低度的负向影响作用。

表9－34　公安微博信息真实性与评论数之间的相关性

信息真实性与评论数之间的 Pearson 相关系数							
－0.034	0.087	—	－0.032	0.193**	0.106	－0.083	－0.048
0.033	－0.158*	－0.046	－0.074	－0.033	0.014	－0.149*	－0.046
－0.061	－0.098	0.019	－0.021	－0.031	0.136	－0.073	0.046
－0.014	－0.038	—	－0.034	－0.022	0.383**	－0.022	－0.086
0.111	－0.004	－0.071	－0.060	－0.059	－0.114		
负相关系数平均值				－0.0581			

（4）环保用户微博页面信息中信息真实性与评论数之间的相关关系如表9－35所示，表中数据为两变量间的Pearson相关系数值。由表中数据可知，系数值为正的用户页面有9个，占总数的41%，其中有1个达到显著相关；系数值为负的用户页面有13个，占总数的59%，均未达到显著相关。这一数据分布说明，环保用户微博页面信息中信息真实性与评论数之间的相关关系以负向相关为主，负的相关系数平均值为－0.1081，为低度相关，故环保用户群体微博页面信息中信息真实性对微博评论具有低度的负向影响作用。

表 9-35 环保微博信息真实性与评论数之间的相关性

信息真实性与评论数之间的 Pearson 相关系数							
-0.084	0.062	0.037	0.001	-0.051	-0.147	0.085	-0.027
0.128	0.366**	-0.255	-0.060	0.043	-0.118	0.018	-0.027
-0.078	-0.260	-0.121	-0.126	0.055	-0.051		
负相关系数平均值				-0.1081			

9.3.2.4 信息热度

微博信息热度由微博页面中包含的话题数量来表示，故信息热度对微博评论的影响分析可通过微博中包含的话题数量与评论数量之间的相关关系来体现。

（1）企业科技用户微博页面信息中信息热度与微博评论数之间的相关关系如表 9-36 所示，表中数据为两变量间的 Pearson 相关系数值。由表中数据可知，系数值无法计算的用户页面有 14 个，占总数的 23%；系数值为正的用户页面有 14 个，占总数的 23%，其中有 4 个达到显著相关；系数值为负的用户页面有 32 个，占总数的 54%，其中有 2 个达到显著相关。这一数据分布说明，科技用户群体微博页面信息中信息热度与微博评论之间的相关关系以负向相关为主，负的相关系数平均值为 -0.06，为低度相关，故科技用户群体微博页面信息中信息热度对微博评论具有负向影响作用，但影响程度较低。

表 9-36 企业科技微博信息热度与评论数之间的相关性

信息热度与评论数之间的 Pearson 相关系数							
-0.043	0.031	0.020	0.014	-0.020	—	0.211**	0.026
-0.062	-0.058	—	—	-0.015	-0.237**	—	0.024
-0.051	-0.141*	-0.043	-0.063	-0.068	—	0.022	-0.050
-0.006	-0.027	-0.037	-0.078	0.011	-0.084	-0.013	—
0.268**	-0.024	0.061	-0.078	0.495**	-0.065	—	-0.123

续表

信息热度与评论数之间的 Pearson 相关系数							
0.014	—	-0.032	-0.004	-0.040	0.547**	—	-0.042
-0.114	—	0.085	—	-0.026	-0.061	-0.069	—
-0.095	-0.051	—	—				
正相关系数平均值				-0.06			

（2）房地产用户微博页面信息中信息热度与评论数之间的相关关系如表9-37所示，表中数据为两变量间的 Pearson 相关系数值。由表中数据可知，系数值无法计算的用户页面有10个，占总数的33%；系数值为正的用户页面有9个，占总数的30%，其中有1个达到显著相关；系数值为负的用户页面有11个，占总数的37%，均未达到显著相关。由这一数据分布可知，系数值的正与负所占比例相差不大，且都不超过40%，比例较低，这说明房地产用户群体微博页面信息中信息热度对微博评论未形成显著影响趋势，影响方向不明确。正的相关系数平均值为0.0703，负的相关系数平均值为-0.0497，为低度相关，这说明信息热度对微博评论的影响程度较低。总之，房地产用户群体微博页面信息中信息热度对微博评论的影响方向不明确，但影响程度较低。

表9-37　房地产微博信息热度与评论数之间的相关性

信息热度与评论数之间的 Pearson 相关系数							
0.116	-0.063	0.077	-0.113	-0.004	—	-0.063	—
0.010	—	-0.056	-0.026	0.094	-0.062	0.038	0.053
0.016	-0.028	—	0.067	—	-0.023	-0.020	—
0.162*	-0.089	—	—	—	—		
相关系数平均值				—			

（3）公安用户微博页面信息中信息热度与评论数之间的相关关系如表9-38所示，表中数据为两变量间的 Pearson 相关系数值。由表中

数据可知，系数值无法计算的用户页面有 4 个，占总数的 11%；系数值为正的用户页面有 15 个，占总数的 39%，其中显著相关系数值有 5 个；系数值为负的用户页面有 19 个，占总数的 50%，均未达到显著相关。这一数据分布说明，公安用户微博页面信息中信息热度与评论数之间的相关关系以负向相关为主，但正向相关系数显著性高于负向相关；负的相关系数平均值为 -0.0483，为低度相关，故公安用户群体微博页面信息中信息热度对微博评论具有低度的负向影响作用。

表 9-38　公安微博信息热度与评论数之间的相关性

信息热度与评论数之间的 Pearson 相关系数							
0.093	0.093	—	—	-0.015	-0.089	-0.018	0.014
0.016	0.250**	0.178*	0.012	-0.071	0.291**	-0.053	-0.038
-0.101	-0.067	0.155	-0.036	-0.106	-0.027	-0.011	-0.113
0.086	-0.019	-0.038	0.206**	-0.021	0.124	—	—
-0.033	-0.045	0.042	0.126	0.224**	-0.016		
负相关系数平均值				-0.0483			

（4）环保用户微博页面信息热度与评论数之间的相关关系如表9-39 所示，表中数据为两变量间的 Pearson 相关系数值。表中，“—”表示微博信息中不包含任何话题而使系数值无法计算。由表中数据可知，系数值无法计算的用户页面有 2 个；系数值为正的用户页面有 4 个，占总数的 18%，均为显著相关；系数值为负的用户页面有 16 个，占总数的 73%，均未达到显著相关。正的相关系数平均值为 0.2018，负的相关系数平均值为 -0.0531，正值显著高于负值。这一数据分布说明，环保用户微博页面信息中信息热度与评论数之间的相关关系以负向相关为主，但负向相关度很低，少数用户页面表现出显著的正向相关关系。总之，环保用户群体微博页面信息中信息热度对微博评论具有低度的负向影响作用。

表 9 - 39　环保微博信息热度与评论数之间的相关性

信息热度与评论数之间的 Pearson 相关系数							
-0.129	-0.011	0.152*	0.149*	-0.031	—	-0.045	-0.037
-0.002	-0.079	—	-0.033	0.228**	-0.086	0.278**	-0.048
-0.023	-0.117	-0.050	-0.062	-0.070	-0.026		
负相关系数平均值				-0.0531			

9.3.2.5　信息编辑质量

微博信息编辑质量由微博页面中包含的标题数量来衡量，故信息编辑质量对微博评论的影响可通过微博中包含的标题数量与评论数量之间的相关关系来体现。

（1）企业科技用户微博页面信息中信息编辑质量与评论数量之间的相关关系如表 9 - 40 所示，表中数据为两变量间的 Pearson 相关系数值。由表中数据可知，系数值无法计算的用户页面有 15 个，占总数的 25%；系数值为正的用户页面有 19 个，占总数的 32%，其中显著相关系数值有 2 个；系数值为负的用户页面有 26 个，占总数的 43%，均未达到显著相关水平。这一数据分布说明，科技用户群体中信息编辑质量与微博评论之间的相关关系以负向相关为主，但其所占比例不到 50%，这一总体趋势不太显著。负的相关系数平均值为 -0.04315，为低度相关，故科技用户群体微博页面信息中信息编辑质量对微博评论具有低度的负向影响作用，但这一影响趋势不太显著，影响程度较低。

表 9 - 40　企业科技微博信息编辑质量与评论数之间的相关性

信息编辑质量与评论数之间的 Pearson 相关系数							
0.011	-0.001	-0.035	-0.024	—	0.119	-0.040	—
0.045	—	-0.038	—	-0.008	0.258**	-0.003	-0.005
0.007	-0.128	-0.025	-0.031	-0.048	0.125	0.005	0.264**
-0.018	-0.010	-0.034	-0.085	-0.065	0.138	-0.006	0.011

续表

信息编辑质量与评论数之间的 Pearson 相关系数							
—	-0.139	—	—	—	0.046	0.115	0.192
0.018	-0.081	0.121	0.014	0.030	—	-0.028	—
—	—	0.157	—	-0.059	0.011	-0.069	-0.056
-0.069	-0.017	—	—				
负相关系数平均值				-0.04315			

（2）房地产用户微博页面信息中信息编辑质量与评论数之间的相关关系如表9-41所示，表中数据为两变量间的Pearson相关系数值。由表中数据可知，系数值无法计算的用户页面有8个，占总数的27%；系数值为正的用户页面有8个，其中有1个为显著相关；系数值为负的用户页面有14个，占总数的47%，均未达到显著相关水平。这一数据分布说明，房地产用户群体中信息编辑质量与评论数之间的相关关系以负向相关为主，但其所占比例不到50%，这一趋势不显著。负的相关系数平均值为-0.04464，为低度相关，故房地产用户群体微博页面信息中信息编辑质量对微博评论具有低度的负向影响作用，但影响趋势不显著，影响程度不高。

表9-41　房地产微博信息编辑质量与评论数之间的相关性

信息编辑质量与评论数之间的 Pearson 相关系数							
—	0.171*	-0.003	-0.103	0.056	—	-0.086	0.015
-0.012	—	-0.056	-0.022	0.062	-0.023	0.004	-0.050
—	—	-0.038	—	—	0.102	0.021	0.034
-0.050	-0.011	-0.081	—	-0.070	-0.020		
负相关系数平均值				-0.04464			

（3）公安用户微博页面信息中信息编辑质量与评论数之间的相关关系如表9-42所示，表中数据为两变量间的Pearson相关系数值。由表中数据可知，系数值无法计算的用户页面有6个，占总数的16%；

系数值为正的用户页面有 13 个，占总数的 34%，其中显著相关系数值有 2 个；系数值为负的用户页面有 19 个，占总数的 50%，均未达到显著相关。这一数据分布说明，公安用户群体微博页面信息中信息编辑质量与评论数之间的相关关系以负向相关为主，负的相关系数平均值为 -0.0393，为低度相关，故公安用户群体微博页面信息中信息编辑质量对微博评论具有低度的负向影响作用。

表 9-42　公安微博信息编辑质量与评论数之间的相关性

信息编辑质量与评论数之间的 Pearson 相关系数							
-0.035	0.219**	0.100	0.005	-0.049	-0.052	0.016	0.240**
0.058	0.023	-0.026	—	-0.064	—	-0.016	-0.013
-0.071	—	0.001	0.025	0.013	0.012	-0.058	-0.056
-0.036	-0.025	-0.021	0.010	0.008	-0.050	-0.032	—
-0.072	-0.018	—	—	-0.030	-0.022		
负相关系数平均值				-0.0393			

（4）环保用户微博页面信息编辑质量与评论数之间的相关关系如表 9-43 所示，表中数据为两变量间的 Pearson 相关系数值。由表中数据可知，系数值无法计算的用户页面有 6 个；系数值为正的用户页面有 3 个，占总数的 14%；系数值为负的用户页面有 13 个，占总数的 59%；这些系数值均未达到显著相关。这一数据分布说明，环保用户微博页面信息中信息编辑质量与评论数之间的相关关系以负向相关为主，负的相关系数平均值为 -0.0515，为低度相关，故环保用户群体微博页面信息中信息编辑质量对微博评论具有低度的负向影响作用。

表 9-43　环保微博信息编辑质量与评论数之间的相关性

信息编辑质量与评论数之间的 Pearson 相关系数							
-0.079	-0.039	-0.036	0.042	0.016	—	-0.054	-0.036
-0.041	—	—	-0.058	0.016	—	-0.036	-0.035
-0.126	—	-0.050	-0.009	-0.070	—		
负相关系数平均值				-0.0515			

9.3.2.6 讨论与总结

1. 对比分析与总结

科技用户、房地产用户、公安用户和环保用户这 4 个领域用户群体微博页面信息中各质量指标对微博评论的影响作用如表 9－44 所示。

表 9－44 4 个领域用户群体微博信息质量指标对微博评论的影响作用

质量指标 / 用户群体	信息量指标		信息内容类型	信息真实性质量	信息热度	信息编辑质量
	文本信息量	超链接信息量				
科技领域	0.2324	－0.06114	0.0787	－0.104	－0.06	－0.0432
房地产领域	0.2211	－0.0623	0.0815	－0.1181	—	－0.0446
公安领域	0.1764	－0.0443	0.0934	－0.0581	－0.0483	－0.0393
环保领域	0.1904	0.1358	0.1082	－0.1081	－0.0531	－0.0515
平均值	0.2051	—	0.0905	－0.0971	－0.0538	－0.0447

由表 9－44 中数据可知，除超链接信息量外，这 4 个用户群体微博页面信息中文本信息量、信息内容类型、信息真实性质量、信息热度和信息编辑质量对微博评论的影响方向基本是一致的。总体来看，文本信息量对微博评论的影响是正向的，其平均影响值为 0.2051，数值最大，是微博评论的第一影响因素。其次是信息真实性质量，它对微博评论的影响是负向的，平均值为－0.0971，为第二影响因素。信息内容类型对微博评论的影响是正向的，影响程度平均值为 0.0905，为第三影响因素。而信息热度和信息编辑质量对微博评论的影响是负向的，而且影响程度较低。超链接信息量对微博评论的影响方向在各群体中表现不同，除环保用户为正向影响外，其他用户群体均为负向影响作用。由以上结果可知，信息内容质量对微博评论在总体上具有正向影响作用，但各质量指标对微博评论的影响作用由其自身的特征所决定，不能一概而论。当然，这一结论也会受到选取的样本数据特征及范围大小的影响。总之，增加微博信息文本字数、提高信息内容类型质量可有

效增加微博信息的评论数量，提升微博信息的利用率和参与度。

这一结论与微博转发的三大影响因素基本一致，而且影响方向相同。微博转发与评论共同反映了用户对微博信息的利用情况，影响微博信息利用的主要质量因素是微博信息的文本字数、信息内容类型和信息真实性质量，而其他质量指标的影响程度较弱。

2. 结果讨论

由以上分析可知，科技用户群体微博页面信息中文本信息量（0.2324）和信息内容类型（0.0787）对微博评论具有正向影响作用，而信息真实性质量（-0.104）、超链接信息量（-0.06114）、信息热度（-0.06）和信息编辑质量（-0.0432）对微博评论具有负向影响作用，而且它们的影响作用依次递减。这一结论说明，信息内容质量对微博评论在总体上具有正向影响作用，但各质量指标的影响作用由其自身的特征所决定。由以上数值可知，科技用户群体微博中文本信息量的影响程度最大，这说明增加微博信息原创内容字数可有效提高微博评论数量；而信息编辑质量的影响趋势不太显著，影响程度最小，可忽略该质量指标。信息内容类型的正向影响作用在一定程度上反映了本文对信息类型质量赋值的合理性，但它的影响程度不高。信息真实性、超链接信息量和信息热度的负向影响作用说明互动交流信息、超链接信息和参与话题讨论的微博信息不利于微博评论数量的增加，或者说这 3 类微博信息的评论度不高。

在房地产用户群体微博页面信息中，文本信息量（0.2211）和信息内容类型（0.0815）对微博评论具有正向影响作用，而信息真实性质量（-0.1181）、超链接信息量（-0.0623）和信息编辑质量（-0.0446）对微博评论具有负向影响作用，而且影响程度依次递减。对比房地产用户群体微博页面信息中信息质量指标对微博转发与评论的影响可知，各质量指标在影响方向和影响程度的排序上是一致的，共同反映了微博中的文本信息量、信息内容类型和信息真实性质量是影响微博转发与评论的关键因素。这一结论说明，增加微博原创内容的文本字数、发布高质量类型的信息内容可有效提高微博评论度。同时，互动交流信息和超链接信息的微博评论较少，信息热度对微博评论的影响不确定。

在公安用户群体微博页面信息中，文本信息量（0.1764）和信息内容类型（0.0934）对微博评论具有正向影响作用，而信息真实性质量（-0.0581）、信息热度（-0.0483）、超链接信息量（-0.0443）和信息编辑质量（-0.0393）对微博评论具有负向影响作用，而且影响程度依次递减。这一数据说明，微博信息质量对微博评论的正向影响作用远大于负向影响作用，其中文本信息量和信息内容类型是主要影响因素，与前文的结论基本一致。对比公安用户群体微博页面信息中信息质量指标对微博评论与转发的影响可知，除信息热度外，二者在其他指标上的影响方向均相同。信息热度对微博转发具有显著的正向影响作用，而对微博评论的影响为低度的负向影响作用，这说明信息热度对二者的影响方向、大小均不一致。造成这一差异的原因可能是公安用户微博中的话题信息多为热点事件、热门话题，而且信息发布较为正式，可信度较高，故对微博转发具有正向影响作用，而其评论度较低。这些质量指标在影响力方向和大小排序上具有一致性，这说明微博评论与转发能够较好地反映用户对微博信息的利用情况以及微博信息主观质量与客观质量之间的关系，而且二者具有同质性。

在环保用户群体微博页面信息中，文本信息量（0.1904）、超链接信息量（0.1358）和信息内容类型（0.1082）对微博评论具有正向影响作用；而信息真实性（-0.1081）、信息热度（-0.0531）和信息编辑质量（-0.0515）对微博评论具有负向影响作用，而且影响程度依次递减。由这一数据可知，信息质量对微博评论的正向影响显著高于负向影响，其中信息量、信息内容类型和信息真实性质量是关键影响因素，而信息热度和信息编辑质量的影响程度较低。对比环保用户群体微博页面信息中信息质量指标对微博转发与评论的影响作用可知，除信息真实性质量外，二者在其他质量指标的影响方向和影响程度排序上保持一致。信息真实性质量对微博转发的影响方向不明确，影响程度不高，而对微博评论具有一定的负向影响作用。造成这一差异的原因可能是环保用户群体微博中互动交流性信息可通过用户之间的@功能充分实现，使评论功能的使用率降低，故对微博评论数量产生一定的负向影响作用。

第十章
郑州航空港经济综合实验区发展中的质量管理探索

2013年3月7日，国务院批准《郑州航空港经济综合实验区发展规划（2013—2025年）》，这是全国首个上升为国家战略的航空港经济发展先行区。[①] 规划提出，郑州航空港经济综合实验区的战略定位为国际航空物流中心、以航空经济为引领的现代产业基地、内陆地区对外开放重要门户、现代航空都市、中原经济区核心增长极。

郑州航空港经济综合实验区的战略定位具体体现在以下几个方面。

（1）国际航空物流中心。建设郑州国际航空货运机场，进一步发展连接世界重要枢纽机场和主要经济体的航空物流通道，完善陆空衔接的现代综合运输体系，提升货运中转和集疏能力，逐步发展成为全国重要的国际航空物流中心。

（2）以航空经济为引领的现代产业基地。发挥航空运输综合带动作用，强化创新驱动，吸引高端要素集聚，大力发展航空设备制造维修、航空物流等重点产业，培育壮大与航空关联的高端制造业和现代服务业，促进产业集群发展，形成全球生产和消费供应链重要节点。

（3）内陆地区对外开放重要门户。提升航空港开放门户功能，推进综合保税区、保税物流中心发展和陆空口岸建设，完善国际化营商环境，提升参与国际产业分工层次，构建开放型经济体系，建设富有活力的开放新高地。

（4）现代航空都市。树立生态文明理念，坚持集约、智能、绿色、低碳发展，优化实验区空间布局，以航兴区、以区促航、产城融合，建设具有较高品位和国际化程度的城市综合服务区，形成空港、产业、居住、生态功能区共同支撑的航空都市。

（5）中原经济区核心增长极。强化产业集聚和综合服务功能，增强综合实力，延伸面向周边区域的产业和服务链，推动与郑州中心城区、郑汴新区联动发展，建设成为中原经济区最具发展活力和增长潜

① 郑州航空港经济综合实验区（郑州新郑综合保税区）管理委员会［EB/OL］. http://www.zzhkgq.gov.cn/Port/jcq/index.html，2015（10）.

力的区域。

在国务院《中原经济区规划（2012—2020 年）》和《郑州航空港经济综合实验区发展规划（2013—2025 年）》的支持下，郑州航空经济综合实验区会成为郑州市经济发展的新板块和中原经济区的龙头。①

对郑州航空港经济综合实验区来说，“十三五”时期是其加快推进航空大枢纽、航空大物流、航空大产业和航空大都市建设的关键时期，也是信息化加速融合与信息产业加速推进的重要时期。

为全面增强航空港经济综合实验区改革创新核心能力、可持续发展能力和经济综合竞争力，应按照 2013 年 3 月 7 日国务院批复的《郑州航空港经济综合实验区发展规划（2013—2025 年）》的总体部署和要求，以智能终端、电子信息等八大园区建设等重点，引进核心技术创新团队，集聚高端人才，打造高水平技术研发队伍，设立高端制造业研发中心或研发总部，形成特色产业技术创新中心；加强产学研合作，集中力量开展重点领域关键共性技术攻关，推动重大科技成果转化；构建开放融合的创新平台，组建产业技术创新战略联盟，加快突破产业核心关键技术，建设智能终端产业创新中心。

本章结合郑州航空港经济综合实验区发展实践，对基于电子商务环境的企业信息资源的整合、航空港电子商务发展策略、航空港企业电子商务质量综合评价以及航空港信息服务的质量管理等方面展开研究与探索，以助推整个航空港区的综合发展，这也是转变河南省经济发展方式的重要途径。

---

① 战略定位［EB/OL］. http://www. zzhkgq. gov. cn/Port/jcq/scsj/D1—or6—index. html, 2015 (10).

10.1 基于电子商务环境的企业信息资源整合

随着我国企业信息化的建设和发展，企业的电子商务活动越来越普及。电子商务作为一种新型的商务营销模式，改变了传统的商务运营模式，其对信息的依赖性更加明显。因此，在当今的电子商务大环境下，加强对信息资源的整合以形成有效信息，成为企业的当务之急。

10.1.1 企业信息资源整合

广义的信息资源整合概念包含信息采集、组织、加工及服务等过程[①②]，即将某一范围内原本离散的、多元的、异构的、分布的信息资源通过逻辑的或物理的方式组织为一个整体，使之有利于管理、利用和服务。这也就是把分散的资源集中起来，把无序的资源变为有序，使之方便用户查找信息、方便信息服务于用户。

信息资源的整合已多运用于各类图书馆和政府的信息情报中心，而如今，越来越多的企业也开始重视信息资源的整合。这主要源于现代网络信息资源激增，资源种类越来越丰富，数据库和信息资源检索系统越来越多，检索方式、检索手段各式各样，造成了数据冗余、信息孤岛、信息关联程度低等问题出现。因此，迫切需要将有关信息集中、整序、关联起来，并集成检索系统，使企业便于及时获取有效的决策信息，解决 Where（在哪里可以找到所需要的信息）、How（怎样

① 苏新宁，章成志，卫平．论信息资源的整合［J］．现代图书情报技术，2005，128（9）：54－61．

② 刘洪．信息资源整合及其发展前景［J］．商场现代化，2006，473（20）：159．

去查找这些信息，如何筛选检索结果）等问题，这也是信息资源整合的最终目的。

企业的信息主要包括企业内部生产、管理、经营过程中产生的信息和从企业外部获得的各种信息，它们是企业做出各种决策的基础。现今，随着信息社会的快速发展，信息对企业生存发展的作用也愈来愈重要。

从企业角度来看，信息资源的整合是指通过收集、筛选、分类、对比、判断、联想、推理、整理等步骤，合成以价值增值为目的的有效信息资源的一种活动。而这些有效资源最终要为人所掌握，掌握了这些资源的人们可以通过对其正确运用而将其中蕴含的能量转化为财富。

电子商务环境下信息资源管理的实质是对电子信息资源生产、信息资源建设与配置、信息开发、传递服务、吸收利用活动的全过程中各种信息要素（包括信息、人员、资金、技术设备、机构、环境等）的计划、组织、指挥、协调、控制，从而有效满足企业商务活动信息需要的过程。因此，对企业来讲，信息资源整合的性质是以价值创造为核心的信息管理活动，其目的在于向相关的信息使用者提供增值性的有效信息，这是企业价值管理的重要领域，从本质上讲是企业的一种管理活动。

10.1.2　电子商务环境下企业信息资源整合的特点

电子商务是网络时代企业信息化的最终目标，电子商务理念与方式的引入是网络技术给企业信息化带来的一次重大创新。网络时代使企业面临更为激烈的市场竞争，要想在竞争中立于不败之地，企业必须提高市场反应速度、提高客户服务水平、降低产品成本。这就要求企业通过企业信息化的建设，使企业内部的生产管理过程与外部的市场经营过程构成一个完整的信息化管理过程，为企业的全部生产经营活动构建一个完整的虚拟环境。

如今电子商务大环境下的企业，与传统模式下的企业相比，无论是在经营模式还是客户关系等诸多方面都有很大改变。因此，对信息资源整合的要求和核心重点也有所不同。这主要表现在以下几个方面。

1. 企业经营模式的改变

在电子商务环境下，企业经营模式的核心发生了变化。传统企业生产经营模式是围绕物流为核心来运作的，以物流来带动信息流和资金流，商务运作依存于直接感知的实体世界，这不可避免地造成企业生产经营活动带有明显的时空界限，企业发展的空间受到了限制。① 在电子商务环境下，企业以信息流为核心，企业的商务活动紧密依赖信息的流动。信息流带动物流和资金流，企业的生产经营活动以数字化的形式在模拟世界中运动，大量的实体运动转向虚拟活动。这就意味着企业与客户、合作伙伴的物理接触几乎都将通过数字信息的交流来实现，因此，对信息资源的配置，如对客户资源、合作伙伴资源等在时间、空间及数量结构等方面进行配置、利用等都将变得十分重要，而这恰恰是信息资源整合的重要内容。

2. 企业与客户关系的变化

在电子商务环境下，企业的生产直接面向订货。企业可以通过互联网，按照客户提出的要求进行设计和生产，生产趋于个性化。与此同时，企业借助信息技术的帮助可达到更快更开放的交货过程，客户可以随时跟踪订货，从而客户拥有了更大的控制力。由于通过互联网进行操作，电子商务经营模式还打破了企业与客户交易空间和时间的限制，这更加方便了广大客户。

因此，在电子商务环境下，企业的运转更加离不开可靠信息的支持，要保证客户订单的准确及时性，必须以信息及信息技术作为依托。对于在电子商务环境下的企业来说，信息资源整合的运用显得更加

① 周民. 信息资源整合与价值管理［D］. 青岛：中国海洋大学，2003.

重要。

3. 企业信息量剧增

随着网络覆盖范围的不断扩大以及网络技术的发展，存在于网络上的信息资源在以极高的速度传播并迅速增长。网络信息资源的增长速度是其他信息资源所无法比拟的。

传统模式下的企业信息量内容单一，范围窄，数量有限，形成的信息资源也是非常有限的。而电子商务环境下的企业，由于可以通过网络搜索自己需要的信息，其范围得以扩大。同时，企业收集信息除了面向传统意义上的客户和企业内部以外，还要面向企业合作伙伴和社会相关政府机构，将不同的信息整合为不同的信息资源，以满足不同对象的需求，促使企业利润达到最大化。

企业信息资源整合的目标是要整合本企业内涉及外部信息资源的现有各种信息需求、信息资源和信息系统，以构建企业级的信息资源管理与运作平台，实现外部信息的快速、高效采集和合理、有序流动，满足企业总体信息需求，支撑企业技术创新与战略发展。

4. 企业信息安全

在电子商务交易中，信息资源的安全有效是极其重要的。在互联网环境中，信息内容多，信息容量大，信息结构复杂，种种因素会成为信息安全有效性的隐患。信息安全的重要性日益彰显。因此，电子商务环境下的企业信息资源整合必须借助网络安全技术，一方面可以加强企业的技术含量，增强市场竞争力，而更为重要的是通过整合形成有效的信息资源，并确保信息不被泄露，不被恶意破坏。这将会对企业电子商务运行的信誉度、客户认可度带来积极的效应。

传统体制下的企业对于信息的收集和客户确认等，通常是需要相关人员进行现场操作的。而在电子商务环境下，企业是通过网络平台完成相关操作的，其间必定更加依赖网络信息技术，以保证信息的可靠和安全。其中，包括计算机网络和商务交易中的信息安全。从实际操作来看，两者主要着重于企业信息的泄露和失真。如何保障在电子商务交易过程中实现电子商务信息的真实性、完整性、可鉴别性和不可伪造性、不可抵赖性，防止在交易过程中信息资源被窃取、篡改、假冒、破坏等，这均为信息资源的整合在电子商务环境下的发展提出了新的要求。

5. 企业信息资源共享

目前，社会对信息资源的共享已经达成共识，越来越多的人认识到信息资源共享的重要性。作为电子商务环境下的企业，信息资源的有效共享是企业的生存保障。信息资源共享的作用之一在于能够赋予员工权利及时做出决定以适应多变的市场。不仅对企业内部要如此，对于企业外部，包括客户、合作伙伴以及广大消费者和整个市场，企业的信息资源都要有效共享，以提高企业的竞争力。企业进行信息资源的整合，必然要做到对信息资源进行深度的组织开发和利用，并运用网络信息技术实现信息资源的共享，从而推动社会信息资源的共享。这也为信息资源的整合提出了难题。

10.1.3 企业信息资源整合的方案和措施

通过以上分析可以看出，对于在电子商务这种新型运营模式下的企业来说，其信息资源的整合表现出新的特征和需求，为了使企业能更好地进行信息资源整合，本书提出以下几种整合方案和措施。

1. 面向合作伙伴的信息资源整合

在电子商务环境下，面向合作伙伴的信息资源整合必须引入供应链管理（SCM）理念，即将各个有关联的企业看作经济循环链上的各个节点，加以虚拟化。这样，经济活动的有效运行需要各个节点的相互配合与合作，上一节点的产品是下一节点的原材料，下一节点的产品又是再下一个节点的原材料。这种供应链管理方式可以大大提高企业生产经营的运行效率，既不会造成原材料缺货或供应不足，也不会带来原材料的大量积压，能够实现合理的库存管理或零库存管理，从而节约企业的经营费用，降低成本，提高经济效益。

面向合作伙伴的信息资源整合的核心是信息资源共享。在这种链式结构中，企业生产经营所需要的原材料、辅助材料、设备、动力等物资资料的提供部门都是企业的合作伙伴，来自这些合作伙伴的信息都在一定程度上影响和制约着企业的生产经营行为。因此，任何企业都必须高度重视基于供应链的信息资源共享，加强对这类信息的收集和管理，利用互联网及时交流信息，了解需求方的需求信息。

2. 基于 eCRM 的客户信息资源整合

在开放的市场经济社会，市场竞争日益加剧，在此情况下，企业经营由过去的“以产品为中心”转变为“以客户为中心”；生产管理也从“推式”模型向“拉式”模型转变，即企业生产首先是由客户的需求和交易信息拉动的。这种生产经营管理理念的变化，更加突出了面向客户的信息资源整合在现代企业管理中所处的地位。特别是电子商务的兴起，使得这种“以客户为中心”的经营理念变得更加现实和可行。

在电子商务环境下，面向客户的信息资源整合的核心是电子客户关系管理（eCRM）。

eCRM 的产生和发展完全归功于网络技术的发展。企业对 CRM 概念的关注集中在与客户的及时交互上。eCRM 系统要求在企业内联网上建立客户数据库，其各种原始数据来源于企业与客户交往的一切运营过程和运营管理过程，并根据需要对数据库中的数据进行集成，以便于综合管理和决策应用。这将用到数据仓库技术，通过对数据仓库的数据整理、数据分析和数据挖掘，把数据转换成关于客户的有用信息和知识，并应用到企业销售、服务等日常生产经营活动中，形成对客户信息的收集、加工、分析、应用等一个完整的管理过程。eCRM 系统最主要的优势就在于实现了企业内部人员信息资源的共享性以及与客户沟通的实时性、互动性和低成本性。

3. 建立跨企业边界的信息共享机制

在电子商务环境下，企业信息资源管理的内容十分广泛，除了围绕企业的核心业务流程所产生的信息外，面向社会的、大量的、分散的公共信息也会在一定程度上影响企业的生产经营行为，这也是企业信息资源管理与整合的重要组成部分。例如来自政府部门的政策法规信息，来自科教部门的科技信息、人才信息，来自新闻媒体的公共信息等。因此，在电子商务环境下，企业还应该建立跨企业边界的信息共享机制，以达到信息资源广泛共享的目的。

目前企业在该方面采取的实践措施包括：

（1）建立企业的信息门户。企业信息门户的建立，既可以利用网络的互动功能，广泛获取来自社会各界的公共信息；又可以依赖信息门户扩大对外交流，展示本企业形象，传播企业的经营理念，宣传企业的产品等。

（2）建立企业的内部网与政府的电子政务系统的连接。建立企业与政府之间的网络信息通道，能够及时了解政府及其职能部门出台的有关政策、法规、制度，并针对相关的政策、法规、制度，结合企业实际进行分析研究，为企业的重大战略决策提供政策支持。

（3）建立企业内部网与 Internet 的连接。广泛收集互联网上对企业的生产经营活动有帮助的信息，在进行必要的加工整理后为企业的决策、管理提供优质高效的信息服务等。

4. 应用网络安全技术保护信息安全

在电子商务环境下，信息的安全性也受到空前的挑战。

保护信息资源在电子商务中的真实有效性，除了针对计算机硬件设备等在物理安全上展开防护措施以及用其他数据磁带等备份信息外，更重要的方面在于计算机网络安全技术在企业中的应用。在实践中，应用较多的是计算机网络中的认证安全技术。

安全认证技术的主要作用是进行信息认证。传统的对称密钥算法具有加密强度高、运算速度快的优点，但密钥的传递与管理问题限制了它的一些应用。随着认证中心（或称 CA 中心）的出现，开放网络的安全问题得到了比较好的解决。CA（Certificate Authority）认证机构，是采用 PKI（public key infrastructure）公开密钥基础架构技术，利用数字证书、非对称和对称加密算法、数字签名、数字信封等加密技术，确保电子交易有效、安全地进行，从而使信息除发送方和接收方外不被其他方知悉，保证传输过程中不被篡改，发送方确信接收方不是假冒的，发送方不能否认自己的发送行为。

总之，不管是传统模式下的企业还是如今电子商务环境下的企业，其信息资源的整合本身都是作为一种管理活动作用于企业经营的。而对于电子商务环境下的企业来说，由于交叉了电子商务交易的理论，信息资源整合增添了许多新的特点和内容。企业电子商务活动的成功，在很大程度上取决于信息资源管理的水平和质量。在当今信息化时代，电子商务发展迅速，在各行各业数字化、信息化逐渐深入的背景下，整合本身就是一种创新，适应企业发展需求的信息资源整合方案必将被越来越多的企业重视和采纳。

10.2　郑州航空港经济综合实验区电子商务发展策略

随着信息技术的高速发展和经济全球化的不断深入，电子商务成为新兴经济体最为青睐的产业之一，特别是在国际贸易中，电子商务正在发挥至关重要的作用。在国内，以阿里巴巴为代表的一批电子商务企业的日益壮大，这使很多传统的交易模式正在发生巨大变化，电子商务的发展正在经历 B2B、B2C、C2C 等模式的转变。电子商务作为河南省经济发展新的增长极，是新时期河南省实现经济对外开放的重要窗口和前沿基地，也是河南省内企业走向全球市场的一个很好的平台。

以中原经济区为大背景，河南省经济正在经历转型，以往传统制造业占主导的经济发展模式需要向以高新技术和新型服务业为主的发展模式转变，电子商务的作用巨大，把自己的产品通过电子商务平台推向国内外市场。河南省实现经济转型的关键在于电子商务的发展，这也是战略选择，对内可以拉动内需，服务民生，实现河南省经济又好又快发展；对外可以提升河南经济形象，实现河南省整体经济面貌的改变，提升河南经济在全国乃至全球的影响力。

10.2.1 河南省电子商务发展现状

目前河南省电子商务的发展还处于起步阶段，普及程度比较低，基础薄弱，实用性不强，推广范围小，应用质量、发展水平和服务意识都有待提高。然而近年来基于政策导向和财政支持，全省电子商务发展环境和基础设施已逐步改善，电子商务产业园区都已形成规模，第三电子商务平台逐步形成规模，企业自身应用电子商务得到快速发展，农村电子商务创新也在不断推进之中，网络交易额不断攀升。

1. 河南省电子商务园区建设发展现状

郑东新区电子商务基地、河南省电子商务产业园、中国中部国际贸易电子商务服务基地等省级电商园区，以及河南网商园、河南鞋业市场电商园等已经逐步建成。河南省唯一一家国家级电子商务示范基地——郑东新区电子商务基地已经投入使用，包括微软公司、甲骨文、百度、淘宝等一大批国内外知名企业已进入河南省电子商务产业园。中国中部国际贸易电子商务服务基地已入驻黎明重工集团电子商务中心、悉知搜索平台、黄河科技学院商贸学院实训基地等。河南省电子商务呈现蓬勃发展的势头。

2. 政府政策支持

为实现电子商务企业集聚效应，实现产业化发展，共用电子商务基础设施，我国中部国际电子商务港正在启动。洛阳、开封、许昌、平顶山、南阳、新乡电子商务产业园已初具规模，产业园在建设布局的过程中都是围绕本地优势产业和重点企业进行资源整合，突出地区特色。河南省政府在结合各地电子商务发展状况的同时，也与一些企业进行合作，如与苏宁、谷歌、京东等签署了合作框架协议；省商务厅与阿里巴巴共同建设的“阿里巴巴·河南产业带”和“淘宝·河南特色馆”已经上线运营，并取得良好效果。河南省财政大力支持郑州市跨境贸易电子商务服务（E 贸易）试点项目，并安排专项补助资金加快项目建设。

3. 跨境电子商务贸易

在河南省国际贸易电子商务服务基地设立的大背景下，谷歌公司已在郑州市建立了国内首个国际贸易电子商务应用体验中心——谷歌 AdWords 河南体验中心，在 AdWords 体验中心的技术支持和指导下，帮助河南省企业开展以国际贸易为主的电子商务营销运营、培训推广、信息咨询、技术支持和电子商务前沿技术体验，以促进河南省国际贸易电子商务的快速发展，实现外贸企业在电子商务的指引下开拓国际市场，积极走出去；省外贸厅定期邀请外贸领域专家学者举办国际贸易交流培训会，积极邀请省内外贸企业参会，针对外贸过程中存在的问题给予解答；推动中欧班列的常态化运营，实现与欧洲物流快速连通，与知名国际贸易电子商务平台进行对接，在跨境贸易方面积极开展合作。

4. 郑州航空港经济综合实验区电子商务发展现状

截至 2014 年年底，航空港实验区存续企业 1603 户，同比增长 125.8%；注册资本 510.75 亿元，同比增长 33.6%。实验区的增速远高于全省乃至郑州市的平均水平。实验区、郑州市、河南省企业数量同比增速分别为 125.8%、36.0%、27.1%；注册资本同比增速依次为 33.6%、31.6%、26.7%，其已成为河南省重要的经济增长引擎。然而郑州航空港区的发展仍存在一些问题，如总体布局不够合理、缺乏完善的企业内部支撑平台、物流基础设施平台和物流综合服务能力等配套服务体系不健全、跨境贸易支付体系与贸易实务体系滞后、跨境电子商务专业人才缺少等。因此，河南省要想在经济发展和区位竞争中占据优势，就必须科学决策，合理改革，充分利用国家政策支持，积极探索适合郑州市航空经济发展的新策略，实现又好又快发展。

10.2.2 郑州航空港区电子商务发展策略

1. 制定总体规划

（1）制定总体规划，合理整体布局。在国家和河南省积极打造郑州航空港经济实验区这张河南省经济发展新名片的总体要求下，以建成全国重要的经济发展集聚区为目标推动郑州航空港经济实验区的发展，同时，郑州航空港实验区的快速发展也有助于中原经济区的整体发展，这就需要制订出科学合理的总体规划。其中，跨境贸易电子商务是着力点，应在注重国内市场的同时，加大对国外市场的布局，特别是在货物进出口报关、通关、结汇等方面进行合理的优化①，加强与国内外知名电子商务企业的战略合作，构建安全便捷的电子商务商业网络交易应用服务的综合平台，建设国内重要的电子商务服务应用中心；在现代物流理念的引领下，积极探索出一条建设跨境网络购物品集散分拨中心的新路子，提升自身的辐射力和影响力，最终实现以电子商务推动传统商业模式的成功转型，实现线下购销渠道和线上购销渠道的共同发展。

（2）推进行政改革，落实政策资金。一是实现实验区内电子商务发展的行政体制改革，实现去行政化、去行政审批多头化，妥善解决电子商务发展过程中存在的体制机制问题，构建商务保障体系和协调应对机制以保证电子商务的健康发展，实现商务主管部门对电子商务发展的宏观指导。二是从政策和资金上推动电子商务的发展，落实国家对电子商务发展的支持政策，争取财政资金支持，为电子商务企业进入园区提供便利；积极引进外资进入电子商务领域；对于电子商务

---

① 王晨. 港口现代物流和电子商务发展策略探讨［J］. 科技与企业，2014（8）：1.

企业的业务办理，进行统一受理、联合审批和限时办理。

2. 加强平台建设

（1）加强支撑平台建设，巩固综合服务平台。一是面向全省企业提供电子商务发展综合服务，帮助企业建立自身电子商务系统、人力资源电子管理系统、财会管理系统、ERP 系统、电子口岸报关系统；同时推进系统内部互融，支持企业发展综合性电子商务平台，具备信息、交易、信用、支付、物流等全方位服务功能。① 二是培育一批在国内外有较大影响力的电子商务综合服务平台，形成品牌效应，帮助大型实体经营企业和专业化的批发市场开展网络电商交易，线下物流配送。

（2）拓展应用服务范围，推动网络零售发展。一是支持郑州航空港经济实验区内品牌影响率高、产品标准化程度高、产品科技含量高、系列配套设施齐全、售后服务全面的骨干企业在国内外直接开展电子商务销售。二是集中集聚一批具有高质量和高水准、市场开拓力水平高的制造商，在航空港区建立大类产品或单品展销中心，扶持这些企业建立自己的电子商务网站；支持有实力的第三方电子商务平台在国际市场开设“河南企业产品专区”、网络旗舰店、专卖店等网络零售终端形式；同时，发展传统贸易公司的多产品网络零售业务，通过第三方电子商务零售平台发布产品信息。三是促进传统商品交易方式向电子商务营销方式转变，鼓励大型传统百货、连锁超市、批发市场等重点企业，依托自身现有的营销实体网点、货源供销渠道、物流配送体系等商业资源，组织开展网络零售业务。四是推动成立一批具有专业化电子商务网络营销能力的企业，以帮助传统企业开展电子商务业务，培育出网络销售领域内具有市场开拓能力的代理商。

3. 完善配套体系

（1）完善配套服务体系，推进现代物流建设。一是对于一些中小企业来说，自身企业实力较弱，抵御市场风险的能力较差，因此需要

---

① 王景敏. 电子商务模式下港口物流信息化发展策略研究［J］. 中国管理信息化，2010（6）：90－92.

完善电子商务企业发展配套体系，帮助企业实现发展。二是传统的耗时耗力的物流配送体系已经走向边缘化[①]，只有通过建立现代综合性的物流体系，才能真正提升物流效率，满足消费者需求和企业自身发展需要。三是推动知名物流企业在港区建立物流总部，建设全方位的物流配送体系。四是实现对现有物流信息资源的全面整合，从信息化、专业化、便捷化和快速化等角度入手提高物流配送能力，着力提高第三方、第四方物流配送能力，实现电子商务企业与物流公司的全面合作。

（2）加强电子商务信用，开展电子商务支付。一是鼓励银行与电子商务企业合作，拓展电子银行业务服务范围，强化在线支付功能，开展用户信用支付、与信用卡结合分期支付、手机银行支付等新型电子支付业务，推出适合电子商务特点的支付产品和服务，为广大消费者提供便利。二是加强第三方支付平台建设，同时探索电子商务企业自身金融消费体系的建立。[②]

4. 促进跨境贸易

（1）大力推进跨境电子商务贸易的发展。一是要以跨境电子商务贸易为着力点，优化国际贸易过程中的各个环节，在进出口报关、单证审批、查验通关、结汇退税等环节进行改进，提高国际贸易效率，形成国际网络购物物品集散分拨中心，提升自身的商品仓储、分拨、配送能力；以国务院加快电子商务国际贸易的政策为导向，加大电子商务产品出口的力度，对电子商务出口经营主体按规定进行登记备案，同时对出口经营的主体进行分类。二是加快电子口岸建设，便于进行国际贸易的企业及时结汇收汇。

（2）积极鼓励电子商务企业“走出去”。在推广自身产品的同时，也宣传企业自身，提高行业影响力；针对不同语言进行区域划分，建立企业自身的国际贸易部门并进行全球市场细分，实行专人专责；同

---

① 方智勇. 我国电子商务物流发展存在的问题及对策分析［J］. 中国商贸，2014（26）：74－75.

② 李红新. 基于我国电子商务发展的趋势研究［J］. 价值工程，2012（31）：176－178.

时，建立国外分销渠道和售后服务体系，与企业内部国际贸易部门双向合作，积极拓宽海外市场，在企业自身的电子商务平台和具有一定影响力的第三方电子商务平台上进行产品推介，提升河南产品在境外市场的品牌影响力和知名度，积极占领海外市场。[①]

5. 营造良好环境，做好人才保障

（1）营造电子商务发展的良好环境。一是行业中介组织对电子商务的发展至关重要，因此要积极推动行业中介组织的建设，这有助于电子商务企业更好地发展；同时，要严格按照法律、法规和行业内部章程开展业务，为同行业提供行业发展信息，避免同行业之间的恶性竞争，强化电子商务企业自律，诚信守法经营。二是加大电子商务发展的宣传力度，通过网络、电视、报刊、会议等多种形式宣传电子商务发展，突出电子商务对经济发展的重要作用，总结电子商务发展的新趋势，深化公众对电子商务知识的认识，形成电子商务发展模范企业并进行经验总结，形成电子商务发展的良好社会氛围。

（2）加大电子商务人才的培养力度。一是通过校企合作，有针对性地培养电子商务人才，培养具有专业电子商务知识、外贸知识、产品营销知识以及语言功底扎实的应用型电子商务人才；同时，加强与高校的沟通，以企业发展电子商务过程中的实际需要和电子商务未来发展的方向为着力点，制定出电子商务专业人才的培养方案，完善企业实习基地建设。二是航空港区政府应制订电子商务领域具有专业知识与业务能力相结合的高端人才的引进方案，筹建大学生电子商务社会实践基地，支持大学生进行电子商务创业，建设创业中心，进行相关项目孵化，培养出具有真才实学，能够满足企业需求、为企业带来效益和应对国内外激烈市场竞争的电子商务人才。

总之，作为中国首个航空港经济发展先行区，郑州航空港综合经济实验区的发展将给河南经济腾飞插上翅膀，但同时实验区的健康快

---

① 曹盛华. 郑州航空港经济综合实验区跨境电子商务的机遇与创新［J］. 创新科技，2015（4）：42-45.

速发展也面临许多问题。我们只有把握政策导向，积极加强平台建设，完善配套体系，拓宽运营模式，丰富支付体系，建立跨境电子商务服务平台，降低交易风险，提高物流整合服务能力，注重跨境电子商务人才培养，才能抢抓机遇，实现河南电子商务发展的整体超越。

10.3 基于协调分析的企业电子商务质量综合评价

随着电子商务的蓬勃发展，需要采用合适的指标和方法来评估电子商务网站。电子商务网站评价是指根据一定的评价方法、内容和指标对电子商务网站运行状况和工作质量进行评估。对电子商务网站的评价也是近年来的研究热点，也有专门的网站评估机构。AtWeb 公司采用技术性实测评估[①]；Jupiterresearch 公司采用网站流量检测[②]；中国互联网络信息中心 CNNIC 每年排出的“年度中国互联网络十佳网站”是通过抽样问卷调查，特别是网上调查的方式进行网站评估[③]。这些模式都存在一定的局限性与片面性。Ritu Agarwa 使用启发式的评价方法研究了公司的 Web 站点设计，Palmer J. W. 从 Web 站点绩效、下载延迟、网络导航、信息内容、交互响应等方面研究了 Web 站点的可用性、设计以及绩效测量等。[④] 然而这些研究没有给出综合评价的数学模型。

电子商务网站的评价属于多目标、多方案的评价决策过程。在多

① [EB/OL]. www. atweb. com.

② [EB/OL]. www. jupiterresearch. com.

③ [EB/OL]. www. cnnic. net. cn.

④ Ritu Agarwa, Viswanath Venkatesh. Assessing a Firm's Web Presence A Heuristic Evaluation Procedure for the Measurement of Usability [J]. Information System Research, 2002, 13 (2): 168 - 186.

目标决策中，普遍使用的模型包括 Trade-off 方法、期望值法、AHP 方法等。然而这些方法在评价方案时只分析了方案的优势或劣势，没有将满意度和不满意度统一成为总体。基于妥协原理（compromise principle）的协调分析方法综合考虑了方案的优缺点，能评价出最有利的方案，因而评价结果十分客观。

10.3.1　电子商务网站评价指标体系

电子商务网站综合评价的指标体系应该考虑技术、内容、用户使用、经济成本等各个方面。本书参考有关文献①②，列出电子商务网站综合评价的指标体系如图 10－1 所示。

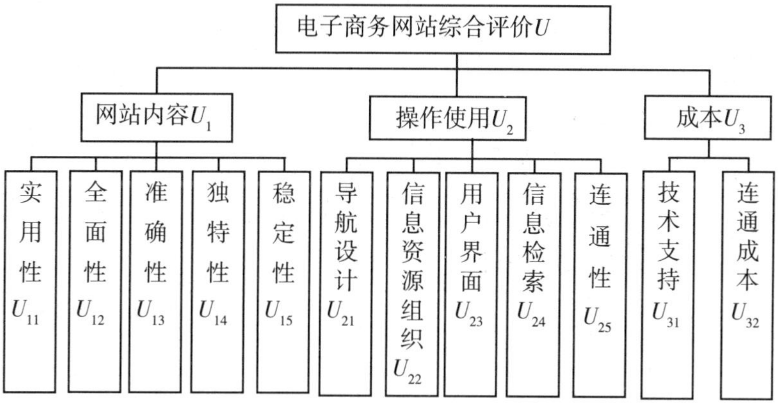

图 10－1　电子商务网站综合评价的指标体系

该指标体系对 3 个一级指标进行了分解细化，得到 12 个二级指标。这 12 个二级指标将构成评价指标集合。

---

① Jonathan W. Palmer, Web site usability, design, and performance metrics, Information Systems Research [J]. 2002, 13 (2): 151－167.

② Salvatore March, Alan Hevner, Sudha Ram. Applying the Technology Acceptance Model and Flow Theory to Online Consumer Behavior. pdf [J]. Information System Research, 2002, 13 (2): 115－124.

10.3.2 评价模型

设待评价的 N 个电子商务网站组成评价对象集合，记为 $X = \{x_1, x_2, \cdots, x_i, \cdots, x_n\}$，其中，$x_i$ 为第 i 个电子商务网站。P 个评价指标组成评价指标集合，记为 $U = \{u_1, u_2, \cdots, u_j, \cdots, u_p\}$，其中，$u_j$ 为第 j 个评价指标。原始评价值矩阵记为 $Y = \{y_{ij}\}_{n \times p}$，其中，$y_{ij}$ 为第 i 个网站在第 j 个评价指标上的评价值。

1. 对评价指标的量化及规范化处理

从图 10－1 中可以看到，绝大多数的指标是定性指标，在进行综合评价时，需要将这些定性的指标进行量化。在实际工作中，常采用的方法是由专家对评价指标进行定性分析，然后转化成相应的量化值。例如，采用 Likert 7 级量表，在“特别好”与“特别差”之间分为 7 个不同的等级，分别用“7”到“1”的分值对应。为了计算方便，需要对评价值进行规格化处理，可采用下述方法将所有的指标值统一到（0，1）范围内。

在综合评价的指标中，有些是属于效益目标，这类指标越大越好，称为正向指标；另有一些指标属于成本指标，即越小越好，称为负向指标。对于正向指标和负向指标，应采用不同的方法进行规范化。

对于正向指标，取 $Z_{ij} = \frac{y_{ij}}{y_j^{\max}}$，其中，$y_j^{\max} = \max\limits_i y_{ij}$，即第 j 列中的最大元素，其物理含义是某一评价指标最高的评价值，而且明显有 $0.0 \leqslant Z_{ij} \leqslant 1.0$。

对于负向指标，取 $Z_{ij} = \frac{y_j^{\min}}{y_{ij}}$，其中，$y_j^{\min} = \min\limits_i y_{ij}$，即第 j 列中的最小元素，而且明显有 $0.0 \leqslant Z_{ij} \leqslant 1.0$。

经过上述处理，得到新的评价标准数据矩阵 Z：

$Z = \{Z_{ij}\}_{n \times p}, 0.0 \leqslant Z_{ij} \leqslant 1.0, \ \forall \ i,j$

2. 评价指标的权重确定

图 10－1 中的评价指标并非具有相同的重要性，可以通过分配权

重来代表指标的相对重要性。设定权重常用的方法有 AHP、德尔菲法等。设定第 i 个指标分配的权重为 w_i ，则得到权重向量为 $W^T = (w_1, w_2, \cdots, w_i, \cdots, w_p)$ ，并且满足：

$$\begin{cases} 0.0 \leqslant w_i \leqslant 1.0 \quad i = 1, \cdots, p \\ \sum_{i=1}^{p} w_i = 1.0 \end{cases}$$

3. 协调集合与非协调集合及其物理含义

在进行综合评价时，被评价的对象之间往往存在不协调的情况，即 A 对象在某些属性上优于 B 对象，而 B 对象又在某些属性上优于 A 对象。因此，如下定义两个指标集合：

对于两个被评价对象 i 与 i'（$i, i' = 1, 2, \cdots, n$，$i \neq i'$），定义协调集合：$C_{ii'} = \{j \ Z_{ij} > Z_{i'j}\}$ ，即被评价对象 i 优于 i' 的那些指标的集合。

非协调集合：$D_{ii'} = \{j \ Z_{ij} < Z_{i'j}\}$ ，即被评价对象 i 劣于 i' 的那些指标的集合。

评价指标的权重代表了评价指标的相对重要性，因此定义协调性指标：

$$c_{ii'} = \sum_{k \in C_{ii'}} w_k$$

其物理含义是表示 i 优于 i' 的相对值。

非协调指标：

$$d_{ii'} = \sum_{k \in D_{ii'}} \frac{w_k |Z_{ik} - Z_{i'k}|}{d_{\max}^{(k)}} / M$$

其物理含义是表示 i 劣于 i' 的相对值。

其中，$d_{\max}^{(k)} = \max\limits_{k \in D_{ii'}} |Z_{ik} - Z_{i'k}|$ ，M 为非协调集合中指标个数的最大值。

根据以上定义，$c_{ii'}$ 形成协调矩阵 C ，$d_{ii'}$ 形成非协调矩阵 D 。

4. 协调优先指标和非协调优先指标

协调优先指标（concordance priority index）：

$$c_i = \sum_{\substack{i=1 \\ i \neq i'}}^{n} c_{ii'} - \sum_{\substack{i=1 \\ i \neq i'}}^{n} c_{i'i}$$

c_i 即为协调矩阵中被评价对象 i 所对应的行和与其对应的列和之差，c_i 越大，表示 i 优势越大。

非协调优先指标（disconcordance priority index）：

$$d_i = \sum_{\substack{i=1 \\ i \neq i'}}^{n} d_{ii'} - \sum_{\substack{i=1 \\ i \neq i'}}^{n} d_{i'i}$$

d_i 即为非协调矩阵中被评价对象 i 所对应的行和与其对应的列和之差，d_i 越大，表示 i 的劣势越大。

因此，最优方案应该是协调优先指标 c_i 最大，而非协调优先指标 d_i 最小的那个方案。

然而要注意的是，进行第一轮协调分析时具有最大协调优先指标的方案不一定与具有最小非协调优先指标的方案相同。这时需要对具有最大协调优先指标的方案与具有最小非协调优先指标的方案进行第二轮的协调分析。对此可以证明，当只有两个评价对象时，最大协调优先指标与最小非协调优先指标一定在同一方案中，而且与评价指标的个数、权重向量及指标评价值不相关。

10.3.3 实例分析

若对某 4 个电子商务网站进行评价，有关专家评价的原始数据如表 10－1 所示，经规范化处理后，标准数据如表 10－2 所示。

表 10－1 原始评价数据表

	U_{11}	U_{12}	U_{13}	U_{14}	U_{15}	U_{21}	U_{22}	U_{23}	U_{24}	U_{25}	U_{31}	U_{32}
网站 A	4	4	6	6	5	5	3	6	7	4	6	6
网站 B	5	6	3	5	4	7	4	6	4	4	5	4
网站 C	4	4	5	4	3	6	3	5	5	2	6	5
网站 D	3	3	3	5	3	5	3	6	3	3	5	4

表 10－2　标准评价数据表

	U_{11}	U_{12}	U_{13}	U_{14}	U_{15}	U_{21}	U_{22}	U_{23}	U_{24}	U_{25}	U_{31}	U_{32}
网站 A	0.8	0.67	1.0	1.0	1.0	0.71	0.75	1.0	1.0	1.0	0.81	0.61
网站 B	1.0	1.0	0.5	0.81	0.8	1.0	1.0	1.0	0.57	1.0	1.0	1.0
网站 C	0.8	0.67	0.81	0.67	0.6	0.86	0.75	0.81	0.71	0.5	0.81	0.8
网站 D	0.6	0.5	0.5	0.81	0.6	0.71	0.75	1.0	0.43	0.75	1.0	1.0

运用德尔菲法，得到各个评价指标的权重：

$$W^{T} = (0.09, 0.12, 0.08, 0.07, 0.04, 0.12, 0.12, 0.05, 0.01, 0.1, 0.1, 0.1)$$

按上述协调分析方法，计算得出协调矩阵 C 和非协调矩阵 D：

$$C = \begin{bmatrix} 0.0 & 0.20 & 0.35 & 0.51 \\ 0.65 & 0.0 & 0.91 & 0.69 \\ 0.22 & 0.09 & 0.0 & 0.42 \\ 0.2 & 0.0 & 0.42 & 0.0 \end{bmatrix}$$

$$D = \begin{bmatrix} 0.0 & 0.048 & 0.021 & 0.015 \\ 0.123 & 0.0 & 0.008 & 0.0 \\ 0.019 & 0.044 & 0.0 & 0.033 \\ 0.024 & 0.042 & 0.026 & 0.0 \end{bmatrix}$$

求得 4 个被评价网站的协调优先指标和非协调优先指标如表 10－3 所示。

表 10－3　被评价网站的协调优先指标与非协调优先指标

	协调优先指标 c_i	非协调优先指标 d_i
网站 A	－0.01	－0.082
网站 B	1.96	－0.003
网站 C	－0.95	0.041
网站 D	－1.0	0.044

从表 10－3 中可以看出，具有最大协调优先指标的是网站 B，而具有最小非协调优先指标的是网站 A，第一轮的协调分析没有得出最佳结果。

在第二轮的协调分析中，被评价的对象只有两个：网站 A 和网站 B。

计算得到协调矩阵 C' 和 D'：

$$C' = \begin{bmatrix} 0.0 & 0.2 \\ 0.65 & 0.0 \end{bmatrix}, \quad D' = \begin{bmatrix} 0.0 & 0.088 \\ 0.034 & 0.0 \end{bmatrix}$$

计算协调优先指标与非协调优先指标如下：

网站 A：$c'_1 = -0.45$，$d'_1 = 0.54$

网站 B：$c'_2 = 0.45$，$d'_2 = -0.54$

因此，在上述评价指标体系下，网站 B 是最佳的，同时具有最大的协调优先指标和最小的非协调优先指标。

10.3.4 小结

本节基于协调分析建立了一种新的电子商务网站综合评价与决策的数学模型，并进行了实例分析。与其他评价方法相比，基于协调分析的综合评价方法具有以下优点：综合考虑被评价对象的优势与劣势，评价结果客观可信；模型简单，可操作性强，便于编程实现；采用协调优先指标与非协调优先指标，从两方面表征被评价对象，信息量比其他评价方法丰富。

10.4 基于用户满意度的航空港机场信息服务质量管理

机场作为民用航空的重要组成部分，发展到今天已经不仅仅是航空运输的地面保障设施，旅客和公众对机场服务水平的关注程度越来越高。世界上一些经营管理比较好的机场，如新加坡樟宜机场、中国香港机场以及欧洲的一些机场，都非常重视机场的服务品质。机场通过为航空公司、旅客和货主提供优质的服务，树立良好的形象和品牌，不但为自身带来了很高的商业价值，同时也创造了很好的社会效益。

我国要从民航大国转变为民航强国，必须使机场以旅客为中心，不断提升服务品质和服务内涵，增强国际竞争，成为引领世界民航发展的国家，这样才能实现由民航大国转变为民航强国的目标。

随着我国民航客流量的快速增长，民用机场行业迎来了新挑战和新机遇，机场旅客服务越来越受到民航单位和旅客的重视。旅客对于出行交通工具的选择不再局限于价格因素，而更多地注重整个服务的体验。旅客的这种变化对民航业的服务质量提出了更高的要求。机场信息服务是保证民航客运有效运转的重要环节，满意的机场信息服务是增强机场竞争力、提升机场品牌价值的有效途径。机场信息服务功能的完善与信息服务质量的高低，直接影响到旅客的服务体验，关系到机场品牌的效益，其作用日益显现。

用户（旅客）是机场的主要服务对象，也是信息化发展的最终受益者，而当前旅客进出机场依然依靠外部的信息渠道。以首都国际机场为例，在北京“7·21”特殊天气状况时，无法向旅客实施信息的实时与主动推送服务。旅客在航站楼内候机时也无法及时、随时地有效查询候机楼内的公共设施信息、商户信息等，信息服务水平和质量依然有较大提升空间。

河北机场管理集团 2015 年针对“服务质量提升月”“安全生产月”活动，在全体员工中开展了“我为服务献一计”活动①，征集到的 39 条建议中涉及旅客服务信息的建议有 11 条，占了近 1/3；活动期间，利用 2 周时间完成了旅客服务调查问卷的信息收集工作，涉及候机大厅、头等舱及商务贵宾室旅客。问卷调查结果显示，几乎所有乘机旅

① ［EB/OL］. 用信息服务提升旅客服务保障质量，http://hxdg.hebeiairport.cn/news/9827.html，2015（10）.

客都需要获取机场航班动态、机场天气和航班延误等信息，获取方式有短信、电话、手机 APP、机场微信、机场航显屏、网站及询问现场服务人员等。这两项活动不仅反映出旅客获取信息的需求增长情况，同样体现了信息传递对于旅客、航空公司等服务对象特别是现场服务质量的重要作用。

因此，如何从用户的角度对机场信息服务质量进行有效评价，为相关部门提供决策支持，是郑州航空港发展中需要解决的一个重要问题。

10.4.1 用户满意度与服务质量管理

1. 用户满意度

用户满意度（customer satisfaction index，CSI），又叫用户满意指数，最早是由设在美国密西根大学商学院的国家质量研究中心和美国质量协会共同发起并研究、提出的一个经济类指数。用户满意度是指用户对企业以及企业产品或服务的满意程度。用户满意度也是用户对企业的一种感受状态，并且在这种感受状态下更容易激发交易行为的发生。研究也表明，不满意的用户会把他们的不满意告诉 7 ~ 20 个人，而满意的用户只会把他们的满意告诉 3 ~ 5 个人。①

2. 用户满意度与服务质量管理

用户满意是服务质量的最终确认。服务的内在质量和用户满意度构成了质量的全面含义。事实上，从 20 世纪 80 年代以来，质量的概念发生了极大的变化。过去质量由生产确定，使用技术术语来定义；现在则改为由市场确定，使用用户满意（customer satisfaction）来定义。在质量管理方面，也产生了以用户满意为导向的趋势。全面质量管理与传统质量工程的根本区别在于：传统质量工程只关注产品质量，而

① 张公绪，孙静. 新编质量管理学 [M]. 北京：高等教育出版社，1997.

全面质量管理是旨在通过将质量与用户满意度结合以达到长期的商业成功。在这个现代质量时代，提高用户满意度是成功的基本要求。在日益增长的市场竞争环境下，留住老用户群并扩大市场份额的唯一途径就是提高用户满意度。研究证明，吸引新用户需要付出的成本是留住老用户需要付出的成本的5倍。

全面质量管理使越来越多的企业进行调查来测量用户满意度。例如，美国从1994年10月开始，每年公布一次美国用户满意度指数（american customer satisfaction index，ACSI）。瑞典在1989年、德国在1992年都有类似的用户满意度指数出现，根据调查得到的用户满意度指数对全国的工业与服务业进行宏观指导和改进，企业则根据用户满意度的结果进行质量改进。

迄今为止，共有包括韩国、中国台湾、欧共体在内的22个国家和地区设立了自己的研究机构，并开始逐步推出全部或部分行业的用户满意指标。

10.4.2　航空港机场信息服务用户满意度模型

航空港机场信息服务质量用户满意度模型是由6个潜变量构成的结构方程模型。这6个潜变量包括：

（1）期望质量：用户在接受某项服务之前对服务质量的期望水平。

（2）感知质量：用户在接受某项服务时实际感受到的质量水平。

（3）感知价值：用户综合了某项服务的质量和价格因素以后对所得利益的感受。

（4）用户满意度：用户接受某项服务的实际感受与期望值比较后的心理状态测度。

（5）用户报怨：用户因服务质量问题向他人或有关组织表示不满。

（6）用户忠诚度：用户对服务质量感到满意而形成与该品牌或该企业的特殊关系，表现为重复选用可能性高、价格敏感性低等。

用户满意度结构模型可以用图 10－2 来表示。

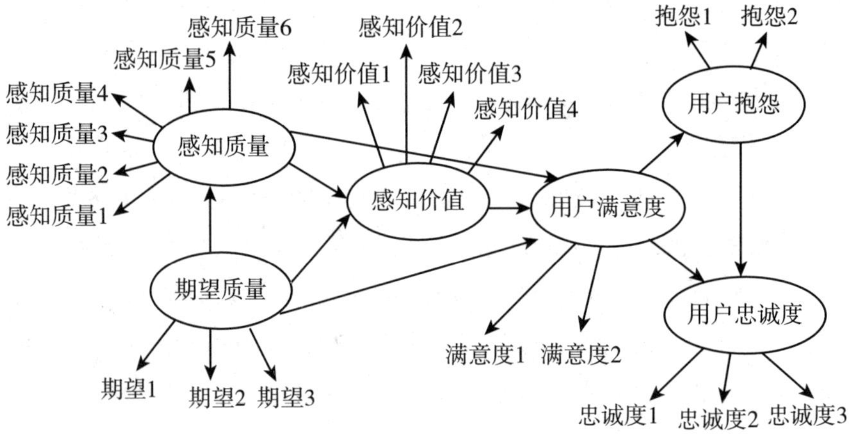

图 10－2　用户满意度结构模型

潜变量是不可以直接测量的，需要有与之对应的观测变量（indicator）。这 6 个潜变量都由与之对应的观测变量决定。

10.4.3　用户满意度测评指标体系的建立

1. 建立用户满意度测评指标体系的意义

建立用户满意度测评指标体系是用户满意度测评的核心部分，在很大程度上决定了测评结果的有效性、可靠性。

用户期望、用户对质量的感知、用户对价值的感知、用户满意度、用户抱怨和用户忠诚均为潜变量，都不是可以直接测评的。因此，需要对潜变量进行逐级展开，直到形成一系列可以直接测评的指标，这些逐级展开的测评指标构成了用户满意度测评指标体系。

通过用户满意度测评指标体系，可以实现如下功能：

（1）测量和评价企业目前的用户满意度；

（2）了解用户的想法，发现用户的潜在要求，明确用户的需要、需求和期望；

（3）检查组织的期望是否达到了用户满意，是否提高了用户满意度，以便制订新的服务改进措施以及新的组织发展战略与目标；

（4）能够分析组织为达到用户满意而进行改进的方向，判断是否应该转变经营战略或经营方向，从而紧随市场的变化而变化；

（5）增强组织的市场竞争能力和盈利能力。

2. 建立用户满意度测评指标体系的原则

在建立用户满意度测评指标体系时，必须遵循下列原则：

（1）测评指标必须以用户为中心。建立用户满意度测评指标体系要准确把握用户的需求，选择那些用户认为最关键的测评指标。“由用户来确定测评指标体系”是设定测评指标体系最基本的要求。

（2）测评指标必须是能够控制的。用户满意度测评指标能促使企业明确改进的方向，采取具体的改进措施。然而如果企业在某一领域无条件或无能力采取行动加以改进，则暂不强调该方面的测评指标。

（3）测评指标必须是可测量的。用户满意度测评的结果是一个量化的值，因此设定的测评指标必须是可以进行统计、计算和分析的。

（4）建立用户满意度测评指标体系还需要考虑与竞争者的比较，设定测评指标时要考虑到竞争者的特性。

10.4.4　航空港机场信息服务用户满意度测评指标体系

遵循上述的建立用户满意度测评指标体系的原则，通过对航空港机场信息服务本质的分析，本书建立的航空港机场信息服务用户满意度测评指标体系如表 10－4 所示。

该体系包括 3 层指标：一级指标是航空港机场信息服务工作的总体用户满意度，二级指标是用户满意度模型的 6 个潜变量，三级指标包括 20 个可以直接测量、计算的细化指标。三级指标可以通过问卷调查的方式得到，二级指标、一级指标可以依赖基础数据，通过既定的统计模型得到。因此，表 10－4 所示的用户满意度测评指标体系建立了基础数据、观测变量和潜变量之间的关系。

还要注意的是，用户满意度指标体系会随着环境及用户的变化而变化：一些今天用户认为不重要的因素，有可能明天会成为用户关注的“焦点问题”。因此，航空港机场信息服务的用户满意度测评指标体系不是一成不变的，应该对用户的期望和要求进行连续的跟踪与研究，了解用户期望和要求的变化趋势，从而对航空港机场信息服务的用户满意度测评指标体系做出及时的调整。

表 10－4　航空港机场信息服务的用户满意度测评指标体系

一级指标	二级指标	三级指标
用户满意度	用户期望质量	对航空港机场信息服务质量的总体期望
		对航空港机场信息服务质量满足用户需求程度的期望
		对航空港机场信息服务质量稳定性的期望
	用户感知质量	用户对航空港机场质量的总体感知
		用户对航空港机场信息服务质量满足需求程度的评价
		用户对航空港机场信息服务质量可靠性的评价
		用户对航空港机场信息服务质量的总体评价
	用户感知价值	给定服务价格时用户对航空港机场信息服务质量的感知
		给定服务质量时用户对航空港机场信息服务价格的感知
		用户对总成本的感知
		用户对总价值的感知
	用户满意度	总体满意度
		与期望的比较
		与理想状态的比较
用户满意度	用户抱怨	用户抱怨
		用户投诉情况
	用户忠诚度	再次主动接受服务的可能性
		能承受的服务价格涨价幅度
		能抵制的服务竞争对手的服务价格降价幅度

10.4.5　航空港机场信息服务质量的管理

1. 以顾客为关注焦点，提高用户满意度

在航空港机场工作中，必须牢固树立用户满意的服务理念。理解顾客当前和未来的需求，充分满足顾客要求并力争超过顾客期望是机场服务质量管理的最终目标。

航空港机场的整个经营活动要以用户满意度为中心，从用户角度，用用户的观点而非航空港机场自身利益的观点来分析和考虑用户的需求。目前在企业中提倡的用户满意服务（CS）战略思想就是企业的全部经营活动都要从满足用户的需要出发，以提供满足用户需要的产品或服务为企业的责任和义务，以满足用户需要、使用户满意为企业的经营目的。

这具体包括：要明确地了解不同顾客的需要，以确保机场运作的所有过程都是针对并满足这些需要进行的。例如，从航空公司角度，需要优化机场布局、吸引人的航站楼、高效的行李分检系统、让90%的旅客使用航站楼的登机桥、不影响客流的高水平的购物场所等。从旅客的角度，他们需要合理的价格、便捷的公路与铁路、步行距离短、安检和边检的时间短、快速的行李输送与充足的行李手推车、标志清晰、好的零售商店、吸引人的候机区等。

据报道，在美国，从汽车业到银行、旅游等服务性行业现都已开始发布用户满意度排行榜。目前全球共有20多个国家设立了全国性的用户满意度指数。我国的各行业，尤其是航空港机场这个以服务为核心的行业，有必要借鉴国外先进经验，牢固树立用户满意的经营理念，在此基础上全面加强服务质量管理，努力提高服务质量。

2. 分析差距原因，改善服务质量

加强航空港机场信息服务质量管理还要分析存在质量问题的实际原因，以便进一步改善服务质量。

服务具有无形性、不可储存性、生产与消费同步性和差异性等特点，国内外学者均认为服务质量是一个主观的范畴，它取决于用户对服务质量的预期（即期望的服务质量）同其实际体验到的服务质量水平的对比。用户如果所体验到的服务质量水平高于或等于用户预期的服务质量水平，则会获得较高的满意度，从而认为企业具有较高的服务质量；反之，则会认为企业的服务质量水平低。1988 年，美国学者 Berry、Zeithaml 和 Parasuraman 推出了一种被称为"差距分析模型"的分析方法，来分析服务质量问题产生的原因并帮助管理者了解应当如何改进服务质量。

在航空港机场信息服务工作中，可以通过控制服务工作中的 5 种差距来达到改善服务质量的目的。

（1）控制用户期望的服务质量与航空港机场管理者认知的用户期望之间的差距。

这种差距是最主要和最直观的，是其他差距存在的基础。产生这种差距的原因有两方面。从用户方面来看，不同用户有不同的期望，即使同一用户，其期望也是随时间和条件而变化的；从航空港机场方面来说，并不能总是正确感知用户的期望或由于条件的限制难以满足用户的需求，因此产生了这种差距。分析、研究用户的期望是弥合这一差距的切入点。用户调查数据的收集、用户调查结果的使用、用户对服务中问题的针对性以及航空港机场管理者与用户之间的直接联系等方法都是缩小二者之间差距的有效手段。

（2）控制航空港机场对期望的认知与服务质量标准的差距。

航空港机场可能正确地了解用户的需求却没有建立明确的服务标准。服务标准应该是全方位且具体细微的，若服务规则不能精确一致地反映用户需求，则必然导致差距的产生。例如，航空港机场规定了要向用户提供"快速"和"及时"的服务，但没有明确规定时间的界限；或者门上标明了开放时间，但有的到了时间门上还挂着锁，有的虽然开了门，但因为要整理内务而让用户在门外排队等候，等等。

因此，要正确认识用户期望并在确定用户的需求与期望重点之后设置正确的服务目标。航空港机场应制定明确的服务质量标准，对重复性的、非技术性的服务实行标准化。

（3）控制服务质量标准与实际传递服务的差距。

这种差距是指航空港机场虽然制定了服务标准，但向用户提供的服务没达到服务标准的要求，未能使用户满意。控制此差距的有效办法是加强航空港机场人力资源建设，注重“人本管理”“柔性管理”，建立、健全相应的激励机制等。

（4）控制航空港机场实际传递服务与外部沟通的差距。

过度的宣传承诺是造成此种差距的主要原因。例如，航空港机场对外宣称饮食是如何丰富，而用户却发现饮食商家少，找不到自己需要的饮食；有些航空港机场工作人员不了解或不关心航空港机场对外所做的宣传与承诺，以致在服务过程中出现了承诺与兑现的脱节。控制此差距的有效办法是要避免对航空港机场所提供服务的过度宣传承诺，并增强全体馆员的责任感、事业心和敬业精神。

（5）控制用户期望与实际感知服务间的差距。

这种差距是指用户体验和感觉到的服务质量与自己所预期的服务质量不一致。受市场经济的影响，用户往往以消费者的角度来看待航空港机场提供的服务；借用营销学的原理：用户的满意度 = 总价值/总成本。因此，在实际工作中，航空港机场应努力提高用户的总价值，降低用户成本，比如实行电话查询、网上预约等。

与顾客的沟通渠道要通畅，加强双方的交流，并在整个服务过程中适时相互反馈信息。例如，青岛机场为了提高航班正点率，加强沟通，制定了机场与航空公司信息反馈制度，建立了信息反馈机制，从而使机场与各航空公司之间的信息沟通更加顺畅，使机场能够及时了解现场服务的真实状况，及时为航空公司排忧解难，进一步提高机场服务质量。

3. 全员参与，大力推行全面服务质量管理

在此借用美国经济学家菲根堡姆的全面质量管理的概念，提出航空港机场的全面服务质量管理，它是指由企业所有部门和全体人员参加的以服务质量为核心，从为用户服务的思想出发，综合运用现代管理手段和方法，建立完整的质量体系，通过全过程的优质服务，全面满足用户需求的管理活动。

各级人员都是组织之本，只有他们充分参与，他们的才干才能为组织带来收益。全体员工是每个组织的基础，组织的质量管理不仅需要最高管理者的正确领导，还有赖于全体员工的参与。质量是机场服务的关注焦点，从最高层领导者到最基层工作人员都必须认真对待。

在航空港机场工作中，更强调全港的服务质量管理、全员性的服务质量管理、全过程的服务质量管理。航空港机场的各级管理工作、全体人员都要关心服务质量，参与服务质量管理，并为用户提供全程的优质服务。

参考文献

1. Bradley C Wheeler. NEBIC：A Dynamic Capabilities Theory for Assessing Net-Enablement [J]. Information System Research，2002，13 (3).

2. 国家技术监督局质量认证办公室，ISO9000，北京：中国计量出版社，1994.

3. Ballou D P，Pazer H L. Modelling data and process quality in multi-input，multi-output information systems [J]. Management Science，1985，31 (2).

4. Juran J M. Juran on Planning for Quality [M]. New York：The Free Pree，1988.

5. Strong D M，Lee Y W，Wang R Y. Data quality in context [J]. Communications of the ACM，1997，40 (5).

6. 罗国勋. 质量管理与可靠性 [M]. 北京：高等教育出版社，2005.

7. 张辑哲. 论信息形态与信息质量（下）[J]. 档案学通讯，2006 (3).

8. 曹瑞昌，吴建明. 信息质量及其评价指标体系 [J]. 情报探索，2002 (12).

9. 高智勇，等. 基于信息结构要素的信息质量定义与内涵分析 [J]. 计算机集成制造系统，2006 (10).

10. Laudon K C. Data quality and due process in large inter-organizational records systems [J]. Communication of the ACM，1986，29 (1).

11. Richard Y W，Reddy M P，Henry B K. Toward quality data：An

attribute-based approach [J]. Decision Support Systems, 1995 (13).

12. Wang R Y, Strong D M. Beyongd accuracy: What data quality means to data consumers? [J]. Journal of ManageInformation System, 1996, 12 (4).

13. Beverly K K, Diane M S. Information quality benchmarks: Product and service performance [J]. Communications of the ACM, 2002 (4).

14. Yang W L, Elizabeth P J, Richard Y W, et al. A curriculum for a master of science in information quality [J]. Journal of Information Systems Education, 2007, 18 (2).

15. Angelica Caro, et al. Defining a Data Quality Model for Web Portals [C]. International Conference on Web Information Systems. Springer-Verlag, 2006: 363 -374.

16. 周毅. 用户信息需要与信息质量控制 [J]. 情报理论与实践, 1999 (4).

17. 查先进, 陈明红. 信息资源质量评估研究 [J]. 中国图书馆学报, 2010 (3).

18. 李莉, 等. 基于感知质量的科技文献数据库网站信息用户满意模型研究 [J]. 情报学报, 2009 (8).

19. Ballou D P, Harold L P. Modeling completeness versus consistency tradeoffs in information decision contexts [J]. IEEE transactions on Knowledge and Data Engineering, 2003, 15 (1).

20. Danette McGilvray. Executing Data Quality Projects: Ten Steps to Quality Data and Trusted Information [M]. Berlington: Morgan Kaufmann Publishers, 2010.

21. Jonathan W Palmer. Web site usability, design and performance metrics [J]. Information System Research, 2002, 13 (3).

22. Jennifer Rowley. Defining and conceptualizing the e-service experience: towards a research agenda [C]. European Academy of Management Annual

Conference (EURAM), Munich, Germany, 4 -7th May. 2005.

23. Ritu Agarwal, Viswanath Venkatesh. Assessing a Firm's Web Presence: A Heuristic Evaluation Procedure for the Measurementof Usability [J]. Information System Research, 2002, 13 (3).

24. 郭亚军. 综合评价的合理性问题 [J]. 东北大学学报（自然科学版）, 2002, 23 (9).

25. 秦寿康. 综合评价原理与应用 [M]. 北京：电子工业出版社，2003.

26. 杜栋，庞庆华. 现代综合评价方法与案例精选 [M]. 北京：清华大学出版社，2005.

27. 杜栋. 论 AHP 的标度评价 [J]. 运筹与管理，2000，9 (4).

28. 沈良峰，樊相如. 基于层次分析法的风险投资项目评价与决策 [J]. 基建优化，2002，23 (4).

29. 阎友兵，马朋. 基于 DEA 方法的旅游电子商务网站效率评价研究 [J]. 湖南财政经济学院学报，2013 (4).

30. 张晓梅，张亮亮. 基于数据包络分析的新农村建设效率评价研究 [J]. 中国集体经济，2009 (9).

31. 连飞. 基于 DEA 的我国循环经济效率评价 [J]. 哈尔滨商业大学学报（社会科学版），2009 (1).

32. 林昌华. 我国信息服务业区域发展效率差异研究 [J]. 重庆邮电大学学报（社会科学版），2014 (5).

33. 门伟莉. 基于 DEA 的农业信息服务网站效率评价研究 [C]. 北京：2012 年全国知识组织与知识链接学术交流会，2012.

34. 姚莉媛. 中国信息服务业技术效率的区域差异及影响因素研究 [D]. 长沙：湖南大学，2010.

35. 关晓光，葛志杰. 质量经济效益的模糊综合评价 [J]. 管理工程学报，2000，14 (4).

36. Maffei R B. Simulation, sensitivity, and management decision

rules [J]. Journal of Business, 1958, 31 (3).

37. Codd E F. Extending the relational database model to capture more meaning [J]. ACM Transactions on Database Systems, 1979, 4 (4).

38. Richard Y W, Veda C S, Christopher P F. A framework for analysis of data quality research [J]. IEEE Transactions on Knowledge and Data Engineering, 1995, 8 (7).

39. Paradice D B, Fuerst W L. An MIS data quality methodology based on optimal error detection [J]. Journal of Information Systems, 1991, 5 (1).

40. Giri K T, Donald P B. Examining data quality [J]. Communications of the ACM, 1998, 41 (2).

41. Dasu T, Johnson T. Exploratory Data Mining and Data Cleaning [M]. New York: Wiley-Interscience, 2003.

42. Wang R Y, Lee Y L, Pipino L, et al. Manage your information as product: The keystone to quality information [R]. Total Data Quality Management (TDQM) Research Program, MIT Sloan School of Management, 1997.

43. Felix Naumann, Claudia Rolker. Assessment methods for information quality criteria [C]. Proceedings of the International Conference on Information Quality, Cambridge, MA, 2000.

44. Yang W L, Diane M S. AIMQ: A methodology for information quality assessment [J]. Information & Management, 2002 (40).

45. 苏颖，等. 信息差及其在产品信息质量评价中的应用 [J]. 中国机械工程，2004 (9).

46. Yang W L. Crafting rules: Context-reflective data quality problem solving [J]. Journal of Management Information Systems, 2003, 20 (3).

47. Xitong Li, Stuart Madnick, Hongwei Zhu. Improving the data quality of Web services composition [R]. Working Paper, Composite Information

Systems Laboratory, Sloan School of Management, MIT, Cambridge, 2011.

48. Leo Pipino, Yang Lee. Medical errors and information quality: A review and research agenda [C]. Proceedings of the Seventeenth Americas Conference on Information Systems, Detroit, Michigan, 2011.

49. Rita Kovac, Yang W Lee, Leo L Pipino. Total data quality management: The case of IRI [J]. Communications of the ACM, 1998, 3 (41).

50. Stuart Madnick, Hongwei Zhu. Improving data quality through effective use of data semantics [J]. Data & Knowledge Engineering, 2006, 59 (2).

51. Richard Y W. A Product Perspective on Total Data Quality Management [J]. Communications of the ACM, 1998, 41 (2).

52. Hartemink A E. Digital soil mapping with limited data [C]. International Institute for Geo-Information Science and Earth Observation (ITC), Enschede, the Netherlands, 2008: 53 - 66. 2008.

53. Cinzia Cappiello, Paolo Ficiaro, Barbara Pernici. HIQM: A methodology for information quality monitoring, measurement, and improvement [R]. ER Workshops 2006, LNCS 4231, 2006.

54. Donald Ballou, Stuart Madnick, Richard Wang. Special section: Assuring information quality [J]. Journal of Management Information Systems, 2003, 20 (4).

55. Ganesan Shankaranarayan, Mostapha Ziad, Richard Y. Wang. Managing Data Quality in Dynamic Decision Environments: An Information Product Approach [J]. Journal of Database Management, 2003, 14 (4).

56. 李振寰. Web 2.0 环境下信息质量管理的探讨 [J]. 经营管理者, 2011 (21).

57. Redman T C. Improve data quality for competitive advantage [J]. Sloan Management Review, 1995, 36 (2).

58. Hongwei Zhu, Richard Y. Wang. An information quality framework

for verifiable intelligence products [R]. MIT Information Quality Program, Massachusetts Institute of Technology, 2008.

59. Richard Y Wang. Data quality: Theory in practice [C]. EPA 23rd Annual National Conference on Managing Environmental Quality Systems, Tampa, 2004.

60. Friedman T. A strategic approach to improving data quality [R]. Gartner Research, 2002.

61. 宋立荣. 网络信息共享环境下信息质量约束的理论思考 [J]. 情报科学, 2010 (4).

62. 马费成. 信息管理学基础 [M]. 武汉: 武汉大学出版社, 2005.

63. Redman T C. 1996 Data Quality for the Information Age [M]. Boston, MA: Artech House, 1996.

64. Klein B D. Data quality in the practice of consumer product management: Evidence from the field [J]. Data Quality, 1998, 4 (1).

65. Johannsen D L. Participant observation: A methodology for human studies [M]. SAGE Publications, Newbury Park, CA, 1995.

66. 张博, 宋立荣. 农业科技信息共享中信息质量需求分析 [J]. 中国农学通报, 2010, 26 (10).

67. 刘剑勇. 我国数据与信息质量现状分析 [J]. 情报科学, 2010 (2).

68. 杨杰. 建设项目全寿命周期信息管理研究 [D]. 苏州: 东吴大学, 2004.

69. 常金玲. 信息系统的开发与质量管理 [M]. 郑州: 黄河水利出版社, 2005.

70. Elizabeth M Pierce. A Progress Report from MIT information Quality Conference [EB/OL]. http://www.Iqconference.org, 2005 - 12 - 22 accessed.

71. Wang, Richard Y, Ziad, Mostapha, et. al. Data Quality-Kluwer International Series On Advances in Database Systems [M]. New York: Kluwer Academic Publishers, 2002.

72. Erhard Rahm, Hong Hai Do. Data Cleaning: Problems and Current Approaches [C]. IEEE Data Engineering Buletin, 2000, 23 (4).

73. Canbridge Research Group [EB/OL]. http://www.crg.com, 2006－03－16 accessed.

74. Olson, Jack E. Data Quality: The Accuracy Dimension [M]. San Francisco: Morgan kaufmann, 2003

75. 麦迪·克斯罗蓬. 信息资源管理的前沿领域 [M]. 沙勇忠, 等译. 北京: 科学出版社, 2005.

76. 谷斌. 信息系统建设中的数据质量管理体系研究 [J]. 情报杂志, 2007 (5).

77. 向上. 信息系统中的数据质量评价方法研究 [J]. 现代情报, 2007 (3).

78. 彭传薇. 医院信息系统数据信息质量的控制 [J]. 中华医院管理杂志, 2004 (12).

79. 李世平. 地理信息系统空间数据的误差分析与质量控制 [J]. 科学管理研究, 2004 (S1).

80. 陈远. 信息系统中的数据质量问题研究 [J]. 中国图书馆学报, 2004 (1).

81. 王国钧. 论提高数据质量的真实性和准确性 [J]. 中国统计, 2009 (8).

82. 许鑫, 冯诗惠. 互联网金融领域研究热点与前沿探讨——基于Citespace的分析 [J]. 华东师范大学学报 (哲学社会科学版), 2015 (2).

83. 侯剑华, 张春博, 王续琨. 国际科学技术政策关键节点文献演进的可视化分析 [J]. 科学学与科学技术管理, 2008 (11).

84. 陈悦, 陈超美, 刘则渊, 等. Citespace知识图谱方法论功能 [J]. 科学学研究, 2015, 33 (2).

85. 吴文涛, 徐赟. 十年来国内幼儿园教师专业发展研究的热点、趋势及展望——基于Citespace可视化分析 [J]. 现代教育管理, 2015 (2).

86. 秦晓楠，卢小丽，武春友. 国内生态安全研究知识图谱——基于 Citespace 的计量分析［J］. 生态学报，2014（10）.

87. 范云满，马建霞，曾苏. 基于知识图谱的领域新兴主题研究现状分析［J］. 情报杂志，2013（9）.

88. 田军. 信息可视化分析工具的比较分析［J］. 图书馆学研究，2014（14）.

89. 奉国和，李媚婵. 基于 Citespace 的档案学研究可视化分析［J］. 档案学研究，2014（5）.

90. 李纲，李岚凤，毛进，等. 作者合著网络中研究兴趣相似性实证研究［J］. 图书情报工作，2015，59（2）.

91. 吕海洋. 合著网络中作者的合作模式分析［D］. 哈尔滨：哈尔滨工业大学，2009.

92. 李琬. 西方经济地理学的知识结构与研究热点——基于 Citespace 的图谱量化研究［J］. 经济地理，2014，34（4）.

93. 王程韡. “大数据”是“大趋势”吗：基于关键词共现方法的反事实分析［J］. 科学学与科学技术管理，2015（1）.

94. 闫守轩，朱宁波，曾佑来. 十二年来我国课程研究的热点主题及其演进——基于 2001—2012 年 CSSCI 数据库关键词共现知识图谱的可视化分析［J］. 全球教育展望，2014（3）.

95. 乔方园，杨萌萌，汪雪锋，等. 纳米技术领域的关键词共现分析研究［J］. 情报杂志，2013（5）.

96. Huei Huang KUAN，Gee-Woo BOCK. Comparing the effects of Usability on Customer Conversion and Retention at E-Commerce Websites［A］//Proceedings of the 38th Hawaii International Conference on System Sciences［C］. 2005.

97. 张公绪，孙静. 新编质量管理学［M］. 北京：高等教育出版社，2003.

98. Soyoung Kima，Leslie Stoelb. Dimensional hierarchy of retail website

quality [J]. Information & management, 2004 (41).

99. Felix B Tan, Lai Lai Tung. Exploring Website Evaluation Criteria using theRepertory Grid Technique: A Web Designers' Perspective [A] // Proceedings of theSecond Annual Workshop on HCI Research in MIS [C]. Seattle, WA, 2003.

100. Dragulanescu N G. Website Quality Evaluations: Criteria and Tools [J]. Information& Library Review, 2002 (24).

101. 尹良海，ERP在企业管理中的成功实施 [EB/OL]. (2014 - 12 - 23) http://www.yjbys.com/news/285011.html.

102. D Strong, R Y Wang, Y W Lee. AIMQ: A Methodology for Information Quality Assessment [J]. Informationand Management, 2002 (2).

103. Leo L. Pipino, R Y Wang, Data Quality Assessment [J]. Communications of the ACM, 2002, 45 (4).

104. Wang. Allen, Harris. An Information Product Approach for Total Information Awareness [J]. IEEE Transactions on knowledge and Data Engineering, 2003 (3).

105. 杨青云，赵培英，杨冬青，等. 数据质量评估方法研究 [J]. 计算机工程与应用，2004，40 (9).

106. 黄武锋，郑华. 面向企业信息化的数据质量评估研究 [J]. 计算机技术与发展，2011，21 (1).

107. 苏博，陈溯，唐成功. ERP数据质量评估与数据治理方法研究 [J]. 信息系统工程，2012 (8).

108. Bayes T R. An essay towards solving a problem in the doctrine of chances [J]. Philosophical Transactions, 1763 (53): 370 - 418.

109. Pearl J. Fusion, Propagation and structuring in belief networks [J]. Artificial Intelligence, 1986, 29 (3).

110. Pearl J., Probabilistic Reasoning in Intelligent Systems: Networks of Plausible Inference [M]. San Francisco: Morgan Kaufmann Publishers,

1988 (revised in 1997).

111. Shneiderman, B. Software Psychology: Human Factors in Computer and Information Systems [M]. New York: Cambridge Unilersity Press, 1980.

112. Shneiderman, B. Designing the User Interface [M]. 3rd ed. Boston: Addison-Wesley Longman, Inc. 1998 (MA).

113. Jakob Nilsen. Usability Engineering [M]. New York: Academic Press, 1993.

114. Jakob Nielson. Top Ten Guidelines for Homepage Suability [EB/OL]. (2002 - 05 - 12) https://www.nngroup.com/articles/top - ten - guidelines - for - homepage - usability/

115. Shneiderman, B. Software Psychology: Human Factors in Computerand Information Systems [M]. New York: Cambridge University Press, 1980.

116. 丁宇. 从 Fitts 定律看信息系统的可用性设计 [J]. 商场现代化, 2006 (34).

117. 郝金星. 基于可用性工程的信息系统分析框架研究 [J]. 图书情报知识, 2006 (2).

118. 孙茜. 图书馆信息系统的可用性设计 [J]. 图书馆建设, 2006 (1).

119. Gray W D, M C Salzman. Damaged merchandise? A review of experiments that compare usability evaluation methods [J]. Human Computer Interaction, 1998 (13).

120. Lecerof A, F Paterno. Automatic support for usability evaluation [J]. IEEE Trans. Software Engrg, 1998 (24).

121. Keeker, K. Improving Web-site usability and appeal: Guidelines compiled by MSN usability research [EB/OL]. http://msdn.microsoft.com/library/default.asp? url _ /library/en-us/dnsiteplan/html/improvingsiteusa.asp, 2004 (12).

122. Jonathan W Palmer. Web site usability, design, and performance metrics [J]. Information System Research, 2002, 13 (2).

123. 水延凯. 社会调查教程 [M]. 北京：中国人民大学出版社，2003.

124. 甘利人，等. 我国四大数据库网站用户满意度评价研究 [J]. 情报学报，2004 (10).

125. 李莉，等. 科技数据库网站信息用户满意度测评研究及实证分析 [J]. 情报学报，2007 (8).

126. 唐琼，张新鹤. 基于用户满意度的图书馆电子资源质量评价模型研究 [J]. 图书馆杂志，2007 (7).

127. 雷顺利. 基于用户满意度的高校图书馆馆藏资源评价模型应用研究 [J]. 图书情报知识，2010 (4).

128. 廖颖林. 顾客满意度指数测评方法及其应用研究 [M]. 上海：上海财经大学出版社，2008 (4).

129. Fornell Claes, Michael D. Johnson, Eugene W. Anderson, et al. The American Customer Satisfaction Index: Nature, Purpose and Findings [J]. Journal of Marketing, 1996, 60 (10).

130. 李勇. 顾客满意度指数模型及其测评方法研究 [D]. 北京：中国矿业大学，2008.

131. 吴明隆. 问卷统计分析实务——SPSS 操作与应用 [M]. 重庆：重庆大学出版社，2010.

132. 武海东. 用结构方程模型构建图书馆读者满意度评价指标体系 [J]. 情报科学，2011 (2).

133. 甘利人，等. 图书馆网站用户满意度模型的构建与应用 [J]. 情报学报，2010 (2).

134. 吴明隆. 结构方程模型：AMOS 的操作与应用 [M]. 重庆：重庆大学出版社，2009.

135. 郭亚军. 综合评价理论与方法 [M]. 北京：科学出版社，2002.

136. 中国超5亿微博用户逼近饱和［EB/OL］. 中国之星新闻网，http://www.chinastarnews.com/? p=15381，2013-12-09.

137. 李丽清. 统计与统计分析［M］. 长沙：中南大学出版社，2011.

138. 王勇，等. 统计学原理［M］. 北京：中国传媒大学出版社，2011.

139. BANDARI R，ASUR S，HUBERMAN B. The pulse of news in social media：forecasting popularity［C］. Proc of AAAI Conference，2012.

140. 张旸，路荣，杨青. 微博客中转发行为的预测研究［J］. 中文信息学报，2012，7（4）.

141. 李英乐，于洪涛，刘力雄. 基于SVM的微博转发规模预测方法［J］. 计算机应用研究，2013，9（9）.

142. 张胜兵，蔡皖东. 用户关系特征对微博转发行为影响分析研究［J］. 计算机工程与应用，2014（3）.

143. 冷婷，等. 公共事件中微博转发的受众心理探析［J］. 今传媒，2014（1）.

144. 王首程. 情绪记忆与娱乐本性对微博表达的影响——一项关于微博评论的个案分析［J］. 广州大学学报（社会科学版），2013，10（10）.

145. 臧永亮. 微博评论对网络舆论空间的建构［D］. 沈阳：辽宁大学，2012.

146. 积差相关概述［EB/OL］. http://www.docin.com/p-398361982.html，2014-01-12.

147. 吴明隆. 问卷统计分析实务——SPSS操作与应用［M］. 重庆：重庆大学出版社，2010.

148. 郑州航空港经济综合实验区（郑州新郑综合保税区）管理委员会［EB/OL］. http://www.zzhkgq.gov.cn/Port/jcq/index.html，2015（10）.

149. 战略定位［EB/OL］. http://www.zzhkgq.gov.cn/Port/jcq/scsj/D1—or6—index.html，2015（10）.

150. 苏新宁，章成志，卫平．论信息资源的整合［J］．现代图书情报技术，2005，128（9）．

151. 刘洪．信息资源整合及其发展前景［J］．商场现代化，2006，473（20）．

152. 周民．信息资源整合与价值管理［D］．中国海洋大学，2003．

153. 王晨．港口现代物流和电子商务发展策略探讨［J］．科技与企业，2014（8）．

154. 王景敏．电子商务模式下港口物流信息化发展策略研究［J］．中国管理信息化，2010（6）．

155. 方智勇．我国电子商务物流发展存在的问题及对策分析［J］．中国商贸，2014（26）．

156. 李红新．基于我国电子商务发展的趋势研究［J］．价值工程，2012（31）．

157. 曹盛华．郑州航空港经济综合实验区跨境电子商务的机遇与创新［J］．创新科技，2015（4）．

158. 中国互联网络信息中心，中国互联网调查社区［EB/OL］．（2015－08－03）http://h.cnnicresearch.cn/．

159. Ritu Agarwa, Viswanath Venkatesh. Assessing a Firm's Web Presence A Heuristic Evaluation Procedure for the Measurement of Usability［J］. Information System Research, 2002, 13（2）.

160. Jonathan W. Palmer, Web site usability, design, and performance metrics, Information Systems Research［J］. 2002, 13（2）.

161. Salvatore March, Alan Hevner, Sudha Ram. Applying the Technology Acceptance Model and Flow Theory to Online Consumer Behavior［J］. Information System Research, 2002, 13（2）.

162. 用信息服务提升旅客服务保障质量［EB/OL］．http://hxdg.hebeiairport.cn/news/9827.html，2015（10）．